百年风华
以美化人

北京师范大学建校以来
美育思想及历程研究

主　编：肖向荣
副主编：郭必恒　邓宝剑
　　　　蒯卫华　王韵

中国青年出版社

图书在版编目（CIP）数据

百年风华 以美化人：北京师范大学建校以来美育思想及历程研究 / 肖向荣主编. —北京：中国青年出版社，2023.7

ISBN 978-7-5153-6948-8

Ⅰ.①百… Ⅱ.①肖… Ⅲ.①师范大学－美育－思想史－研究－北京 Ⅳ.①G40-014

中国国家版本馆CIP数据核字（2023）第060762号

百年风华 以美化人：
北京师范大学建校以来美育思想及历程研究
主　　编：肖向荣

责任编辑：侯群雄

特约编辑：任荟霖

封面设计：张帆

出版发行：中国青年出版社

社　　址：北京市东城区东四十二条21号

网　　址：www.cyp.com.cn

编辑中心：010-57350401

营销中心：010-57350370

经　　销：新华书店

印　　刷：北京盛通印刷股份有限公司

规　　格：710mm×1000mm 1/16

印　　张：23

字　　数：293千字

版　　次：2023年7月北京第1版

印　　次：2023年7月北京第1次印刷

定　　价：98.00元

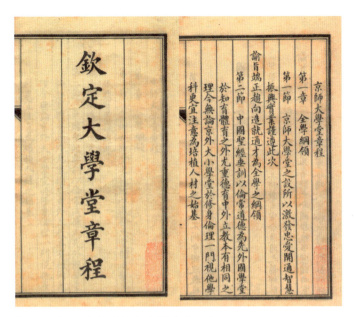

1902 年颁布的《钦定大学堂章程》

辅仁大学美术系参加"第四届全国美展"名单

萧友梅（前右一）、杨仲子（前右二）与女师大学生在一起

梁启超先生为北京师范大学学子赠言"无负今日"

1924 年，北京师范大学董事会合影，居中为梁启超先生

1932 年，鲁迅先生在北京师范大学进行演讲

1942—1946 年音乐系师生合影

1944—1948 年音乐系师生合影

1953 年，北京师范大学音乐系师生合影

1938—1956 年音乐系大院

🏛 北京师范大学 1977 级学生爱国歌咏活动留影

🏛 北京师范大学 1978 级学生爱国歌咏活动留影

🏛 1983 年音乐系复建青年教师音乐会

1986 年，《师大周报》刊登北师大"北国剧社"成立的消息

曹禺先生为北国剧社题词

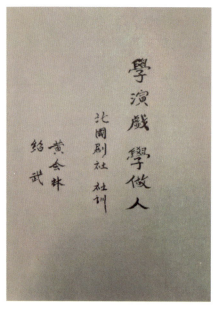

🏛 北国剧社社训"学演戏　学做人"　　🏛 *China Daily* 对北国剧社的报道

🏛 黄会林先生带领戏剧小组学习交流

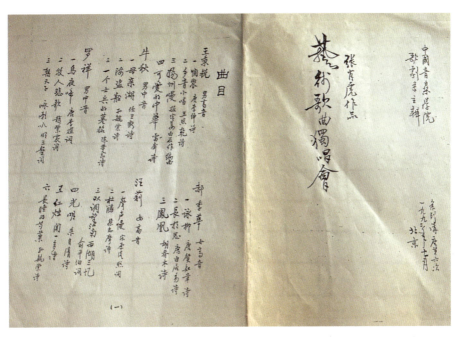

1992 年，张肖虎作品音乐会

1997 年，北京师范大学艺术系"纪念中日邦交正常化 25 周年音乐会"

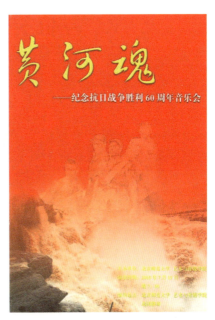

2005 年 7 月，北京师范大学艺术与传媒学院"黄河魂——纪念抗日战争胜利 60 周年音乐会"

🔖 艺术学系重量级艺术发展咨询报告

🔖 从游于艺系列论坛：《新时代文艺评论的变革与值
    得关注的问题》讲座

2017届艺术学系硕士研究生论文答辩会会场

艺术学系实践活动："当代艺术前沿"

艺术管理系列论坛：《我在国博做展览》讲座

"艺术理论与批评在当代"学术研讨会

美术与设计系国画课教学

美术与设计系无障碍设计课教学

设计专业环境行为学课程教学

油画通识课校园写生教学

美术与设计系欧洲巡展匈牙利站

美术与设计系组织第四届全国师范大学教师作品展与国际论坛

2009 年，美国德拉华合唱团来我校交流演出

2012 年, 中国影视
音乐研究中心成立

2012 年, 北京师范
大学 110 周年校庆
晚会

2013 年, "音乐专
业艺术硕士教育"
学术研讨会

北京师范大学"高参小"项目艺术与传媒学院下校指导课堂花絮

2016 年，意大利专家路易马尔曹拉和申丹大师课

2017 年，第四届北京师范大学国际音乐周音乐会合影

2018年11月15日，"双一流"综合类高校音乐学科发展院长论坛

2004年，戴爱莲先生参加第23届国际拉班舞谱双年会（ICKL）·中国·北京 北京师范大学

2017年，第30届国际拉班舞谱双年会（ICKL）·中国·北京 北京师范大学

🏛 叶波、张苏作品《大方无隅》，2019
年首演于英国爱丁堡国际艺术节

🏛 2019 年，第六届北京师范大学
国际创意舞蹈研讨会

🏛 肖向荣作品《海子》，2012 年首
演于国家大剧院

🏛 2021 年，肖向荣总导演受国家
大剧院之邀创作当代原创舞剧
《冼星海》工作花絮

2014 年，北京师范大学第一届学院影视奖

北京师范大学影视传媒系"第五轮学科评估"研讨会议

第六届亚洲电影论坛

《零零后》国际映后交流会

北京师范大学影视传媒系学生赴美工作坊纽约电影学院校长课堂

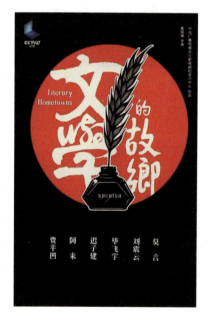

纪录片《文学的故乡》海报

启功先生莅临
2001年北京师
范大学首届"新
年书法活动周"

2018年7月，第
十一届汉字书法
教育国际研讨会

秦永龙教授任主
编、查律副教授
任执行主编的
《书法练习指导》

2020年12月，北京师范大学书法专业创建二十周年纪念活动

2022年，（全国）教育书画协会基础书法教育分会成立

书法专业本科生的教育实习

数字媒体系师生课堂讨论

2016年，数字媒体系举办主题为"文化创意产业研究新视野"数字媒体研究年会

数字媒体系毕业生创作《全国美食为热干面加油》系列卡通形象

数字媒体系在校生制作北京师范大学图书馆"师小图"的卡通形象

《VR全景叙事》虚拟仿真教学改革

北京国际电影节·第28届大学生电影节启动仪式入场式

北京国际电影节·第28届大学生电影节"青春之夜"

北京国际电影节·第28届大学生电影节学生原创作品推选

北京国际电影节·第28届大学生电影节北京师范大学珠海校区湖畔学术讲座

北京国际电影节·第28届大学生电影节"学院日"活动对话沙龙:"中国电影人才的需求与培养"主题论坛

北京国际电影节·第28届大学生电影节执行组委会合影

🏛 黄会林先生在《看中国》展映现场发言

🏛 巴西圣保罗大学青年艾琳在内蒙古自治区鄂尔多斯市鄂托克旗拍摄蒙古文书法

🏛 甘肃行展映仪式，阿根廷指导老师瓦·胡安·克鲁兹教授和学生们一起在海报前留影

🏛 斯里兰卡青年达拉纳·班达拉（Dharana Bandara）在上海拍摄RWB文化

🏛 新加坡南洋理工大学青年陈姮宁（Tan Heng Ning）在内蒙古自治区鄂尔多斯市乌审旗拍摄植树女超人殷玉珍

🏛 新疆行巴西带队老师爱德华多·曼德斯与孩子们合影

俄罗斯青年玛利亚在"山东老乡"家里吃饺子

印度国立设计学院青年拉胡尔·贾殷（Rahul Jain）在山东省日照市拍摄

2015 年，联合国教科文组织活化汉字研讨会（北京师范大学文化创新与传播研究院）

2016 年，"汉字之美"全球青年设计大赛颁奖典礼（北京师范大学文化创新与传播研究院）

2018 年，"汉字之美"全球青年设计大赛启动仪式暨旧金山站巡展（北京师范大学文化创新与传播研究院）

2018 年，"汉字之美"全球青年设计大赛颁奖典礼（北京师范大学文化创新与传播研究院）

🏛2019年，"汉字之美"罗马尼亚站巡展（北京师范大学文化创新与传播研究院）

🏛2019年，"汉字之美"罗马尼亚站巡展（北京师范大学文化创新与传播研究院）

🏛2017年，启功书院主办北京留学生书法文化节

🏛2017年4月，启功书院夹江县书法教师提高培训班

🏛2018年12月，启功书院主办2018高校支持中小学书法教育论坛

🏛2019年11月，启功书院主办"百位中国书法博士作品邀请展（新加坡站）"

2019年，启功书院举
办楷书专题研修班

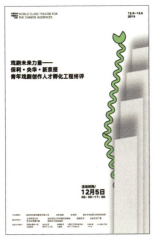

北京师范大学中国优秀传
统话剧艺术传承基地青年
戏剧创作人才孵化工程

北京师范大学中国优秀传统话剧艺
术传承基地创作的话剧《新茶馆》
海报

北京师范大学中国优秀传统话剧
艺术传承基地创作的话剧《新茶
馆》剧照

北京师范大学校园戏剧研究中心专家授牌
仪式

北京师范大学中国优秀传统话剧艺术
传承基地创作的话剧《护国胡同》剧照

2019年，法国戏剧之春研讨会

2019年，中小学影视教育师资人才培
训项目

2019年，中小学影视教育师资人才培
训项目

2019年，中小学影视教育师资人才培
训项目

2021年，中小学影视教育师资人才培
训项目

🎞 "审美与向善"系列讲座

🎞 《青少年影视德育通识教程》

🎞 全校美育通识课程《走近艺术》——《美的觉醒》讲座

🎞 全校美育通识课程《走近艺术》——《美术赏析》讲座

🎞 全校美育通识课程《美术人智学实验》结课作品

🎞 全校美育通识课程《乐理与合唱》结课音乐会合影

全校美育混合式通识课程《中国电影经典影片鉴赏》

全校美育通识课程《中国民族音乐作品鉴赏》

美育线上直播课程系列之《"四观"——如何欣赏书法艺术》

美育线上直播课程系列之《现象级电视节目揭秘》

北京师范大学美育系列慕课（MOOC）

北京师范大学美育慕课《意在象中——中国古典诗词鉴赏》首批入选国家级一流线上本科课程

北京师范大学美育慕课《中国电影艺术审美鉴赏》首批入选国家级一流线上本科课程

北京师范大学美育慕课《中国民族音乐作品鉴赏》首批入选国家级一流线上本科课程

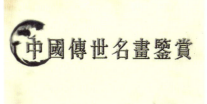

北京师范大学美育慕课《中国传世名画鉴赏》首批入选国家级一流线上本科课程

北京师范大学美育慕课《一舞一世界——世界经典舞蹈赏析》

北京师范大学美育慕课《电视艺术欣赏》

北京师范大学美育慕课《中外音乐欣赏》　北京师范大学美育慕课《书法欣赏》

北京师范大学美育慕课《纪录片制作》　北京师范大学美育慕课《数字艺术赏析》

2018年，美育大型实践活动"全国四有好老师奖励计划"颁奖典礼　认识中国——《中国》校园行·北京师范大学站

"信仰之光"——北京师范大学"庆华 诞 学党史"主题晚会

"信仰之光"——北京师范大学"庆华 诞 学党史"主题晚会

"我和我的祖国"快闪活动

"我和我的祖国"快闪活动

"校园唱响"爱国主义主题教育活动

"校园唱响"爱国主义主题教育活动

🏛北京师范大学第一届传统文化月汪世渝戏曲讲座

🏛北京师范大学第一届传统文化月林又华昆曲身段大师课

🏛北京师范大学第一届传统文化月林又华昆曲大师课

🏛北京师范大学第二届传统文化月民间手工艺蜡染工作坊现场

🏛北京师范大学第二届传统文化月民间手工艺剪纸工作坊现场

🏛北京师范大学第二届传统文化月民间手工艺风筝工作坊现场

北京师范大学第四届传统文化月皮影工作坊现场

北京师范大学第四届传统文化月皮影戏《墨韵风骨》合影

2018年，"美育直通车"毕业生面试礼仪培训

2018年，"美育直通车"国家大剧院合唱团演出

2018年，"美育直通车"张继钢美育大师课《让艺术美感唤醒生命美感》

2018年，"美育直通车"英国国家剧院驻团导演工作坊活动

📖 2018年，"美育直通车"北京师范大学昌平校园戴玉强声乐大师课

📖 2019年，"美育直通车"《费德里奥》三重奏音乐会北师大站

📖 2019年北京师范大学美育活动预览（2019年9月—12月）

📖 2021年北京师范大学美育活动预览（2021年9月—2022年1月）

📖 北京师范大学原创音乐剧《往事歌谣》剧照

📖 北京师范大学原创音乐剧《往事歌谣》剧照

北京师范大学原创音乐剧《往事歌谣》剧照

北京师范大学原创音乐剧《往事歌谣》剧照

北京师范大学原创音乐剧《往事歌谣》剧组成员互换感恩卡

北京师范大学原创音乐剧《往事歌谣》剧组成员互换感恩卡

北京师范大学原创音乐剧《往事歌谣》剧组成员互换感恩卡

北京师范大学原创音乐剧《往事歌谣》剧组成员互换感恩卡

🏛2019年9月28日，话剧《兰若寺》剧照

🏛2019年9月28日，话剧《兰若寺》海报

🏛北京师范大学出品文化纪录片《良师》海报

🏛北京师范大学出品文化纪录片《良师》第一集《传道》

🏛北京师范大学出品文化纪录片《良师》第二集《授业》

🏛北京师范大学出品文化纪录片《良师》第三集《解惑》

2019年，第一届亚太国际音乐治疗论坛

2019年，北京师范大学艺术与传媒学院联合抖音启动全民美育"DOU艺计划"

2019年，教育部"全国美育教师队伍建设"课题结项报告推进会

2019年，中国高校美育建设和发展的新形势与任务研讨会

2020年，"全国中小学美育教师队伍现状调研"课题结题论证会

2021年，北京师范大学与文化和旅游部全国公共文化发展中心签署合作框架协议

国家艺术基金2020年度资助项目立项通知书

序	学校	类别	名称
1	中国人民大学	舞台剧	《陕北公学》
2	北京师范大学	音乐	《往事歌谣》
3	北京物资学院	舞台剧	《运》
4	河北农业大学	文学	《太行新愚公李保国》
5	沈阳师范大学	舞台剧	《雷锋》
6	沈阳城市学院	影视	《大三女生》
7	大连艺术学院	舞台剧	《信念·青春》
8	延边大学	舞台剧	《郑律成》
9	东北石油大学	音乐	《铁人在亚洲》
10	哈尔滨师范大学	舞台剧	《大荒城》
11	上海外国语大学	影视	《郡长祖了》
12	南京航空航天大学	舞台剧	《旋舞人生：中巴跳升机恭斗王适存》
13	临沂大学	音乐	《沂蒙山诗》
14	烟台大学	舞台剧	《地雷战》
15	武汉工商学院	其他	《字绘中国》
16	中南大学	舞台剧	《中南故事》
17	广东工业大学	舞蹈	《染天意》
18	广西艺术学院	舞台剧	《拔哥》
19	电子科技大学	舞台剧	《小萝卜头》
20	云南艺术学院	其他	《云南生物多样性主题科普宣传插图绘本》
21	榆林学院	舞台剧	《李子洲在1929》
22	西安外事学院	舞台剧	《白鹿原》

2022年"高校原创文化精品推广行动计划"公示名单

2021年北京市学校美育改革创新优秀案例征集评选活动获奖证书

2021年北京市学校美育改革创新优秀案例征集评选活动获奖证书

🏛2021年北京市学校美育改革创新
优秀案例征集评选活动获奖证书

🏛2021年北京市学校美育改革创新
优秀案例征集评选活动获奖证书

🏛2021年北京市学校美育改革创新
优秀案例征集评选活动获奖证书

🏛北京市课程思政师范项目北师大美育类
课程获奖情况

🏛《全国中小学影视教育发展现状调
研与分析报告》荣获第六届全国
教育科学研究优秀成果奖二等奖

🏛《"以美培元、四唯融合"美育体系
的构建与实践》荣获北京师范大学
高等教育教学成果奖一等奖

美育获奖论文清单

论文题目	撰稿人	获奖情况
《艺术教育的跨媒介性研究：以音乐传播实践为例》	张璐、孟竹	一等奖
《深入开展青少年艺术审美教育的思考》	周星	一等奖
《浅谈高校美育课程的现存问题与改革路径》	樊小敏、杨一涵	一等奖
《中国职业者的流畅状态体验——从积极心理学角度再看"天人合一"》	叶波	二等奖
《中小学影视教育中媒介素养与视听思维的培育》	陈刚、温爽然	三等奖

北京师范大学入选首批国家级一流线上本科课程清单

序号	课程名称	课程负责人	课程团队其他主要成员	主要建设单位	主要开课平台
1	中国民族音乐作品鉴赏	张璐		北京师范大学	智慧树网
2	中国电影经典影片鉴赏	周星	任晟姝、张燕、王宜文、陈亦水	北京师范大学	爱课程（中国大学MOOC）
3	意在象中——中国古典诗词鉴赏	于丹	袁颺、黄晓丰、冯永	北京师范大学	爱课程（中国大学MOOC）
4	中国传世名画鉴赏	王鹏		北京师范大学	爱课程（中国大学MOOC）

2020年北京市学校美育科研论文征集评选活动获奖情况　　北京师范大学美育四门慕课入选首批国家级一流线上本科课程清单

2021年，庆祝中国共产党成立100周年大会广场活动北师大天安门合唱团

2021年，庆祝中国共产党成立100周年大会广场活动北师大献词团天安门合影

2021年，庆祝中国共产党成立100周年大会广场活动北师大工作团队合影

2022年，北京师范大学艺术与传媒学院北京冬奥会志愿者合影

2021年，庆祝中国共产党成立100周年文艺演出《伟大征程》北京师范大学导演团队合影

2021年，庆祝中国共产党成立100周年文艺演出《伟大征程》核心主创、执行导演肖向荣工作花絮

庆祝澳门回归祖国20周年文艺晚会《濠江情　中国心》总导演肖向荣接受采访

庆祝澳门回归祖国20周年文艺晚会《濠江情　中国心》北京师范大学工作团队

2018年7月，北京师范大学高参小教师艺术提升夏令营结营式合影

2020年，北京师范大学美育中心三附中美育提升项目团队

🏛2021年，北京师范大学美育中心三附中美育提升项目美术课堂

🏛2021年，北京师范大学"运城市乡村教师艺术素养提升"项目

🏛北京师范大学第三附属中学给美育中心的感谢信

🏛"BNU美育"微信小程序二维码

🏛北京师范大学"BNU美育"小程序——作品展示

🏛北京师范大学"BNU美育"小程序——精彩回顾与美育微课

序　言

2020年10月，中共中央办公厅、国务院办公厅印发《关于全面加强和改进新时代学校美育工作的意见》，将学校美育作为立德树人的重要载体，在新时代下，从国家层面把美育提到了前所未有的高度。这促使我们在今天重新看待高等教育体系时，更加从教书育人的层面上强调德智体美劳全面发展，以此来响应国家的顶层设计和整体战略。

——启蒙之光

一束束光，照亮师大百年美育之路。木铎金音，历久弥新，翻开师大的百年校史，北师大美育起源于1902年京师大学堂师范馆成立之初所设置的"图画"等课程，最早建立了艺术美育和平民教育，后又逐渐增设了以实用主义为主的手工图画专修科，从学科成立之初，师大就把美育视作一种"为他科补助"[①]、帮助学生全面发展的教育，与王国维培育"完全之人物"[②]之观不谋而合，师大艺术学科的发展是有着针对全人教育、全学科教育的历史的。如今，当我们在讨论现在新时代国家对美育的整体规划时，似乎已然在百年前的师大美育中找到了回应。也就是说，北师大的美育因子经历百年沉淀，一直传承在她的血脉和基因里。

[①] 转引自北京师范大学校史编委会：《北京师范大学校史·第一卷（1902—1949）》，北京师范大学出版社2020年版，第57页。
[②] 清华大学国学研究院主编、方麟选编：《王国维文存》，江苏人民出版社2014年版，第47页。

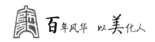

——师大之人

一群群人，朝着美育面向人人的目标不断奋进，为美育之路添砖加瓦。在新中国成立前积贫积弱的时代，美育承担着或救国救亡或启智去昧的历史任务，在社会主义建设时期，美育对各行各业以及新中国的艺术教育都起到了奠基的作用。1920年，萧友梅先生在北京师范大学的前身之———北京女子高等师范学校创办音乐学科后，随即到上海创办了现上海音乐学院的前身国立音乐学院；新中国成立后，北师大的戏剧学科在洪深先生、焦菊隐先生的带领下从音乐戏剧系分出，并转换为了北京人民艺术剧院；20世纪六七十年代，张肖虎先生先后担任北京师范大学音乐系理论作曲教研室主任，北京艺术师范学院、北京艺术学院音乐系主任等职务[①]，并开始创建中国音乐学院，一直活跃在音乐教育前沿，后北京师范大学音乐系又不断发展成为首都音乐学院……中国特色社会主义进入新时代以来，我们加快了美育建设的步伐。自2002年北京师范大学艺术与传媒学院正式建院开始，在黄会林教授、王一川教授、周星教授、胡智锋教授几任院长的带领下，艺术与传媒学院逐渐发展出了艺术全学科配置下的独特的、全面的育人体系。一代又一代艺术与传媒学院的教师与学生们矢志不渝，根据各学科的特长肩负着美育面向人人的使命踔厉奋发，继续沿着这条美育之路前行。

——美育之种

一粒粒种子，播撒在人们心中。不管是在社会主义建设时期还是现在，北京师范大学的美育对全国整体的高等艺术人才的培养都起到了开枝散叶的作用。从北京师范大学美育的百年民族复兴立场来看，美育有着以下几个特征：第一，北师大的美育是面向大多数人的，是面向最广阔的群众的美育。自20世纪80年代初，北京师范大学的艺术教育系就开始面向

---

① 刘诚：《身先垂范 绍述先贤——纪念张肖虎先生百年诞辰》，《中国音乐》2014年第4期，第81—84、148页。

全校为各专业学生开设艺术选修课程，现又开设了《走进艺术》等艺术通识课程，还有"北国剧社"、北京大学生电影节等一系列面向大众的美育工作。2022年，艺术与传媒学院开展了"电影下乡——新时代大学生美育支教行"系列活动，让美育的触达到了更远的群体。第二，北师大的美育从来都是站在国家和民族的层面上，是为了整体国民素养提升的美育。2020年中办国办发布的关于美育工作的《意见》中就提出，学校美育对学生树立正确的历史观、民族观、国家观、文化观，增强文化自信具有重要的作用，北师大的美育工作一直以此为基准，从国家和民族的角度要求自己。第三，北师大的美育一直是作为传播和弘扬中华民族优秀文化的工具而存在的。美作为一种特殊艺术语言，跨越了无数语言和文化的隔阂，以美育人、以美通心，在互联网新媒体时代里起到了非常重要的大众传播和海外传播的作用。如何通过美的语言、美的作品、美的传播去弘扬中华民族的优秀传统文化，以及新时代以来的美丽中国、美丽乡村、每一位中国人美好心灵的时代故事，是北师大的美育一直所专注的。在这条百年的美育之路上，北师大的美育既针对学科高精尖人才的专业培养，又从未离开过以北师大全体学生为教学对象的大众美育以及美育面向人人的美好目标，一直在美育之路沿途播种。

　　一束束光照亮北师大百年美育之路，一群又一群艺传学院的老师走在这条美育道路上，沿途播种，用心灌溉、浇筑着人们心中那颗美的种子，唤醒人们身体里美的基因。在这120年美的历程中，北师大凸显了她在追寻美、体验美、感受美、创造美的独特过程。"百年大计，教育为本"，路漫漫其修远兮，我深耕美育二十余年，长期致力于综合型创新人才的跨界培养，在今天的大学美育中，我们要做的不仅仅是一些知识上的交换、传递，更重要的是如何去播撒、灌溉每一个人心中那颗美的种子，始终秉持着"我们不是知识的贩卖者，而是作为美的同行者"这样的观念砥砺前行。

北京师范大学艺术与传媒学院院长　肖向荣

2022年9月8日

目 录

第一章

建校以来的
美育历程与美育人物

从1902年京师大学堂师范馆的设立至今，北京师范大学历经120年风雨。北京师范大学的美育工作最早可追溯至1902年颁布的《钦定大学堂章程》中设置的"图画"等课程[①]，可以说既与校史同步，也和我国美育事业偕行。在120年的发展历程中，北京师范大学形成了底蕴深广的美育传统，锻造了一支薪火相传的美育队伍，涌现出一批富有影响力的美育人物。

依托于综合艺术学科建设与深厚人文学科积淀，北京师范大学在高校普及艺术教育、专业艺术教育和艺术师范教育等领域深耕厚植，并积极介入社会美育，可谓我国高校美育事业发展的显著典型和生动缩影。如今，"美育师大"的文化品牌正日益形成。在北京师范大学建校120周年与我国美育事业大发展的双重语境下，梳理北京师范大学美育的发展脉络与经验传统，无疑具有十分重要的历史和现实意义。本章的目的在于梳理120年间北京师范大学的美育历程与美育人物，勾勒出一幅清晰完整的美育地形图。

一、美育历程

本文结合清末草创迄今北京师范大学美育事业的历史演进与自身特色，以及我国美育事业、美育政策等在不同历史时期的发展特点，将北京师范大学的美育进程分为初创与探索期（1902—1948）、调整与

---

① 舒新城编：《中国近代教育史资料（中册）》，人民教育出版社1961年版，第547页。

分化期（1949—1977）、重建与深化期（1978—2012）和守正与创新期（2013—2022）四个时期。

（一）初创与探索期（1902—1948）

自20世纪初蔡元培、王国维等人大力译介西学中的"美育"概念与理论以来，我国美育事业在彼时中西、古今剧烈对撞的大变局中艰难起步，迄今已百余年历程[①]。"美育"概念自引入伊始，就与民族危机深重时代下的国民素养提升紧密勾连，甚至被置于现代教育的总体框架中[②]，着力于培育"完全之人物"[③]。民国初期，在蔡元培等人的

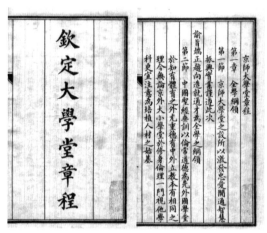

图1　1902年颁布的《钦定大学堂章程》

---

① 蔡元培的《哲学总论》（1901）一文首次引入"美育"概念，其后以"以美育代宗教说"等大力呼吁美育建设；王国维则在《论教育之宗旨》（1903）等文章中对美育的学科定位、理论内涵等展开了深入阐发。二人普遍被视为我国美育的主要奠基人。

② 例如，蔡元培在《哲学总论》一文中便指出："教育学中，智育者教智力之应用，德育者教意志之应用，美育者教情感之应用是也。"这里，他不仅使用了"美育"的概念，而且将美育列为与德育、智育并列的一个独立学科。参见中国蔡元培研究会编：《蔡元培全集·第一卷》，浙江教育出版社1997年版，第357页。

③ 清华大学国学研究院主编、方麟选编：《王国维文存》，江苏人民出版社2014年版，第47页。

力主下，美育首次被纳入国家教育方针。1912年，中华民国教育部制定的教育方针明确提出"注重道德教育，以实利教育、军国民教育辅之，更以美感教育完成其道德"[1]，可谓中国教育史上"一个划时代的进步"[2]。但此后直至新中国成立的这段时期，在政权更迭、战乱频仍的时局中，美育事业沉浮不定，屡屡遭遇发展困境。

在上述背景下，北京师范大学的美育事业走上筚路蓝缕的路途。北京师范大学美育的源头，最早可追溯至1902年京师大学堂师范馆（1908年扩展为京师优级师范学堂，1912年更名为北京高等师范学校）设立之初"图画"等课程的设置。当时，我国教育体制受日本教育体制影响较大，包括"图画"在内的许多课程都是聘请日本人担任教师，这一状况经过了较长时间才逐步有所转变。例如，1904年至1908年担任图画课程教习的便为日本人高桥勇，他毕业于日本美术学校，同时还担任日语课程教习[3]。

如果从艺术学科的发展而言，其滥觞则是1915年北京高等师范学校增设的手工图画专修科[4]。手工图画专修科的开设一定程度上是受实用主义的影响，且效仿日本、欧美的结果。据发表在《北京高等师范学校校友会杂志》（1916年第1辑）上的《筹议本校扩充办法说帖》一文所阐述的那样："实用主义之实行必应注重实质的科学，而手工图画两科既足辅助他科，且可为发达实业之始基，其于养成中小学校学生之生活能力所关尤要。本校之拟设手工图面专修科者以此……欧美诸邦振兴实业之基，首在注重中小学校之手工图画，日本仿之，亦

---

① 舒新城编：《中国近代教育史资料（上册）》，人民教育出版社1961年版，第223页。
② 赵伶俐、汪宏等：《百年中国美育》，高等教育出版社2006年版，第14页。
③ 参见王晓秋：《近代中国与世界 互动与比较》，紫禁城出版社2003年版，第400页。
④ 北京师范大学校史编委会：《北京师范大学校史·第一卷（1902—1949）》，北京师范大学出版社2020年版，第56页。

著奇效。手工、图画两门就表面观之学科虽较浅易，而练习则视他科为难，果能习至纯熟，则凡得之于心者皆能应之于手，不但为他科补助且足为实业始基，此各学校所以盛倡实用主义也。"[1]1915年7月，手工图画专修科开始在京沪两地举行入学试验，不过只在那一年招收了一届学生。1916年，学校公布了《北京高等师范学校手工图画专修科规程》，该规程对手工图画专修科的培养主旨、招生规模、课程设置等进行了说明。规程规定，手工图画专修科以养成师范学校及中小学校之手工图画教员为主旨，招收学生名额以40人为限，修业期3年，毕业后应服务2年。同时，该科所设课程有伦理、教育、手工、手工实习、图画、英语、理化、数学、国文、美学、音乐、体操等[2]。值得一提的是，现存南京中山陵前的大铜鼎，就是手工图画专修科首届毕业生钟道锠设计监制的；著名画家俞剑华也是手工图画专修科的首届毕业生。

1916年3月，为提倡美育，学校又增设音乐练习班，分初、高两级[3]。北京师范大学的另一前身——北京女子高等师范学校则于1920年9月开始增设音乐体育专修科，并于翌年独立为音乐科。其重要性在于是"中国第一所由国家兴办的、较为正规的高等师范专业音乐系科"[4]。该学科由萧友梅、杨仲子等人创办，最初为三年制音乐体育专修科，后经萧友梅提议，将体育与音乐分科，于翌年改为独立的四年

---

① 转引自北京师范大学校史编委会：《北京师范大学校史·第一卷（1902—1949）》，北京师范大学出版社2020年版，第57页。

② 北京师范大学党委办公室、校长办公室编：《北京师范大学纪事（1902—2011）》，北京师范大学出版社2012年版，第20—22页。

③ 北京师范大学党委办公室、校长办公室编：《北京师范大学纪事（1902—2011）》，北京师范大学出版社2012年版，第21页。

④ 居其宏：《百年中国音乐史（1900—2000）》，湖南美术出版社、岳麓书社2014年版，第73页。

制音乐科，仍由萧友梅担任音乐科主任。任课教师包括萧友梅、杨仲子、赵丽莲、刘天华、金孟仁等音乐家。

1931年，由北京女子高等师范学校沿革而来的国立北平大学女子师范学院并入国立北平师范大学。1933年经调整整顿后，学校分文学院、理学院与教育学院3个学院，下辖11个系。其中教育学院中包括教育系、实用艺术系与体育系，体育系可选音乐为副科，旨在造就中等学校兼职音乐教师并涵养学生德行[①]。抗日战争全面爆发后，学校整体西迁，美育工作随民族命运而流离失所。1946年学校复员北平，下设有音乐系和劳作专修科，这两个系科在1949年分别改制为音乐戏剧系、美术工艺系[②]，成为彼时中国国立师范艺术教育最为重要的基地。此外，1948年，著名舞蹈艺术家戴爱莲受聘于体育系，教授中国民族

图2　萧友梅（前右一）、杨仲子（前右二）与女师大学生在一起

---

① 王珏：《北京师范大学系科沿革及修业年限》，见《校友通讯》，2000年12月第2期，北京师范大学校友会编印，2000年，第149页。

② 王珏：《北京师范大学系科沿革及修业年限》，见《校友通讯》，2000年12月第2期，北京师范大学校友会编印，2000年，第149页。

民间舞和德国拉班系统现代舞，并开设暑期舞蹈训练班，探索中国本土舞蹈教育的新范式。

可以看到，新中国成立之前，北京师范大学美育事业的显著特点是以艺术师范教育为核心，经历了从单科课程到多门类学科建设的探索。这一阶段，陈师曾、萧友梅、经亨颐、俞剑华、雷振邦、戴爱莲等艺术名家都曾任教或求学于此。一方面，这一时期的北京师范大学的艺术师范教育经历了从小学师资培育为主向中学师资培育为主的转变。学校发展初期，尚且以"造就初级师范学堂及中学堂之教员管理员为宗旨"[1]，但此后日渐转变重心，"以造就中等学校与师范学校师资为主"[2]。另一方面，在艺术学科建设上，从最初的图画课程、手工图画专修科起步，到1949年前后终于建立起以美术、音乐与戏剧为主体的多门类学科体系。

（二）调整与分化期（1949—1977）

新中国成立初期的六七年里，美育曾一度被写入我国教育方针政策中。例如，1952年教育部颁布的《小学暂行规程（草案）》《中学暂行规程（草案）》都明确规定，"应对学生实施智育、德育、体育、美育等全面发展的教育"[3]。美育、艺术教育被纳入青少年整体素质培育的重要环节中。在新中国成立之初，随着我国社会经济的恢复与文教事业的蓬勃发展，艺术教育迎来良好契机。不过，由于各种历史原因，自20世纪50年代中后期开始的20多年里，"美育"一词逐渐淡出各种

---

[1] 北京师范大学校史编委会：《北京师范大学校史·第一卷（1902—1949）》，北京师范大学出版社2020年版，第56页。

[2] 此表述出自1936年修订的《国立北平师范大学组织大纲》，参见王学珍、张万仓编：《北京高等教育文献资料选编（1861—1948）》，首都师范大学出版社2004年版，第742页。

[3] 何东昌主编：《中华人民共和国重要教育文献（1976—1990）》，海南出版社1998年版，第139—142页。

教育政策与法规，美育事业也"由于政治因素被抛进历史的低谷"①。

新中国成立之初，得益于此前的积累，北京师范大学拥有彼时实力最雄厚的公办艺术学科，设有音乐戏剧系与图画制图系，集聚了洪深、焦菊隐、贺绿汀、卫天霖、吴冠中、张松鹤、李瑞年等一大批艺术名家，可谓新北京高等艺术教育学科的重要基地。除此之外，这一时期长期担任北京师范大学校长的著名历史学家陈垣以及任教于中文系的启功、黄药眠、钟敬文、李长之等名家也都可谓北京师范大学美育的代表人物。

音乐戏剧系方面，1949年上半年，著名音乐家贺绿汀从华北文工团调来北京师范大学任音乐系主任。在他的建议下，音乐系改建为音乐戏剧系，为文工团培养专门人才。除开设音乐专业课程外，同时开设歌剧表演课程。贺绿汀于1949年8月离任，转任筹建中的国立音乐院副院长，同年10月到上海任国立音乐院上海分院院长，音乐戏剧系系主任则由著名戏剧家洪深担任。1950年，音乐戏剧系开始分音乐、戏剧两个组招收新生。图画制图系方面，1949年初北平解放后，原劳作专修科改为美术工艺系，1952年改称图画制图系，系主任由著名美术家卫天霖担任。20世纪50年代早中期，该系开设的专业课程主要有：素描、色彩学、解剖学、制图学、木工、金工、钣金工、翻砂、翻石膏、印染、油画、图案、毕业创作、美术史等②。从中可以看出，当时图画制图系的人才培养十分注重工艺制作，且课程设置深受苏联模式影响。不过此后，随着国家相关机构设置的调整，北京师范大学的艺术学科经历多次调整与分化，美育事业也逐渐陷入困顿。

---

① 赵伶俐、汪宏等：《百年中国美育》，高等教育出版社2006年版，第17页。
② 教育部体育卫生与艺术教育司、教育部艺术教育委员会组编：《学校艺术教育60年（1949—2009）》，湖南师范大学出版社2009年版，第175页。

第一次重大调整是戏剧专业从音乐戏剧系的分出。1951年秋，国家相关部门根据社会形势与文化发展，提出文艺演出团队要改变以往文工团的综合宣传队形式，向专业化发展。在这一背景下，组建隶属于北京市的专业剧院——北京人民艺术剧院的构想提上日程。1952年，北京人民艺术剧院正式成立，焦菊隐任第一副院长兼总导演和艺术委员会主任。与此同时，北京师范大学音乐戏剧系的戏剧专业并入北京人民艺术剧院，音乐戏剧系恢复为音乐系。当时学校规定，如原音乐戏剧系戏剧组一、二年级21名学生不愿改习音乐，可以转送中央戏剧学院肄业。音乐系系主任一职则由著名音乐家老志诚担任。当时，音乐系和图画制图系的任务，分别定位为"培养中等学校音乐兼指导文娱活动教师"和"培养中等学校图画及制图教员"。

第二次重大调整是图画专业和音乐系的相继剥离。继1952年前后的院系大调整后，我国于1955年前后又掀起了一轮较大规模的院系调整。当时，借鉴苏联建立专门的艺术师范学院的经验，国家提出建立北京艺术师范学院的构想，其任务是培养全国高等师范和中等师范师资，以及北京、天津、河北、山西的中学艺术师资[1]。经过教育部与北京师范大学校方的反复调研、探讨与磋商，最后决定将我校艺术专业剥离出去，独立建校。1956年5月，北京艺术师范学院正式成立，这是我国艺术教育史上的一次创举，标志着新中国第一所艺术类师范院校的建立。在这次院系大调整中，图画制图系的制图专业并入数学系，图画专业和音乐系从学校分出，成为北京艺术师范学院的主体力量。值得一提的是，北京艺术师范学院后更名为北京艺术学院，前后共存在8年时间，1964年全国院校调整中被撤销，其美术系独立为北京师

---

[1] 关于北京艺术师范学院的历史发展，可参见李雁宾、王照乾主编：《北京艺术学院纪念文集（1956—1964）》，百花文艺出版社2004年版，第5—66页。

范学院美术系（今首都师范大学美术学院），音乐系独立为中国音乐学院，戏剧系则并入当时的北京戏曲学校。

自此，经过两轮重大调整，北京师范大学建制内的艺术学科不复存在。对于北京师范大学的美育事业而言，不啻为一次重大损失。不过正如有论者所言，"北京艺术师范学院从北京师范大学剥离后，使得北京师范大学的建制中缺了艺术教育这重要的一环，对于北京师范大学作为多学科的综合性师范大学的学科完整性遭到一定程度的破坏，并且在十分重要的美育教育环节上的缺损，甚为可惜。但另一方面应当看到当时的这一调整方案的示范作用，对全国范围内的影响之大"。[1]随着北京师范大学艺术学科的剥离与分化，学校美育队伍和美育经验得以在北京人民艺术剧院、中国音乐学院以及其他相关重要的艺术教育机构中延续，这是北京师范大学对于我国高校美育和社会美育做出的特殊贡献，是北京师范大学美育的余脉和回响。

（三）重建与深化期（1978—2012）

步入"新时期"以来，在百废待兴的语境下，美育重回人们的视野，日渐成为现代化建设不可或缺的一环。尤其是随着1986年12月国家教委艺术教育委员会的成立、1989年《全国学校艺术教育总体规划（1989—2000）》的颁布，"我国美育事业逐步走上健康发展的轨道"[2]。自此之后，美育成为开展素质教育的重要抓手。2002年召开的党的十六大指出，要"全面贯彻党的教育方针，坚持教育为社会主义现代化建设服务，为人民服务，与生产劳动和社会实践相结合，培养德智体美全面发展的社会主义建设者和接班人"。这是"德智体美全面发

---

[1] 茅匡平：《北京艺术师范学院和北京师范大学的承递关系》，见李雁宾、王照乾主编：《北京艺术学院纪念文集（1956—1964）》，百花文艺出版社2004年版，第29页。
[2] 曾繁仁等：《现代美育理论》，河南人民出版社2006年版，第324页。

展"首次在党的重要报告中完整出现，具有标志性意义，也进一步明确了美育的地位和作用。我国美育事业也在这一阶段取得了长足而快速的进步，不断巩固着美育应有的地位。

这一时期，乘着改革开放的东风，北京师范大学美育事业开始了重建之路，经历了从无到有的艰辛历程。

首先，学校的专业艺术教育经历了多次跨越式发展。第一次跨越式发展是在1980年，学校恢复组建艺术教育系，筹建音乐、美术专业，并聘请时任中国音乐学院副院长兼作曲系主任的著名音乐家张肖虎担任系主任。1983年，艺术教育系的音乐专业开始本科招生，并连续招生5年，每届招生13人左右。当时，艺术教育系办学地点在南门平房中，虽然条件艰苦，但中断已久的艺术之根开始发芽抽枝。可惜的是，由于种种原因，招生工作到1988年后停止，艺术教育系转而招收音乐教育专业夜大大专生，1989年开始招收音乐教育专业函授大专生。第二次跨越式发展是1992年，艺术教育系正式更名为艺术系，由黄会林出任系主任。同时，学校根据艺术教育发展新形势，及时将影视教育纳入艺术系。北京师范大学的影视专业也成为中国高校最早的影视专业，也是第一个设立在艺术学科中的影视专业。第三次跨越式发展是在21世纪初，2000年，北京师范大学开设舞蹈系，秉持开放式教育理念，提倡"以教师为主导，学生为主体"的教学方式，逐步发展为中国舞蹈教育人才培养的重要基地。2002年，学校批准成立艺术与传媒学院，下设影视传媒系、音乐系、美术与书法系、舞蹈系以及数字媒体研究所、科学与艺术研究所、艺术教育研究所，开始形成较为综合的学科面貌[1]。

---

[1] 北京师范大学党委办公室、校长办公室编：《北京师范大学纪事（1902—2011）》，北京师范大学出版社2012年版，第602页。

图 3　曹禺先生为北国剧社题词

其次，北京师范大学的高校公共艺术教育方面也开始恢复发展。20世纪80年代初，艺术教育系便已经开始为各专业开设艺术选修课程。1992年则正式建立了针对其他学科和专业的公共艺术教研室，全校艺术选修课和公共艺术教育课程已经初具规模。尤其是随着通识教育的快速发展，美育成为学校通识教育中不可或缺的核心环节。

再次，这一时期与美育相关的校园文化建设也卓有成效。1986年1月创立的学生话剧演出团体"北国剧社"便是代表性美育品牌之一。该社团创建源自中文系《现代戏剧研究》课程引发的热烈反响，社团成立时，话剧界前辈曹禺、吴祖光等先生都曾热忱鼓励，欣然为之题词①。在当年4月举办的我国首届莎士比亚戏剧节上，北国剧社演出的话剧《第十二夜》《雅典的泰门》场场爆满，引发轰动。北国剧社也迅

① 关于北国剧社成立的前前后后，可参见黄会林：《戏剧艺术家与北国剧社》，《中国戏剧》，1998年第3期，第25—26页。

速成为首都大学生艺术团中的佼佼者，甚至成为"第一个被写进中国戏剧史的当代学生业余演剧社团"①。步入20世纪90年代以后，北国剧社积极在传统剧、实验剧和先锋剧等多个领域进行实践，《周君恩来》《爱的牺牲》《枣树》等一些剧目的演出得到了戏剧界的一致肯定。得益于北国剧社的成功，北京市教委、共青团北京市委将组建北京市大学生艺术团戏剧分团的机会分到了北京师范大学。

图4　2021年，第28届大学生电影节闭幕式

　　这一时期，北京师范大学还创办了另一个富有影响力的美育与文化品牌——大学生电影节。1992年，中国电影正面临步履蹒跚的发展困境，当时北京师范大学刚刚成立的影视专业也面临如何推进学科建设问题。在反复讨论之下，建立一个中国电影人和大学生沟通交流的平台并以此推动中国电影发展的想法应运而生。1993年4月，第一届北京大学生电影节诞生；1995年的第三届北京大学生电影节上，"青春激情、学术品位、文化意识"的品牌核心得以确立；1998年，第五

---

① 张生泉：《戏剧教育新论》，上海教育出版社2016年版，第224页。

届北京大学生电影节确立了自己的品牌标志"飞虎"。北京大学生电影节的独特价值与特色在于，它是国内第一个由大学主办、以大学生为主体的全国性电影节，坚持以"大学生办，大学生看，大学生拍，大学生评"为电影节的特色，摸索出了一套区别于金鸡奖、百花奖等主流奖项的评奖规范和机制。可以说，北京大学生电影节不仅有效参与和推进了高校学生群体的美育工作，也成为推进中国电影事业发展的一个重要平台。从创建至今30余年，北京大学生电影节已经逐渐积淀为北京重要的文化品牌，甚至在国内外产生了较大的品牌影响力[①]。

　　纵观这一时期，北京师范大学的美育在重建与深化过程中逐渐形成了全学科、协同式格局。一方面，在新世纪初成立的艺术与传媒学院是中国高校第一个全艺术学科汇聚、艺术与传媒结合的学术与创作并进的独特学院；另一方面，公共艺术教育、专业艺术教育与师范艺术教育开始协同交互、融合发展，并借助高校美育优势积极介入社会美育。这一时期，学校的艺术学科会聚了张肖虎、黄会林等一批有影响的名师；而其他文史学科的童庆炳等，也都是富有代表性的美育人物。

（四）守正与创新期（2013—2022）

　　步入新时代以来，在国族认同高涨、网络文化兴盛、媒介融合加速等多重缠绕的语境下，美育日益上升为重要的国家文化、人才与教育战略，"加强与改进学校美育"、弘扬"中华美育精神"成为迫切的时代课题，美育的重要性得到了前所未有的重视。2015年9月，国务院办公厅印发《关于全面加强和改进学校美育工作的意见》，成为新时

------

① 关于北京大学生电影节的创建过程与发展脉络，可参见周星：《北京大学生电影节历史回顾》，见周星主编：《激荡影史20年——北京大学生电影节学术研究集成（1993—2013）》，中国电影出版社2013年版，第1—8页。

代学校美育的工作指南。2018年召开的全国教育大会上，习近平总书记指出，要全面加强和改进学校美育，坚持以美育人、以文化人，提高学生审美和人文素养。同年8月30日，在给中央美术学院8位老教授的回信中，习近平总书记进一步提出了"弘扬中华美育精神"的时代课题。2020年10月，中共中央办公厅、国务院办公厅印发了《关于全面加强和改进新时代学校美育工作的意见》。一系列的顶层设计，为我国美育事业发展描画了宏阔蓝图。

这一时期，北京师范大学美育工作也在赓续传统的基础上不断开拓创新。这一阶段的一大重要举措，便是2016年北京师范大学美育中心的正式成立。该中心自成立以来依托艺术与传媒学院学科优势，坚持立德树人、以美育人、以文化人的人才培养目标，创新改革美育活动形式，打造提升美育特色品牌，积极建立多层次的美育育人机制，不断加快推进我校美育建设。

首先，这一时期北京师范大学不断强化美育品牌的培育意识。在北国剧社、北京大学生电影节等传统美育品牌的基础上，我校持续推出"看中国·外国青年影像计划"，音乐剧《往事歌谣》《兰若寺》，舞台剧《小宇宙》，"国际音乐周"，"传统文化推广月"等各种形式的美育产品，打造具有北京师范大学特色的美育品牌群。其中，"看中国·外国青年影像计划"是由会林文化基金赞助、北京师范大学中国文化国际传播研究院主办的一项中国文化体验项目，每年邀请不同国家的青年人到中国体验文化、拍摄纪录短片，旨在彰显中国魅力、宣扬中国文化。据统计，截至2020年，该项目已组织83国735名青年，出色完成712部短片，共获120余项国际奖，出版系列书籍《民心相通——"一带一路"看中国·外国青年影像计划》《民心相通——"金砖国家"看中国·外国青年影像计划》等，对促进中外青年交流、中国文化的国际传播起到了积极作用。2015年11月7日，国家主席习近平在新加坡国立大学发表演讲时专门讲到"看中国·外国青年影像计划",对该项活动给予重要肯定。音乐剧《往事歌谣》则是北京师范大学为献礼新中国70华诞而推出的大型原创作品,自2019年7月首演后获得了业界的广泛关注和好评。该作品以曾于20世纪30年代求学于北师大的我国著名音乐家王洛宾的人生经历为故事主线,以创新多元的艺术手段展现了动荡年代中先辈们的艺术追求与家国情怀,展现了他们救亡图存的崇高精神。

图5　北京师范大学原创音乐剧《往事歌谣》

其次,在公共艺术教育与校园文化建设方面,目前艺术鉴赏与审美体验模块位列学校六大通识教育课程之一,对学生的审美提升与人格培养助益显著。据统计,"北京师范大学2013年9月至2019年3月,学校有23077名本科生选修了公共艺术教育类课程"[①],这一数据在同期

---

① 胡智锋、樊小敏:《从国家发展战略到人才培养模式——当代中国高校公共艺术教育发展现状论析》,《艺术百家》,2019年第35卷第3期,第40—45页。

全国高校中位居前列。依托于艺术与传媒学院美育中心，目前我校建设本研艺术鉴赏类和实践类美育课程近百门，每学期均开设音乐、舞蹈、美术、书法、影视、数媒不同领域的艺术实践工作坊，累计制作慕课课程上线三十余门，四门课程入选首批国家一流本科课程。同时，北京师范大学每年5—6月定期举行"传统文化月"项目，以专家讲授点评和学生浸入式学习的工作坊形式，增进学生对传统文化的了解和认同。可以说，美育已成为学校人才培养不可或缺的重要环节。

再次，北京师范大学在这一时期还积极担当社会责任，发挥自身美育优势参与到全民美育、社会美育事业中。例如，2015年，受北京市教育委员会委托，北京师范大学正式启动北京市高等学校社会力量参与小学体育美育特色发展"高参小"项目，于2015—2019年服务了北京各区多所项目校，搭建了"大学"与"小学"、项目校、师生家长与社会"三联动"的美育平台，构筑了全方位美育工作体系。受教育部委托，北京师范大学美育中心及艺术与传媒学院组织开展了《我国学校美育教师队伍建设》课题研究，以文献分析、教育统计年鉴数据分析、问卷调查等方式综合分析了目前我国美育师资队伍的突出问题，并据此提出了面向未来发展的美育师资队伍建设的对策和建议，是《意见》制定的重要参考来源。2021年，我校以舞蹈艺术教育为切入点，联合广东省中小学教师发展中心，助力粤港澳大湾区艺术教育的区域化建设，扎根一线，已经完成一系列的教育培训工作。面对当前互联网和媒介融合营造的全新美育环境，北京师范大学也积极创新美育方式，打造以"美育系列MOOC"为代表的各类线上美育课程与活动，形成融媒体美育矩阵。其中"美育系列MOOC"作为全国第一个美育慕课群，将一套系统优质的北师大课程推向社会，以免费学习和线上学分的方式，积极推进我国美育发展和国民艺术素养提升。更值得一提的是，北京师范大学师生积极参与庆祝中华人民共和国成立

70周年群众游行、庆祝中国共产党成立100周年大会广场活动、庆祝中国共产党成立100周年大型文艺演出《伟大征程》、北京冬奥会开幕式等多项国家重大文艺活动，在积极开展美育实践的同时，也体现出深切的爱国主义情怀。

另外值得一提的是，这一时期，艺术学系主建艺术学理论学科，也致力于开拓美育新天地。这是国内首批艺术学门类一级学科博士点（2012年），并设有国内第一批艺术学博士后流动站。学科承担了北京市重点项目"互联网美育与粉丝文化治理"等课题，此课题由艺术学系主任郭必恒教授担纲，吴键、李宁等年轻学者参与，本着与时俱进，直面信息化时代美育新问题的态度，着力于深入探讨引导和加强新局面下美育发展的对策良方。艺术学系李红菊副教授也积极投入"艺术治疗"这一前沿研究中。

整体来看，这一阶段的北京师范大学美育工作一方面充分发挥综合性大学中艺术学院与公共美育中心的优势与作用，构建科学系统的大中小幼相互衔接的美育课程体系，强化面向全体学生的通识艺术教育，使学生的审美水平和人文素养得到显著提升，另一方面创新专业艺术类人才、师范类艺术教育人才培养模式，构建具有中国风格的一流学科专业体系，做好美育师资队伍的培养与建设。此外，有意识地提高社会服务意识，主动承担社会美育责任。当前，学校美育工作呈现出"实践化、云端化、精品化"三大特色，正日益建构起具有北京师范大学特色的美育模式，打造出高质量的高校美育体系。

二、美育人物

从清末草创迄今，北京师范大学的美育事业随历史而几经沉浮，涌现出诸多美育人物，领一时之风骚。其中既有艺术领域炳耀业界的名家，也有其他文史学科会通开新的大家；既有传道授业的执教者，

也有负笈求学的受教者，共同构成了一支薪火相传、踔厉奋发的美育队伍。

（一）启功及其卓越成就

在由诸多名家编织出的璀璨夺目的北京师范大学美育天幕中，最明亮的一颗大星，无疑是启功先生（1912—2005）。或者说，启功是北京师范大学美育最富代表性的核心人物。

之所以将启功列入北京师范大学美育队伍的核心圈层，首先在于他人生中的大部分时间都在北京师范大学度过，其艺术创作与教育实践有着浓郁的北京师范大学底色。启功幼年失怙且家道中落，中学辍学后发愤自学，后在机缘之下受教于陈垣先生。1935年起，先后任辅仁大学美术系助教、辅仁大学国文系讲师、辅仁大学国文系副教授等职。1952年后，任北京师范大学中文系副教授、教授，并任中国人民政治协商会议全国委员会常务委员、国家文物鉴定委员会主任委员、中央文史研究馆馆长、中国书法家协会主席等[①]。可以说，作为当代我国著名的书画家、教育家，启功自20世纪50年代初执教北京师范大学以来便深耕于此，留下了丰富的人生足迹，其人生历程与北京师范大学的发展演进紧密勾连在一起。

其次在于他在艺术创作、教育实践、学术研究中都取得了丰硕的成果。在北京师范大学及其前身任教的70年生涯中，他在中国古典文学教学与研究中取得了丰硕成果，培养了一大批古典文学的教学与研究人才，并著有《古代字体论稿》《诗文声律论稿》《启功丛稿》等一批代表性学术论著。他的"启功体"书法，以其清新飘逸、遒劲俊雅、

---

① 关于启功的人生经历，可参见启功：《启功自传》，赵仁珪、章景怀整理，北京师范大学出版社2013年版。

章法严明的风格独树一帜，在现当代中国书法史上占据着一席之地。
同时，他的一生在书画创作、文物鉴定、诗词创作、学术研究等不同

图 6　启功先生（左）与陈垣先生

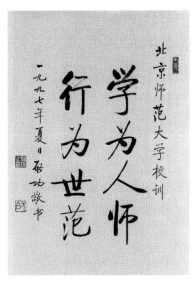

图 7　启功先生撰写的北京师范大学校训

领域间自如切换，实现了学与书、技与道、古与今的兼容汇通。

再次在于他以平易通达的人格魅力与春风化雨的教育实践，深刻践行了"学为人师，行为世范"的北京师范大学精神。正如有论者所言，"启功先生的治学以通贯的文化教养为背景，涉及广泛的学术领域，并渗透了特有的艺术气质。无征不信、见解通达、文贵明白、不强为说，是其治学的基本原则。有教无类、不悱不发、尊重学生个性、教学相长，是他一贯遵循的教育思想"[①]。为延绵陈垣先生的教泽、鼓励青年教师和学生继承和发扬北京师范大学的优良传统和学风，启功还曾于1992年用出售字画所得200余万元，设立励耘奖学金。可以说，启功上承陈垣校长的教育理念，下启几代学子的审美人格，真正彰显出北京师范大学薪火相传、以美育人的美育传统。

（二）艺术名师及其贡献

在北京师范大学120年的发展进程中，专业艺术教育领域里涌现出一批富有学科开拓性的大家。从美术、音乐、舞蹈到戏剧、影视等各个领域，一代又一代艺术家、理论家与教育者不断开创与延续着北京师范大学的美育传统。

作为北京师范大学美育和艺术教育的策源地，美术学科可谓大家云集，涌现出诸如陈师曾、

图8 著名美术家陈师曾

---

① 谢思炜：《启功先生的治学与育人之道》，《北京师范大学学报（人文社会科学版）》，2002年第3期，第50—55页。

经亨颐、卫天霖、台静农、李瑞年、张松鹤、吴冠中等一批在近现代美术史上卓有建树的人物。其中，作为民国时期举足轻重的艺术家，陈师曾先生（1876—1923）对于文人画的继承与创新以及他参与发起的中国画学研究会等对20世纪上半叶中国画的现代发展起到了重要推动作用。1915年，陈师曾担任北京高等师范学校新设的手工图画专修科的国画教员，培养了俞剑华、王道远等一批优秀学生，奠定了北京师范大学美术教育的坚实基础。

音乐领域，先有萧友梅主持国立北京女子高等师范学校音乐体育专修科，后有著名音乐家贺绿汀、老志诚在新中国成立前后执掌音乐系，又有作曲家张肖虎在20世纪80年代初奉命重建艺术教育系，此外在此执教过的还有蒋风之、江文也、雷振邦等音乐大家。其中尤为值得一提的是萧友梅（1884—1940）、杨仲子（1885—1962）两位先生联合创建中国现代音

图9　著名音乐家萧友梅

乐教育最早的园地之一——国立北京女子高等师范学校音乐体育专修科。1920年，萧友梅、杨仲子分别从德国、瑞士归来，前者为莱比锡大学哲学博士，后者从日内瓦瑞士国立音乐学院毕业。回国后，二人便四处奔波、竭力请命，很快投入倡导音乐教育的行列中。据杨仲子回忆："音乐在我们高等教育各学科里面，占了一个独立地位的，我们女院的音乐系是第一个。这件事已远在十七年以前，拿世界的眼光来看，真是幼稚得令人惭愧，我还记得那是民国九年的夏天，我刚从欧洲回国，恰好萧友梅先生也从德国回来，学年开始的时候，就在北京女子高等师范学校，产生了我们今天这个音乐系，当时因为种种关系，

叫作什么音乐体育专修科。课程方面，是音乐与体育并重的。当时这两种人材，异常缺乏，所以我们积极地要养成音乐兼体育的师资，以应一时之需要。"[1]在彼时军阀混战的历史语境下，北京女子高等师范学校音乐体育科的成立彰显出一代学人致力于美育的决心，而这一学科也在日后成为北京师范大学音乐教育的燎原星火。

舞蹈方面，虽然直至2000年北京师范大学才建立舞蹈系，开始真正的舞蹈学学科建设，但舞蹈教育的火种早已种下。1948年，中国舞蹈教育的开拓者、著名舞蹈家戴爱莲先生（1916—2006）北上，来到北平国立师范大学体育系任教，主要教授民族舞蹈和拉班的现代舞。当时，为配合日益高涨的爱国学生民主运动，戴爱莲还曾在北大、清华等大学普及边疆舞。新中国成立后，

图10 著名舞蹈家戴爱莲先生

戴爱莲先后担任华北大学三部舞蹈队队长、中央戏剧学院舞蹈团团长、中央歌舞团团长及北京舞蹈学校校长等职。虽然在北京师范大学的任教时间并不长，但戴爱莲在此传播了现代舞蹈教育的新鲜理念，种下了舞蹈教育的火种，也深刻影响了此后北京师范大学舞蹈教育的发展。2004年，戴爱莲受聘为北京师范大学舞蹈系特聘教授。2014年，我国首家全面研究拉班理论的学术机构"中国拉班研究中心"正式在北京师范大学成立，该中心的前身便是戴爱莲在1985年成立的中国拉班舞谱学术委员会。而北京师范大学的舞蹈学科力量也以这种特别的形式，

---

[1] 杨仲子：《国立北平大学女子文理学院音乐学系简单的报告》，《大公报》（天津），1936年5月24日。

延续着前辈开创的美育传统。

戏剧与影视领域，新中国成立前后就职于北京师范大学的洪深、焦菊隐皆为我国戏剧史上举足轻重的大家。其中，我国著名戏剧家焦菊隐先生（1905—1975）在抗日战争结束后便返回北平任北平师范大学外语系教授兼主任，新中国成立后一度兼任北京师范大学文学院院长兼外语系主任，

图11 著名戏剧家焦菊隐先生

直至1952年转任北京人民艺术剧院第一副院长兼总导演和艺术委员会主任。在北京师范大学任教期间，他一方面注重引介与讲授现代戏剧理论。据记载，当时焦菊隐"应师大音乐戏剧系主任洪深的邀请，为该系讲授《斯坦尼斯拉夫斯基体系》和《西洋戏剧概论》。他讲课，内容深入浅出，实例和比喻生动具体，引起学生的浓厚学习兴趣，教室常满员，甚至窗口也趴满了听众"[1]。另一方面，在承担教学任务与行政事务之外，他不断开展各种戏剧创作实践，先后创办北平艺术馆、校友剧团等，导演了话剧《夜店》、话剧《上海屋檐下》（夏衍编剧）、京剧《桃花扇》（欧阳予倩编剧）等一系列在当时引发广泛反响的作品。尤其是1950年为北京人民艺术剧院导演话剧《龙须沟》（老舍编剧），更以鲜明的现实主义笔触和深刻的人物形象塑造，成为戏剧史上的经典作品。可以说，焦菊隐在北京师范大学任教期间的戏剧教育与戏剧实践，有效地探索了话剧的民族化道路，开拓了彼时学子们与观众们的艺术视野，也为此后北京师范大学的

---

① 蒋晔、武京予：《我的心是一面镜子》，河北人民出版社2007年版，第273页。

戏剧教育奠定了深厚的基础。

作为我国戏剧、电影的奠基人之一，洪深先生（1894—1995）在北平和平解放后来到北京师范大学任教，曾任外语系主任、音乐戏剧系主任等职，与焦菊隐在艺术教育实践中保持了紧密的合作关系。在北师大期间，除担任音乐戏剧系的戏剧艺术教育课外，洪深在外语系先后讲授过《戏剧选读》《欧美名著》《文艺学》《莎士比亚》等课程，深刻影响了一批学子。

图12　著名戏剧家、电影家
洪深先生

20世纪90年代以来，随着学校美育事业从原有的美术、音乐和戏剧学科向影视、舞蹈与艺术学理论等扩展，北京师范大学涌现出一批至今仍然活跃在艺术教育领域的人物，例如影视传媒领域的黄会林先生（1934年生）等。黄会林先生于1955年进入北京师范大学中文系学习，1958年提前毕业后留校任教。1992担任艺术系主任，2002年建立艺术与传媒学院并任院长。在60余年从教生涯中，她从零起步创建

图13　著名影视传媒学者
黄会林先生

北京师范大学影视学科，带领艺术学科从重建到多元逐步发展，形成了当前全面的、可持续发展的大学科架构。作为中国高校第一位电影学博士生导师，她培养了中国大学第一位电影学博士，迄今指导硕士生、博士生、博士后达150余人。除此之外，她还先后创办北国剧社、

主持创办北京大学生电影节、创办"看中国·外国青年影像计划"，提出"第三极"文化理论等，这些已经成为北京师范大学重要的美育品牌。近年来，她一直致力于中国文化的有效传播，取得了令人瞩目的丰硕成果。

（三）文史名师及其贡献

尽管艺术教育可谓美育的主要抓手，但无论在宽度还是深度上美育都不能简单地等同于艺术教育。相比艺术教育，美育更加强调通过审美教育所达成的心灵培育与人格完善，因此所利用的教育资源更加广泛多样。作为综合性大学，北京师范大学有着显著的文史学科优势，这也是北京师范大学美育事业的思想与精神底蕴。在文史领域，北京师范大学也涌现出许多影响深远的美育人物。

早在20世纪初，以梁启超、鲁迅、钱玄同、李大钊等为代表的一批文史巨匠就曾在北京师范大学任教，留下了现代中国激荡人心的一幕。

图14　梁启超先生为北师大学子赠言"无负今日"

其中，梁启超先生（1873—1929）在20世纪20年代曾出任国立北京师范大学校董事会董事长。在当时我国师范教育面临发展转型的关头，他出任北师大首届董事长，"有效地稳定了风雨飘摇的北师大，为北师大踏实严谨学风的形成和进一步发展指明了方向"[①]。与此同时，他还亲执教鞭、讲授课程，提高了北师大的学术声望。最迟在1921年，梁启超便开始在北师大讲学。1925年秋季学期，他还在北师大史地系讲授《中国文化史》和《国文教学法》等课程。当年得以亲炙的学生曾这样回忆当时梁启超授课的场景："1926年我在北京师大求学的时候，正是梁先生息影政坛，专门从事学术研究的阶段。……他在师大教的是中国文化史，只讲到社会组织编，每周也只来两次。由于他的名气大，学识渊博，他每次来授课，教室里都是挤得满满的，以致室无隙位，有的还站着听。有些同学虽是学自然科学的，但届时宁

图15　1924年，北京师范大学董事会合影，居中为梁启超先生

① 刘敏：《再论梁启超与北京师范大学》，《教育学报》，2018年第1期，第105—114页。

可牺牲本门功课来听他的讲授，可见他的吸引力是如何的大了。"①

鲁迅先生（1881—1936）与北京师范大学美育事业的渊源，则可追溯至20世纪20年代初。他在北京高等师范学校、北京女子高等师范学校兼课，主讲《中国小说史》等方面的课程。除此之外，他还多次开展演讲活动。著名的《娜拉走后怎样》一文，便源自鲁迅1923年12月26日在北京女子高等师范学校开展的讲演活动。有人这样回忆1932年鲁迅在北京师范大学的一次演讲："一扇原是紧锁着的小门，霍地打开了。人群此时更像大风暴中的海洋，猛烈的荡动。我被挤得什么也看不见，只听人喊：鲁迅先生来了，哈，从人的肩头给抬进来了！……鲁迅先生的讲演态度中，是决找不到一点手比脚画的煽动和激昂的：他的低弱的绍兴口音，平静而清明，不急促，不故作高昂，

图16　1932年，鲁迅先生在北京师范大学进行演讲

---

① 李任夫：《回忆梁启超先生》，见夏晓虹编：《追忆梁启超》，中国广播电视出版社1997年版，第414页。

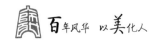

却夹带着幽默，充盈着力量，像冬天的不紧不慢的哨子风，刮得那样透彻，挑动了每根心弦上的爱憎，使蛰伏的虫豸们更觉无地自容。"①这种通过文艺演讲所达成的陶冶精神、激荡心灵的景象，可谓美育本质淋漓尽致的体现。

新中国成立之后，陈垣、钟敬文、黄药眠、李长之、童庆炳等一批文史大家也以他们的人格魅力与育人实绩在北京师范大学美育进程中留下了深刻足迹。

其中，著名历史学家陈垣先生（1880—1971）早在1926至1952年间便担任辅仁大学副校长、校长，1952至1971年间则任北京师范大学校长。在长期的教育实践中，他率先垂范、大力举贤，强调国学素养、坚持中西汇通，对北京师范大学美育传统的形成有着重要的贡献。正如有论者所总结的那样："其高等教育思想以国学为根基，汲取西方教育理念和科学方法；在办学宗旨上以育人为本，传承中华文化；认同却不囿于西方学科理念，重视国学教育与研究；主张博学与专门互补，寓教学于研究之中。其正直的教育品格、无私奉献的教育家精神，不拘一格育人才的大家风范，永远激励着学人。"②我国民俗学和民间文艺学的创始人和奠基人之一钟敬文先生从1949年开始执教于北京师范大学，不仅长年从事民间文艺的发掘与研究，也在诗歌、散文等艺术创作领域卓有建树。他先后参与筹组中国民间文艺研究会，主持创办《民间文艺集刊》《民间文学》等刊物，在北师大创建全国第一个民间文学教研室，培养了诸多民间文艺方面的研究人才，堪称以民间文艺育人化人的典型代表。

---

① 林曦：《鲁迅在群众中》，《新华日报》，1942年10月19日。
② 张亚群、虞宁宁：《会通中西 教泽群贤——陈垣高等教育思想特色辨析》，《福建师范大学学报（哲学社会科学版）》，2012年第1期，第150—155页。

图17 著名民俗学家钟敬文先生

（四）杰出校友及其成就

如果说上述人物代表的是北京师范大学美育队伍的坚实深厚，那么曾求学于此又致力于美育事业的许多北师大学子们代表的则是北京师范大学美育在人才培养、社会美育上取得的成效。120年来，北京师范大学的美育事业培养出俞剑华、王洛宾、叶嘉莹、莫言等一大批有代表性的美育人物。

其中，我国现当代著名画家、美术教育家俞剑华（1895—1979）是北京高等师范学校手工图画科最早的一批学生。1918年毕业后，他曾于上海美术专科学校、新华艺术专科学校、国立暨南大学等任教。新中国成立后，历任华东艺术专科学校、南京艺术学院教授，中央美术学院民族美术研究所研究员。俞剑华擅长山水，亦工花卉，尤其在中国美术史和中国画论学术研究方面著述甚丰，代表作品有《中国绘画史》《中国画类编》等。有"西部歌王"之称的我国著名音乐家王洛宾（1913—1996）曾于20世纪30年代考入北京师范大学音乐系，经受过严格的乐理和创作指导，后致力于我国民间音乐的发掘与民族音乐的创作。抗日战争爆发后，王洛宾参加革命，从事宣传工作。他的主要成就是搜集、整理了大量的民歌，如《掀起你的盖头来》《喀什噶尔舞曲》《青春舞曲》《流浪之歌》《我等你到明天》《玛依拉》《半个月亮爬上来》等。我国古典文学研究专家叶嘉莹（1924年——　）毕业于北师大前身之一的辅仁大学，一生投入中国古典诗词与传统文化的推广事业中，其对于古典诗词美的发掘与阐释影响了无数读者。著名作家、诺尔贝文学奖获得者莫言（1955年——　）作为北师大与鲁迅文学院合办的作家研究生班的毕业生，以富有乡土魔幻色彩的文学写作影响了几代读者，也展现出中国本土文学走向世界的步伐。

图18　著名音乐家王洛宾先生

此外，还有更多曾深受北京师范大学美育濡染的默默无闻的学子们，他们此后踏上了中小学艺术教育等许许多多与美育相关的行业，延续着北京师范大学美育的薪火与精神。

三、结语

回望来路，北京师范大学美育是我国高校美育事业的开拓者之一，在我国学校美育与社会美育中写下的历史功绩毋庸置疑。当然需要说明的是，尽管经过了反复钩沉与考量，但本文的梳理和列举难免会挂一漏万，留有遗憾。

凡是过往，皆为序章。当前，在美育已成为国家教育方针与文化战略的背景下，"美育已经从蔡元培时代的专业教育和业余兴趣教育变成一种具有大致确定范围的交融性、综合型公共文化教育行业"[①]。面对新形势，依托百余年历史的艺术学科与文史优势，继承深厚的美育教育传统，北京师范大学正建构起以高校普及艺术教育、专业艺术教育和艺术师范教育为主体，积极介入社会美育的发展格局，不断创新美育的机制与手段，日益形成"美育师大"的美育品牌。在新时代的美育图景中，北京师范大学美育正在书写新的篇章。

李宁 艺术与传媒学院艺术学系讲师

---

① 王一川：《当前中国美育三题议》，《美育》，2020年第1期，第24—29页。

第二章

建校以来的美育思想研究

在北京师范大学迎来120周年校庆之际，响应习近平总书记做好美育工作、弘扬中华美育精神的重要指示，重新梳理建校以来北师大美育思想源流的工作正愈加迫切。对于北师大美育思想学脉梳理，不妨分为三个圈层来看。

其中，居于核心圈层的是启功的美育思想，之所以将其放在核心圈层，正在于启功美育思想与实践的综合性与典型性，在艺术专业教育中"文""艺"兼善，在艺术学术教育中"学""术"交融，在艺术态度教育中由"技"进"道"，在艺术师范教育中"古""今"交融，真正打通了现代美育与艺术教育的全维度与多层次，呈现出北师大美育的典型风格与气派。在核心圈层外围的第二圈层中，包括了艺术与传媒学院各门类艺术专业的开创者，如焦菊隐与洪深（影视戏剧）、陈师曾（美术）、萧友梅与江文也（音乐）、戴爱莲（舞蹈）、台静农（书法）等，他们深耕于诸艺术专业，深知"不通一艺莫谈艺，实践实感是真凭"，却不约而同地从深通一艺的"实践实感"中生发出美育理念，构成了北师大美育的中坚圈层。在中坚圈层之外是由北师大文史名家所构成的底蕴圈层，北京师范大学及其前身院校作为综合性院校，深厚的文史底蕴是师大美育思想的底色，其中陈垣（史学）、鲁迅（文学）、钟敬文（民俗学）、黄药眠（文艺学）等学者极大地推动了北师大美育思想的生成。

一、启功先生的美育思想

居于北师大美育核心圈层的启功，与中国现代美育史中的王国维、蔡元培、朱光潜与宗白华诸家一样，他们同处于传统文化源流脉络与现代中国历史语境的交汇之中，同时启功美育思想及其实践，也有着自身的独特之处：他是这一脉络中极少数做到全维度艺术教育的现代学者。对此，我们首先需要明确现代艺术教育的内在维度，分别为：1.艺术专业教育，以训练艺术技巧、培养艺术行业的实践者为目的；2.艺术学术教育，以研究艺术知识、培养艺术研究者为目的；3.艺术态度教育，涵养审美心胸，培育艺术鉴赏力、想象力、创造力等，这就是一般狭义上的"美育"（全称为"审美教育"）；4.艺术师范教育，强调对前三者兼而有之，不仅将艺术作为教育的对象，同时将教育本身当作艺术来看待。[①]而启功美育的特色，正在于对如上艺术教育四重维度的整体涵盖与相互交融。

（一）文与艺：跨门类艺术的交融

在与艺术实践紧密联系、以传授与训练艺术技巧的"艺术专业教育"维度上，启功无疑是名师大家。其艺术创作与实践根植于中国源远流长的文人传统，在诗、文、书、画四个方面都卓然成家，是现代一流的画家、书家与诗文家。

更为可贵的是，诸艺兼善的启功尤为强调诗文与书画之间跨门类艺术交融，其观点不同于传统"书画同源"与"诗画一体"的陈说，而是认为诗、书、画之间的联系是一种本质联系，有着共同的"内核"。如其所言，诗、书、画之间的联系深于、广于工具、点画、形

---

① 彭锋：《艺术教育的四副面孔》，《东北师大学报（哲学社会科学版）》，2019年第5期，第17页。

象、风格等外露的因素，与其说书画同源，不如说它们有着相同的内核——基于民族共同的工具使用、表现方法、好恶习尚等文化传统。在启功先生看来，这一"共同的传统"的基础之上，生成了群体成员所共同分享的"信号"——使人看到甲联想到乙，就像古语常言"对竹思鹤""爱屋及乌"等，这一"信号"又能支配生活与艺术创作，合乎这个信号的被认为是谐调的、不合乎这个信号的则被认为是不谐调的。此处启功先生所言的"信号"，更近于今日理论所言的"文化表征"（cultural representations），一方面从民族共同生活——"一群人、一个时期或一个群体的某种特别的生活方式"——当中生成，另一方面又反过来继续汇入生活与艺术的"指意实践"（signifying practice）整体当中加以反馈与增殖，最终形成既相对稳定而又富于动态的文化艺术样貌。① 正如启功先生所说，这一"信号"，包括了一切好恶的标准、表现的手法、敏感而易融的联想，是相对稳定甚至排他性的，但同时这些"信号"是经久提炼而成，又具有普世的感染力，因此或与其他"信号"相结合而成为新的文化艺术品种，或是随着时序兴替而在新时代呈现出新的生命活力等。

　　启功先生这一独特的"信号"论，构成了他融通各门类艺术的理念与实践的重要抓手，同时也构成了理解生活与艺术、共同体与个体、民间小传统与文人大传统之间的基本视域。对此启功先生更进一步指出，诗、书、画"同核"，可以溯源于共同体的民间传统的同时，也具体系于艺术传统中文人的主体性："无论倪瓒或八大，他们的画或诗以及诗画合成的一幅幅作品……所以说它们是瑰宝，是杰作，中国古典诗人、画家所画的画、所写的字、所题的诗，其中都具有作者的灵魂、

---

① 约翰·斯道雷［英］：《文化理论与大众文化导论（第五版）》，常江译，北京大学出版社2010年版，第57页。

人格、学养。纸上表现出的艺能，不过是他们的灵魂、人格、学养升华后的反映而已。"也即诗书画之"艺"，是文人学养之"文"的具体显现，从这一视点出发，启功先生尤为反对将"书"从"诗""画"之中脱离出来，"书法是文辞以至诗文的'载体'。近来有人设想把书法从文辞中脱离出来而独立存在，这应怎么办，我真是百思不得其法"。①打破现代艺术门类的区隔，从古典传统中促发"文"与"艺"相辅相成、互融互化而成为整体，正是启功艺术美育思想的基本要点之一。

图19 《启功全集》（北京师范大学出版社）

（二）学与术：艺术实践与艺术研究的交融

在研究艺术知识、培养艺术研究能力的"艺术学术教育"维度上，启功先生也有着独到的贡献。启功美育的突出特色，是将艺术实践之"术"与艺术研究之"学"相互交融。对此，赵仁珪在其《启功

---

① 启功：《启功全集·第三卷》，北京师范大学出版社2009年版，第265页。

评传》总结启功先生道："堪称学者型的艺术家、艺术家型的学者"。①
一方面以深厚的学养为基础，滋养诗书画这些传统艺术，使之意涵深厚蕴藉；另一方面则以艺术实践中积累培养的艺术直觉为基础，又旁通交错、打通相关学科，建立起基础扎实、格局宏大的知识体系。启功先生曾经撰文评说现代文玩名家王世襄，尤为欣赏后者有"学"有"术"，能欣赏会研究，在文末对艺术实践、艺术欣赏与艺术研究之间的关系，有着精彩的论说：

> 旧时社会上的"世家"中，无论为官的、有钱的、读书的，有所玩好，都讲"雅玩"。"雅"字不仅是艺术的观念，也是摆出身份的标准。"玩"字只表示是居高临下的欣赏，不表示研究。其实不研究的欣赏，没有不是"假行家"。而"假行家"又"上大瘾"的，就没有不丧志的。怎样丧志，不外乎巧取豪夺，自欺欺人，从丧志沦为丧德。而王世襄先生的"玩物"，不是"玩物"而是"研物"；他不但不曾"丧志"而是"立志"。②

在启功先生看来，王世襄正是一位"最不丧志的玩物大家"，一方面在广度上对于传统诗文、书画、金石、木器、草虫等既喜爱又精通，另一方面在深度上又"对艺术理论有深刻的理解和透彻的研究"。正是研究赏鉴与收藏实践的水乳交融，远远超越了不学无术的旧时世家"雅玩"积弊，对于这些文玩器物从原料、规格、流派、地区、艺人、传授，无不努力加以深入了解，因而不仅没有"玩物丧志"，更在

---

① 赵仁珪：《启功评传》，北京出版社2017年版，第419页。
② 启功：《启功全集·第四卷》，北京师范大学出版社2010年版，第311页。

"研物"之中"立志"，无论在艺术实践上还是艺术研究上都取得了突破。在此虽然是对于王世襄先生的评述，但何尝不是启功先生的夫子自道呢？启功先生不仅在诗、文、书、画的艺术创作上卓然成家，而且对诗文书画都有经典性、重量级的学术研究。在诗文方面，《诗文声律论稿》《汉语现象论丛》等"大家小书"至今都是中文专业的入门津梁，以简、浅、显的文风笔触，将偏、繁、难的学术问题娓娓道来，无不显示出深厚学养与实践实感的精湛结合。在书画方面，启功先生是古典书画研究与鉴定权威，有着丰硕的艺术史论与考据的研究成果。其中《论书绝句》百首尤为令人称奇，以传统诗歌绝句的精简形式，将中国书法史的大关节加以一事一议，文辞潇洒，观点精辟，如璎珞连珠将书法史论连贯而下，自成系统，每首绝句还配有古文札记，其中骈散滔滔，进一步畅述对应绝句中的观点，同时启功先生还以其典雅的书体将《论书绝句》落为笔墨。对于书法艺术的学术研究又以文学艺术的形式呈现出来，并最终落为新的书法艺术作品，不能不说是启功先生一项"学""术"相融的文化盛举了。

（三）技与道：专业艺理与人格涵养的交融

培养审美心胸，将无功利的审美态度融贯于生活之中的"艺术态度教育"，在启功先生身上也有着鲜明体现。这一"艺术态度教育"就是一般狭义而言的"美育"，这也是艺术教育的重要旨归：艺术技巧的学习与艺术知识的教授，其最终目的在于审美心胸的养成，将艺术融贯于人生之中。正如朱光潜先生所言，"所谓人生的艺术化就是人生的情趣化"，能够对生活事物抱着"无所为而为的玩索"的欣赏，在人生的长途之中"慢慢走，欣赏啊"①。

---

① 朱光潜：《朱光潜全集·第2卷》，安徽教育出版社1987年版，第96页。

　　以俗常眼光来看，启功先生在晚年之前的人生其实颇为坎坷，幼时孤苦，青年求学因家贫而止步于中学，在陈垣校长的鼎力支持之下，三入辅仁大学，却两遭解聘，中年时期由"中学生"幸而"副教授"，却被扣上右派帽子遭受冲击，而在十年动乱即将结束之际，相依为命的母亲、姑母与妻子相继逝去，留下孑然一身。终于在晚年重新恢复名誉、备受世人尊崇，却又与疾痛相伴。他的诗词作品在现代诗家之中独树一帜，其主要内容与特色，如日本学者木山英雄所概括在于"生老病死的戏谑"——将这些坎坷不顺以浅显平易但却格律严谨的韵语加以调侃戏谑。[①]如其著名的《自撰墓志铭》中所言："中学生，副教授。博不精，专不透。名虽扬，实不够。高不成，低不就。瘫趋左，派曾右。面微圆，皮欠厚。妻已亡，并无后。丧犹新，病照旧。六十六，非不寿。八宝山，渐相凑。计平生，谥曰陋。身与名，一齐臭。"启功先生在这幅短小的篇什之中，历数过往经历的苦痛——失

图 20　幽默亲切的启功先生

---

① 木山英雄［日］：《人歌人哭大旗前：毛泽东时代的旧体诗》，赵京华译，生活·读书·新知三联书店2016年版。

学、病痛、妻亡、孤老等，但却并无激烈的悲痛愤慨之情，而是冲淡为一种诙谐、自嘲与豁达，并以巧妙的韵语对仗铺陈而出，在生活的苦难之中寻找情趣，并凝结为璀璨的艺术结晶。通过对启功诗文与生活的对读，可以看到他真正实现了现代美育的核心目标——"人生的艺术化"，在艺术实践与鉴赏中培育审美心胸，淡然而潇洒地面对自己的人生，将人生视为一件艺术品加以雕琢，将艺术之"技"推衍为美育之"道"，实现了专业艺理与人格涵养的交融。

（四）古与今：古典资源与现代模式的美育交融

最为重要的，是作为启功美育独特底色的艺术师范教育。启功自1933年受聘于辅仁大学附属中学开始，至2005年去世，达七十余年的辛勤耕耘奉献于北京师范大学及其前身，对于艺术师范教育的不懈开拓与探索，是其美育观念与实践的重要底色。而艺术师范教育具有明确的综合性，也就是不单纯是艺术技巧的训练、艺术知识的传授与艺术态度的培育三者之一，而是对艺术教育前三个维度的综合，以培养全面的艺术人才为目标。

启功先生的艺术师范教育思想，其特色在于对美育的古典资源与现代模式的融合。他受学于齐白石、溥心畬等传统书画大师，在传统师道与文人雅集当中深受美育浸染，如其推崇青年时参加的溥雪斋松风草堂笔会，文人雅士围坐聊天、无拘无束，合作绘画、品鉴古画、弹奏古琴等，这其实就是传统的美育课堂。在启功先生看来，这种文人雅集让人获益良多，看似无拘无束，但却常比郑重其事的登堂请益更有收获，因为在这种场合之中，所见所闻常有出乎意料的东西，所存在的问题往往在无意之中获得理解。[1]实际上，这正是艺术美育课堂的魅力，不

---

① 启功：《启功全集·第四卷》，北京师范大学出版社2010年版，第279页。

是枯燥的知识传授，而是通过文人酬唱的互动交流、赏画听琴的艺术欣赏、流觞曲水的自然美景等，在人文与自然环境之上，更创造了一个审美意境，让参与者徜徉其中，不知不觉地受到艺术与美的涵养濡染。而在自己的教学生涯中，启功先生力图将传统的美育思想与实践，融合到现代课堂教育之中，学生对此多有记述。启功并不局限于课堂讲授，而往往带着学生走出课堂，在独特的情境之中进行艺术教育，如亲身带领学生来到故宫，在其中介绍故宫独特历史与建筑艺术；又如在藏历新年时，带领学生们去观赏雍和宫喇嘛的祭神舞蹈，并对其中的历史掌故娓娓道来。启功先生这种将传统雅集与现代课程教育相结合的美育课堂营造，往往让受教者印象深刻、获益匪浅，在获取知识之"真"的同时，更收获了艺术之"美"。

启功先生的艺术师范教育观念与实践，一方面将艺术作为教育的对象，另一方面更将教育作为艺术加以雕琢。同启功先生一生不断精进的诗文书画诸艺一样，他也一直将"教育"作为"艺术"，在七十余年从教生涯中，严肃地加以雕琢。当然这一历程绝非独学无友，而是在与师大同侪的切磋琢磨之中以友辅仁，共同精进。有趣的是，启功往往在对师大同侪——如陈垣、李长之、台静农等的评说阐释之中论述其教育观念，一方面彰显了同侪的教育思想，另一方面也是启功自身教育理念的反映。在这些学者名家之中，对启功的影响最为深刻的正是北师大老校长陈垣先生，对此启功先生说道："恩师陈垣这个'恩'字，不是普通恩惠之'恩'，而是再造我的思想、知识的恩谊之'恩'！"在启功初登讲坛之时，陈垣就仔细叮咛"上课须知"，其中既有教学时"人脸是对立的，但感情不可对立"等尊重学生的"心法"，也有作文课要在学生座位行间走走予以必要提点的具体建议，[①]乃至于每行板书以四五字为宜，以便

---

① 启功：《启功全集·第四卷》，北京师范大学出版社2010年版，第152页。

台下学生视角观看等，两位大师将"教育"视为"艺术"加以雕琢之精之细可见一斑！

二、北师艺院诸贤的美育思想

在核心圈层外围的第二圈层中，包括了艺术与传媒学院各艺术学科那灿若群星的先驱者，其中可以陈师曾、萧友梅、焦菊隐与戴爱莲诸位先生为代表，他们分别奠定了北京师范大学美术、音乐、戏剧与舞蹈专业美育传统的根基。有趣的是，这几位艺院先贤的名讳中包含象征中国古典文人风骨的"梅""菊""莲"，而陈师曾先生虽然不以花卉为名，但"画第一，兰竹为尤"①，他们所留下的丰富可贵的美育实践与思想遗产，散发着历久弥新的芳园馨香。他们的艺术美育思想有着独特的北师大风格与气派，往往能够融合与打通艺术教育的多个层次，具有综合性与多维度的特点。

（一）胸中丘壑：陈师曾先生的美术美育思想

在清末民初的艺术界，陈师曾先生（1876—1923）堪称一代宗师。在他去世时，梁启超沉痛地将他的死比作中国艺术界的大地震，并评价他在"现代美术界，可称第一人"。作为民国时期举足轻重的艺术家，陈师曾先生对于文人画的继承与创新以及他参与发起的中国画学研究会等对20世纪上半叶中国画的现代发展起到了重要推动作用。1915年，陈师曾担任北京高等师范学校新设的手工图画专修科的国画教员，培养了俞剑华、王道远等一批优秀学生，奠定了北京师范大学美术教育的坚实基础。陈师曾先生的艺术美育思想与实践，涵盖了现代艺术教育四个层面，具有典型的师大美育风格与气派。

---

① 吴庠：《陈师曾先生遗诗序》，出自《陈师曾先生遗诗》，江南蘋手录付印，1930年。

　　第一，就艺术专业教育而言，中国源远流长的文人画传统，强调诗文书画跨门类艺术交融，而陈师曾先生长期浸淫于这一传统之中。其父陈三立是晚清著名诗人，"同光体"诗派领袖，其四位弟弟都享有文名，陈隆恪擅长诗文，陈寅恪是著名历史学家，陈方恪以诗词为擅长，陈登恪是著名外国文学研究专家。而作为长子的陈师曾先生，"画第一，兰竹为尤；刻印次之，诗词又次之"，绘画、刻印以及诗词兼长。① 在其看来，"文"与"画"本就不可分离，"试问文人之事何事邪？无非文辞诗赋而已。文辞诗赋之材料，无非山川、草木、禽兽、虫鱼及寻常目所接触之物而已。其所感想，无非人情世故、古往今来之变迁而已。试问画家所画之材料，是否与文人同？若与之同，则文人以其材料寄托其人情世故、古往今来之感想，则画也，谓之文亦可，谓之画亦可"。②

　　第二，就艺术学术教育而言，陈师曾先生在艺术实践之外，也在近代中国美术研究方面留下了浓墨重彩的一笔。陈师曾先生于1922年完成，并在1925年出版的《中国绘画史》，是他在北京和济南讲学的讲稿，也是他在生命最后阶段所完成的，被今人公认为"20世纪由我国学者自己完成的具有现代形态和现代学术思想的最早的一部中国绘画史"。③ 其《文人画之价值》作为中国近代文人画复兴宣言，在古雅精美的文辞之中，以进化论、表现论、象征（symbol）说、移情说等现代理论视角，对文人画的定义、特质、发展与价值等进行了清晰的阐发与界定，对其时全盘否定中国古典文人画的言论加以有力回应。其

① 吴庠：《陈师曾先生遗诗序》，出自《陈师曾先生遗诗》，江南蘋手录付印，1930年。
② 陈师曾：《朵云文库·学术经典：中国绘画史 文人画之价值》，陈池瑜导读，上海书画出版社2017年版，第154页。
③ 陈师曾：《朵云文库·学术经典：中国绘画史 文人画之价值》，陈池瑜导读，上海书画出版社2017版，第11页。

《中国画是进步的》一文以进化论的学理目光，为当时被视为保守的中国古典绘画鼓与呼，并通过《中国人物画之变迁》《清代山水之派别》《清代花卉之派别》等篇什，在中国历史发展脉络之中具体论述人物、山水与花卉等画种的进步轨迹。这些无疑都是中国近代美术研究历程中的可贵篇章。

第三，就艺术态度教育而言，将绘画看作审美心胸的涵养与文化素养的提升，而非仅仅视之为技巧训练，正是陈师曾先生所浸淫的文人画传统的题中之义。陈师曾先生在《文人画之价值》中对于"文人画"有着这样的清晰界定："何谓文人画？即画中带有文人之性质，含有文人之趣味，不在画中考究艺术上之工夫，必须于画外看出许多文人之感想，此之所谓文人画。"在其看来，"画之为物"或者说美术的本质在于"性灵"与"思想"，文人之心胸、趣味与感想的涵养与抒发是"文人画"最为可贵的地方，而单纯地机械地追求写实，"直如照相器"而千篇一律，就丧失了成为艺术的资格。如其所言，"所贵乎艺术者，即在陶写性灵，发表个性与其感想。而文人又其个性优美、感想高尚者也；其平日之所修养品格，迥出于庸众之上，故其于艺术也，所发表抒写者，自能引人入胜，悠然起澹远幽微之思，而脱离一切尘垢之念"①。

第四，就艺术师范教育而言，陈师曾先生对于古今转型之际的中国美术学科教育的目标、方法与发展有着先驱探索之功。《对于普通教授国画科的意见》一文呈现了陈师曾先生在这方面的独特思考，在其看来美术作为文化之表征，是与各国国民特性紧密联系的，因而对于"研究之法"应该"以本国之画为主体"，在其时天风海雨般的艺术西

---

① 陈师曾：《朵云文库·学术经典：中国绘画史 文人画之价值》，陈池瑜导读，上海书画出版社2017版，第153页。

潮之中坚定不移地坚守主体性。但对于本国艺术主体性的坚持绝非意味着对外来艺术的排斥，而应该采取"舍我之短，采人之长"的辩证态度，具体来说，"如我国山水画，光线远近，不若西人之讲求，此处宜采西法以补救之。风景雨景，我国画之特长，宜保守其法，而更加以深心之研究，使臻于极佳之境界而后可"等。[①]而在具体教学中也融合中西美术画法，以临画仿画本为初级入门，以写生对实物为中级进阶，以默写凭记忆为高级目标，三者缺一不可，只临摹而不写生，不能跳出古人的范畴，只临摹与写生而不记忆，就无法融会贯通，进行创作。

（二）弦歌雅乐：萧友梅先生的音乐美育思想

萧友梅先生（1884—1940）是我国近现代著名作曲家、教育家、音乐理论家，于德国莱比锡大学获得哲学博士学位，是中国现代音乐史上开基创业的一代宗师、现代专业音乐教育的开拓者与奠基者，被誉为"中国现代音乐之父"。1920年，他与杨仲子（1885—1962）联合创建中国现代音乐教育最早的园地之一——国立北京女子高等师范学校音乐体育专修科，成为北京师范大学音乐教育的传承火种。萧友梅先生一生致力于推进中国现代音乐美育事业，其音乐美育思想与实践，同样涵盖了现代艺术美育的四个层面。

第一，就艺术专业教育而言，萧友梅先生力图实现跨门类艺术的交融，特别对音乐歌词这一音乐与文学艺术的结合有着自己的思考。他在《歌社成立宣言》中强调优美之歌词在音乐美育中的重要作用，呼吁文艺界与音乐界之结合，指出"我国歌词之体制，恒视音乐为转

[①] 陈师曾：《朵云文库·学术经典：中国绘画史 文人画之价值》，陈池瑜导读，上海书画出版社2017年版，第153页。

移。而一种乐曲之发生，亦往往藉优美之歌词，以增其效率。征之载籍，莫不皆然。……新兴歌曲，非迳效欧风，即相率为靡靡之音，苟以迎合青年病态心理。至于本身之责任，与其对社会民众所发生之影响为如何，不暇计也。同人等有鉴于此，将谋文艺界音乐界之结合，以弥诸缺陷，而从事于新体歌词之创造，以蕲适应现代潮流，爰有歌社之组织"①。

第二，就艺术学术研究而言，萧友梅先生凭借音乐研究取得德国哲学博士学位，致力于中西音乐学研究，对将"学音乐"单纯理解为技巧训练与艺术实践的俗见不无批评，强调音乐学习也应该有"学"有"术"，应该抱以"研究"而非"消遣"的态度，指出"学音乐的人不独要学高尚的音乐，还要把音乐当作最高的艺术去研究，千万不可当作消遣品来学，假如自己把音乐当作消遣品，人家就把你自己当作消遣品的工具，音乐的地位就完全失掉了。但是学音乐的人，不单学音乐就算了事，音乐之外还须学得充分的常识，本国文字和外国文字，因为现代的社会太复杂，单懂得音乐不一定就能够生存的，言语文字亦很重要，我国旧日的乐工，因为有许多目不识丁以至被人轻视"②。

第三，就艺术态度教育而言，萧友梅先生的音乐教育是在现代美育视野之下展开的，有着鲜明自觉的现代美育意识，在其看来，"音乐是最易感动人的艺术，人类欣赏音乐，不用有任何的素养或预备教育，无意识地就能了解音乐的旨趣。喜欢音乐的人常常沉醉在里边，为感情所驱使不顾一切，甚至个人的生活问题都忘记去解决。所以自古就承认音乐有最大的感化力"。因而音乐美育是中国现代艺术美育不可缺

---

① 陈聆群、齐毓怡、戴鹏海编：《萧友梅音乐文集》，上海音乐出版社1990年版，第318页。

② 陈聆群、齐毓怡、戴鹏海编：《萧友梅音乐文集》，上海音乐出版社1990年版，第436页。

少的组成部分，"社会上所提倡的，还是偏重造型美术和戏剧两方面，所以我很盼望爱美的同志总要分一半精神来提倡音乐，方才可以讲提倡美育。若是单讲究静的美术，不讲究动的美术；单知道研究空间的美术，不知道研究时间的美术，那不能算完全的美术罢？"[1]

第四，就艺术师范教育而言，作为中国现代音乐教育的先驱者，他不仅论述如何"学音乐"，而且对教育者如何教音乐有着明确的思考。对此他大声疾呼，"教音乐的人要把教材慎重选择，凡有轻佻、淫荡、颓废性质的绝对不可采用，须多教授庄严、优美、雄壮的乐曲歌曲，领导学生向高尚方面走，遇有供人娱乐的机会（好像游艺会，或人家集会的余兴节目，或伴食音乐等等），绝对不可使学生参加演奏，免致教人把音乐当作娱乐看，音乐的地位因此会降低"。而且在其看来，音乐人才的培养需从儿童抓起，因此萧友梅先生更是为少儿音乐教育而疾呼，指出"中国今日之音乐，过渡时代之音乐也。依据进化之原理，本无一日非过渡时代，惟纵考古今，横观中外，从无如中国今日之明显者。盖吾人生当今世，古乐已就衰微，新声犹未普遍。欲使青黄不接之时期迅速过去，自非努力介绍西洋模范之音乐及学习西洋进步之作曲法不为功。余从事音乐垂三十年，深知此中甘苦。尝以为欲造就音乐人才，必须从儿童入手"[2]。

（三）清明在躬：焦菊隐先生的戏剧美育思想

焦菊隐先生（1905—1975）是我国著名戏剧家、翻译家与评论家，在抗日战争结束后便返回北平任北平师范大学外语系教授兼主任，新中

---

① 陈聆群、齐毓怡、戴鹏海编：《萧友梅音乐文集》，上海音乐出版社1990年版，第436页。

② 陈聆群、齐毓怡、戴鹏海编：《萧友梅音乐文集》，上海音乐出版社1990年版，第433页。

国成立后一度兼任北京师范大学文学院院长兼外语系主任，直至1952年转赴北京人民艺术剧院任职。他与洪深先生在北京师范大学任教期间的戏剧教育与实践，为北京师范大学的戏剧教育奠定了深厚的基础。

焦菊隐先生曾于抗战烽火之中撰写了一系列理论著述，展现了他对艺术与艺术教育深入而独到的理论思考，体现出深切的时代责任感与爱国情怀。他综合了托尔斯泰、别林斯基、普列汉诺夫、卢那察尔斯基诸家艺术理论，富有创造性地将之融汇一炉，指出艺术借助审美形式所呈现出的伟大思想力量及在民族危亡时刻的巨大作用，对于沟通艺术教育学理与实践之间做出独到的理论阐发。

第一，就艺术专业教育而言，焦菊隐先生强调技巧训练是艺术美育的基本成分，"要学生获得精到的技巧，能灵活自如地运用此技巧以发挥其艺术意识"是艺术教育的基本目标。焦菊隐先生从托尔斯泰的艺术情感论出发，肯定艺术是用运动、线条、色彩、语言诸形象来实现感情的传达与行动的力量，"人类需要艺术，就是说，人人需要音响、线条、色彩的美的交织所能启发、传递给我们的思想的力量，唯有这力量才能主持我们的行动，唯有这力量，才能使我们产生热情、勇敢和向上的精神"[1]。正是从对艺术的这一本质观照出发，焦菊隐指出艺术技巧的贫弱影响了这一思想力量的传达与共振，"漠视了技巧的锻炼，而仅致力于意识的养成与创造的自由，也是近年来我国艺术教育的一大弱点……是技巧的拙劣，使所预期的效能大部分消失，也是不可讳言的事实"[2]。

第二，就艺术学术教育而言，焦菊隐先生在作为戏剧家与导演的艺术实践之外，对于戏剧乃至艺术整体的学理研究与评论更是本色当

---

① 焦菊隐：《焦菊隐文集·第1卷》，文化艺术出版社1986年版，第442页。
② 焦菊隐：《焦菊隐文集·第1卷》，文化艺术出版社1986年版，第310页。

行。他借鉴了卢那察尔斯基的美学理论，将艺术视为"社会思想的组织化"；欣赏别林斯基的见解——"哲学的批评的任务，是将借艺术家而被表现于那作品中的思想，从艺术的语言，译成哲学的语言；从形象的语言，译成伦理学的语言"；赞同普列汉诺夫的看法——"批评家的第一任务，是将所画的艺术作品的思想，从艺术的语言，译成社会的语言，以发现可以称为所画的文学现象的社会学的等价的东西"，正是从对作为艺术本质的思想性的深刻理解出发，对"艺术在表现现实，批评现实，而且推动现实"的坚守之中，焦菊隐先生一生在艺术研究中笔耕不辍，为后人留下宝贵而丰富的学术遗产。

第三，就艺术态度教育而言，在焦菊隐先生看来，艺术教育在技巧训练之外，更在于自由创造力的培养，这也正是"艺术家"有别于"匠人"之处。"侧重技巧训练，是一个危险的倾向。历年来艺术教育的结果，使我们仅仅得到不少画家、伶人、话剧演员、歌咏家、乐工，这些人的艺术不可谓不优卓，成绩不可谓不超群，但是他们仅能泥于成规，为艺术而造艺术，或者把早一时代的艺术贡献给现实的社会，而不自觉察其游离性。……像这一类的艺术家，他们的生活和工作完全与国家社会脱节，无论他们的技巧如何精到，也只能说是与现实无关；等而下者，就更多成了匠人。"[1]

第四，就艺术师范教育而言，焦菊隐先生指出艺术教育的目标，还应该包括促使学生孕育民族艺术的意识，弘扬民族文化的伟大精神，以艺术为工具来辅助国家政策与时代使命。焦菊隐先生在抗战岁月风雨如晦之际指出，"全国民众对自己民族的历史、思想、风尚、习惯之光辉与所久居的土地之丰沃、美丽有绝大的依恋、赞颂与崇敬，才肯为了它们去流血，以取得生活的自由与解放，这就是民族艺术意识的

---

[1]　焦菊隐：《焦菊隐文集·第1卷》，文化艺术出版社1986年版，第310页。

表现，这也就是艺术力量的效果"；"艺术教育除了技巧的训练以外，尚须顾到艺术意识形态之培植，创造力之养成，重要的是建立文化干部，使这些艺术学徒，将来负起发扬民族精神及通过艺术手腕以达到社会教育的任务"。[①]

（四）万舞翼翼：戴爱莲先生的舞蹈美育思想

1948年，中国舞蹈教育的开拓者、著名舞蹈家戴爱莲先生（1916—2006）北上，来到北平国立师范大学体育系任教。虽然在北京师范大学的任教时间并不长，但戴爱莲在此传播了现代舞蹈教育的新鲜理念，种下了舞蹈教育的火种，也深刻影响了此后北京师范大学舞蹈教育的发展。2004年，戴爱莲受聘为北京师范大学舞蹈系特聘教授。2014年，我国首家全面研究拉班理论的学术机构"中国拉班研究中心"正式在北京师范大学成立，该中心的前身便是戴爱莲在1985年成立的中国拉班舞谱学术委员会。而北京师范大学的舞蹈学科力量也以这种特别的形式，延续着前辈开创的美育传统。

第一，就艺术实践而言，戴爱莲先生作为中国现代舞蹈的先驱者，开创了一种借鉴西方舞蹈特色、融合各少数民族舞蹈优长，又具有中国气派的舞蹈样式，"它既不被西方中心的舞蹈范式所收编，也不会复制东方主义与种族主义的中国想象，同时它能够表现出作为现代民族国家的中国内部的多种样式与多元构成"[②]。特别是1946年在重庆举行的"边疆音乐舞蹈大会"，表演了《瑶人之鼓》《青春舞曲》《嘉戎酒会》等涉及瑶族、维吾尔族、藏族等6个民族的舞蹈，这一系列演出颠覆了东西方对于中国舞蹈的认识，其创构体现了戴爱莲先生深沉

---

① 焦菊隐：《焦菊隐文集·第1卷》，文化艺术出版社1986年版，第309页。

② Emily Wilcox. *Revolutionary Bodies: Chinese Dance and the Socialist Legacy.* Berkeley：University of California Press，2018:16.

的家国情怀与民族意识。后来戴爱莲先生编排集体舞，培养工厂的群众舞蹈运动骨干，也旗帜鲜明地强调："我们必须尊重其他民族的和各个兄弟国家的集体舞蹈，不要轻率地去拆改，我们应该指导群众尽可能把其他民族的集体舞蹈跳好，培养群众在学习各民族的集体舞蹈时，发扬爱国主义和国际主义的精神。"①

第二，就艺术研究而言，戴爱莲先生一生致力于推广拉班舞谱，力图为转瞬即逝、难以言传的舞蹈之妙找到科学的描述方法。早在1939年，戴爱莲先生在英国的舞蹈学校学习时，就得过拉班舞谱奖学金，她对这门课程十分感兴趣，认为舞谱可以作为舞蹈艺术在历史中传承和在国际间交流的重要媒介。同时对于拉班舞谱，戴爱莲先生并非"述"而不"作"，而是不仅积极推广与悉心教授舞谱，而且对拉班舞谱的记谱法也有着自己独特的思考。在国际拉班舞谱学会一次会议上，戴爱莲提出了有关"拉班舞谱速记法"的想法，希望采用"钉子"记号来代替"方块（方向）"符号。她觉得画钉子记号比画方块符号更容易、更快速，得到了与会学者的普遍赞赏，在这一专深的研究领域发出了中国学者自己的声音。②

第三，就艺术普及而言，戴爱莲在深入边疆地区探索考察民族民间舞的过程中，发现那些来自偏远乡村的舞蹈，"纯真、朴实、自然、流畅，没有一点造作的表现，让人一看就想跳，一跳就会，完全是内心情感的自然流露，美极了"，"展开土风舞运动，要每个人为娱乐自己而舞，从生活的烦恼里得到解放"③。由此开展土风舞运动，使之推

---

① 中国舞蹈艺术研究会：《舞蹈论文选》，上海文化出版社1958年版，第36页。
② 安·哈钦森·盖斯特：《受拉班舞谱影响的两位女性》，张素琴译，载《当代舞蹈艺术研究》，2021年第4期，第64页。
③ 北京舞蹈学院中国民族民间舞系编：《文舞相融——北京舞蹈学院中国民族民间舞系教师文选·上册》，上海音乐出版社2004年版，第1页。

而广之，使每个人为娱乐自己而跳，成为日常生活的一部分，即"人人跳"。戴爱莲先生将流传于少数民族地区的百姓中，一直活跃在民间的舞蹈，如藏族的弦子、蒙古族的安代、彝族的圆圈舞等，将自娱性民间舞蹈带到城市中来，纯真朴实，简单易学。因此不同于舞台表演性的艺术作品，成为百姓喜闻乐见并人人都能跳的舞蹈。

三、北师文史名家的美育思想

在第二圈层之外的是由北师大文史名家所构成的底蕴圈层，北京师范大学及其前身院校作为综合性院校，深厚的文史底蕴是师大美育思想的底色，众多文史名家对于艺术美育有着独特深刻理解，因为篇幅所限，在此仅举陈垣、鲁迅、黄药眠与钟敬文四位文史大家的美育思想加以论述。

（一）美且精神：陈垣先生的美育思想

陈垣（1880—1971）先生是20世纪中国著名学者，以其卓越的学术成就载誉海内外，被学术界称为"民国以来史学开山大师"。他接过清代乾嘉考据学，又为传统史学辟造了一个新时代，可谓20世纪中国传统史学研究的主要代表人物之一，并被毛泽东主席誉为"我们国家的'国宝'"。陈垣先生是北师大师生所共同称颂敬仰的"老校长"，早在1926至1952年间便担任辅仁大学副校长、校长，1952至1971年间则任北京师范大学校长。虽然陈垣先生主要贡献在于历史学，但在中国古典学术脉络之中，文、史不分家，共同属于"大文学"的范畴之中，特别是陈垣先生用力甚深的国文教育及其"美且精神"的不懈追求，其中正蕴藏着艺术美育的丰富资源。

第一，就艺术专业教育与学术教育而言，陈垣先生在诸门类艺术之中主要致力于国文即古典散文的教育与写作，其述学文体因其精深雅洁的语言风格自成一家，被称为"援庵体"，更是在辅仁大学时期精心编选《大一国文读本》，亲自操持"大一国文"这门必修课。其文章学教育非常重视基本功训练，包括句读以及字法、句法和文法的圈点批评，他在家书中曾多次传授传统圈点批评之学，涉及古代文章阅读、写作、教学与批改的多方面。曾在陈垣"大一国文"课堂学习的牟润孙，也回忆了当年学习古文写作的经历，要求每个字的读音、训诂，以及文章的结构组织，都仔细用功夫去追求。

第二，就艺术态度教育而言，陈垣的国文教育强调"美且精神"的文学理想，文章不仅应该文采飞扬、琅琅可诵，而且应该具备崇高的人格理想与民族气节。陈垣先生的国文教育以古典散文为载体，让学习者传承中国传统文化滋养，接受儒家人格理想熏陶，这无疑正是艺术美育的范畴。正如识者所言，陈垣"作为史者也别具文心，在与新文学相抗的同时，接续了传统文章学的一脉。所选文章无论是散是骈，从《史记》《后汉书》，到顾炎武、洪亮吉、全祖望之文，均为'言文一致''辞主乎达'之文，不仅能经世致用，还具有'美且精神'的审美价值。这些文章或真实、严谨、清晰地记录了文章写作的时代，或砥砺士人品行，振兴民族气节。他将古汉语作为文学、历史教育的根基，在培养学生见识的同时也锻炼了他们的古文写作能力。这些文章不仅是史家之文，也是文家之文、学人之文、儒者之文，是陈垣作为历史学研究者在传统文章学方面的最高追求"①。

第三，就艺术师范教育而言，陈垣先生一生奉献于北京师范大学及其前身院校，亲手培养出许多学者与人师，真正将教育作为艺术品加以雕琢。启功先生就是陈垣校长培养出的杰出学者与人师，在其回忆文章中就提及许多陈垣先生雕琢教学艺术、追求教学相长的细节，

---

① 李兰芳：《史者文心：陈垣文学观述论》，《天中学刊》，2021年第3期，第129页。

此处仅举一例，"陈校长还有一个高着儿——定期把学生的作文及老师的批改张贴在橱窗内，供大家参观评论，有时他还把自己的'程文'也张贴到橱窗内，供大家学习。每到展出时，我们都格外用心，因为我们知道，这不但是学生间的一个小型的作文竞赛，而且也是老师间的一次相互观摩，所以我在批改学生作文时，总是提起十二分的警惕，拿出十二分的用心，不管是天头的顶批，还是最后的总批，每处都兢兢业业地写。每当展出时，看到我的字确实不至落在学生后面时，心里就感到一丝欣慰，这也使我真正懂得了什么叫教学相长"①。

（二）以美树人：鲁迅先生的美育思想

鲁迅（1881—1936）先生是我国著名文学家、思想家、革命家与教育家，不仅是中国现代文学的奠基人之一，也是中国艺术美育的先驱者之一。鲁迅先生与北京师范大学渊源颇深，鲁迅自1920年起在北京高等师范学校（1923年更名为"北京师范大学"）国文部任教，开设"中国小说史略""文艺理论"等课程，参加"国文学会"，1923年起在北京女子高等师范学校（1924年升格为"国立北京女子师范大学"）国文系任教，积极支持进步学生投身反帝反封建斗争。这两所大学，正是现在北京师范大学的前身，也是鲁迅任教最早、时间最长的高等院校之一，从1920年秋季开始，直到1926年8月26日鲁迅离开北京南下为止，共有6年时间耕耘于北师大讲坛之上。

第一，在艺术实践上，鲁迅先生作为中国现代文学之父，小说、散文、诗歌方面的创作在中国现代文学发展历程之中都具有里程碑意义，其中《狂人日记》更是第一篇用现代体式创作的白话小说，其杂文写作似匕首如投枪直接介入对于黑暗社会批判，其诗歌创作

---

① 倪文东编：《启功谈书法人生》，上海书画出版社2009年版，第43页。

如《野草》以独语式的抒情散文形式，承载着诗性的想象与升华，开辟了中国新诗的又一境界。除了在文学之外，鲁迅先生对于美术有着浓厚的兴趣，不仅亲自设计了自己多部作品集的装帧，还积极引导中国现代版画创作，被称为中国新兴版画之父，如有论者所言："在新兴版画运动开展的过程中，鲁迅对于版画家们来说，真不啻一位导师。从创作技法到人生道路，从艺术修养到人格熏陶，鲁迅都给予了他们丰富的教益。现存指导青年版画创作的书信就有126封。在信中，鲁迅不厌其烦，详细讨论作品，从构图、技法到创作思想，指出不足和努力方向"①。

第二，在艺术研究上，鲁迅不仅是现代文学史上的文坛巨擘，而且是重要的文艺批评家与研究者，其涉猎广泛，对于其时的文学、美术、戏剧、电影等门类艺术都有论及。正如蔡元培先生所言，"著述最谨严非徒中国小说史"，他不仅写作了中国现代第一篇白话小说《狂人日记》，而且也写作了第一部系统论述中国小说发展史的专著，将小说从古典文脉中"街谈巷语、道听途说"的末流跻身于现代文学研究的殿堂之中。而且鲁迅先生在北师大任教时，也正讲授这一"中国小说史略"课程，在其课堂之上不仅是知识的传授，同时也给予人格的熏陶，一位名叫孙尧姑的学生回忆道："记得有一次好像是讲到六朝鬼神志怪小说的时候，他曾经这样说：'魔鬼将要向你扑来的时候，你若大惊小怪，它一定会把你吓倒，你若勇猛地向它扑去，它就吓得倒退，甚至于逃掉。'当时我和一个同学说：'他是要我们勇敢，要我们前进，不要我们畏惧怯懦。'"②

第三，就艺术美育而言，鲁迅先生更是中国现代艺术美育的先驱

---

① 王锡荣：《新兴版画之父——鲁迅的版画情结》，《新民晚报》，2018年5月12日。
② 周胜：《极富正义感的奇女子！贵阳一中这位老教师是鲁迅的学生》，贵州网络广播电视台，2021年2月25日。

者。留日时期的文言论文《摩罗诗力说》是引进西方近代"纯文学"观念的重要篇章，其中提出"文章为美术之一"，已经完全在现代审美观念之中观照文学艺术。后在教育部任职期间，与其时教育部长、中国现代美育的首倡者蔡元培先生同气相求，致力于相关社会美育事业。在这一时期，由鲁迅先生撰写的《儗播布美术意见书》（1913）系统阐释了作为"美的艺术"的"美术"的含义、分类、目的与社会职能，以及推广艺术教育的方法等一系列问题，是中国现代美育史的经典篇章。

（三）革命诗情：黄药眠先生的美育思想

黄药眠先生是成就卓著的现代文论家和文论教育家，是新中国文艺学学科体系的开拓者和奠基人，是中国现当代文学史上的诗人、小说家和文学批评家、美学家，他更是中共历史上资深的、自觉而又坚韧的职业革命家和政治家。[①] 自1952年院系调整开始，黄药眠就担任北京师范大学中文系教授、系主任，为北师大的中文专业特别是文艺学专业的全国领先地位贡献着重要力量。在黄药眠先生留给历史的多元形象中，无疑有着两条相互交缠的主线——"革命"与"诗情"，正如王一川先生所概括的，是一位"革命的浪漫诗人文论家"："他终其一生，不自觉地充当了一名浪漫诗人、

图21　黄药眠先生像

---

① 刘红娟编：《黄药眠集》，广东人民出版社2018年版，第1页。

作家和文论家，而同时又自觉地以为自己就是成功的职业革命家。也就是说，他在意识里把自己当作了职业革命家，但在无意识里终究还是一名浪漫诗人、作家及文论家。"①正是在"革命"与"诗情"的交相辉映之中，黄药眠先生开辟了北师大美育的又一新篇章。其美学与美育思想的独特之处，可以概括为四点：以马列主义与毛泽东思想为基本指导原则，强调艺术与美感的社会实践之本，突出美感与美育的文化历史之源，以洋溢的诗情呼唤为人民有担当的理想人格。

第一，黄药眠先生是自觉的马克思主义者与职业革命家，自青年时就投身于民族解放与国家建设事业之中，在新中国成立以后，更沉潜于学术研究领域，是中国马克思主义文艺学课程和学科的开拓者，不仅是全国高校第一个文艺理论教研室的组织者和领导者，也是马克思主义文艺学课程的首批开设者，是全国高校第一本《文艺学概论教学大纲》的主编。②他在学术研究之中始终践行马克思主义的基本观点："我觉得做学问功夫，首先是坚持马列主义，尤其着重在历史唯物主义。第二，我考虑问题，不是首先想大家有什么意见，而是首先想这些意见是不是对呢，是不是完全符合实际的，是不是同当前的时代要求一致呢。第三，我对什么问题都喜欢……从总的形势中看出它的特点。第四，认识了客观事物的各种关系以后……还要参考我方和对方的力量的关系，论据和事实，参考广大群众的常见，一一加以核实。"③

第二，在马克思主义文艺思想的基础上，黄药眠先生对以康德为

---

① 王一川：《革命的浪漫诗人文论家——黄药眠先生诞辰110周年纪念》，《艺术评论》，2013年第12期，第22页。
② 方增泉、殷鹤：《劫余留铁笔　白手写苍生——马克思主义文艺理论家黄药眠》，《中国高等教育》，2021年第19期，第10页。
③ 方增泉、殷鹤：《劫余留铁笔　白手写苍生——马克思主义文艺理论家黄药眠》，《中国高等教育》，2021年第19期，第10页。

代表的西方近代美学观念加以批判与辩证，强调美感并非产生于对艺术形式加以无功利观审，而是来自于包括劳动在内的社会实践之中："每个人都要生活，因此每个人都必然会有功利观念。这种生活上的功利主义，久而久之也就沉淀在生活意识的底层，而无形中影响到他的审美观念。……美感经验也是基筑在科学知识之上的，也是经过抽象认识积累，把本质之存在于现实中的直接形态再体验和再表现，科学和美感经验，是并不对立的。"[1]正是经由个体社会实践的历史积累，才形成了形式美感的源头："什么是形式美呢？例如说，人吸空气时紧张，呼出空气时松散，由于劳动的律动，发现了节奏，从人的身体结构和手脚的对称对工作的方便，发现了比例、对称、均衡，从许多复杂性的事物里发现了多样性的统一性与统一性的多样性。……这些都是从生活中经验到的东西。我们就极力地描绘这些东西，经过不断的制作，形式就固定下来，成为人判断美的形式的标准。……我认为形式的美必须从人的生理，从劳动，从看到的许多事物中，加以创造，形成形式，如绘画、雕刻等。而绘画雕刻本身就成为传统，如画牛的四只脚，很平稳，使后来人感到必须如此画它才美，才变成传统。慢慢下来，许多形式就构成了。"[2]

第三，黄药眠先生以社会实践论对西方经典美学加以批判，在此基础上强调个体审美经验的文化历史之源，为连接中国现代美育实践与其源远流长的古典资源做出了雄辩的理论论证。黄药眠先生在《论食利者的美学》中指出："一般地说直觉是建筑在人们对于事物的丰富的经验和知识基础之上；它不是和逻辑对立的。"朱光潜先生曾以欣赏梅花为例论述美感生成，认为美感生成于主体孤绝地对梅花形象加

---

[1] 刘红娟编：《黄药眠集》，广东人民出版社2018年版，第3页。
[2] 刘红娟编：《黄药眠集》，广东人民出版社2018年版，第78页。

以直觉观照，而无暇于思索梅花的意义，黄药眠先生则同样以梅花为例进行针锋相对的论辩，强调个体身上瞬间生成的审美体验所具有的文化积淀与历史厚度："这样看起来，我们对于梅花的直觉的形象，乃是我们对于客观世界的主观的反映。而它之所以形成，乃是经过长期的生活实践积累起来的，这里面绝没有一点神秘的东西。……而且当我们把梅花当作为审美对象的时候，也绝不是如朱先生所说，把它和世界上其他一切存在分割开来，成为孤立绝缘的东西去欣赏的。……我们不仅对于梅花，而且对于整个冬天的情景，如层冰积雪，如凛冽的寒风，如花木凋零的情况，如园亭楼阁、竹篱茅舍等等都知道得很多。甚至我们曾看过许多有关梅花的图画，读过许多有关梅花的诗，听过许多有关梅花的传说。这些民族的历史文化也正影响着我们。正是由于我们的感觉是人化了的感觉，能从这许多方面联系起来看这株梅花，所以梅花这个形象才有可能成为我们高度的审美对象。割断了梅花和别的事物的关系，割断了梅花和人类历史文化的传统，我们就是把'赤裸裸的'梅花看上一两个钟头，它也不会给我们以更高的审美意义——除了在视觉和嗅觉上给予我们以一些快感以外。"①

　　第四，黄药眠先生的美育理想有着鲜明的现实指向与革命激情，其核心在于以洋溢的诗情呼唤为人民有担当的理想人格。黄药眠先生在《论闻一多的诗》中，对这位以身殉道的革命诗人做出了热情礼赞："他没有个人的利害打算，他没有在政治上获取高位的野心，他只是站在人民大众的一面为大众说话。大众之所恨的，他就恨；大众之所爱的，他就爱。他率直坦白和光明磊落，他呼吸着时代的气息。因此他的行动是诗，他的狮子般吼的演说是诗，他在危险中悠然地独来独往的神态是诗。他的火一样的言辞能够使人愤慨，使人憎恨，使人

---

① 刘红娟编：《黄药眠集》，广东人民出版社2018年版，第33页。

悲泣，使人爱慕。他给予受伤者以安慰，给失望者以鼓励，给战斗者以教导，给悲怯者以责难，给自私者以打击，给无告者以同情。正因为他不自私，所以他才能受到千万人的爱戴；正因为他不要地位，所以他才受到最高的推崇；正因为他具有诗人的气质，所以他才能以人格的号召力，吸引着千万人走上光明的道路。"①黄药眠先生指出人一旦具备"诗人的气质"，就自然会有"人格的号召力"，也就可以吸引"千万人"自觉地奔向"光明的道路"。这些滚烫的话语不仅指向闻一多先生，也可以看作黄药眠先生的夫子自道，指向他心中的美育人格理想——抱着坚定入世之心，不做社会的旁观者，而是具有澎湃诗情，推动社会变革的革命家与行动者。

（四）民俗之美：钟敬文先生的美育思想

钟敬文先生是享誉中外的"中国民俗学之父"，不仅在学术研究方面对中国民俗学和民间文艺学学科有开拓之功，而且在文艺实践方面也是成就颇高的诗人和散文家。他从1949年开始执教于北京师范大学也在北师大创建全国第一个民间文学教研室，培养了诸多民间文艺方面的研究人才，堪称以民间文艺育人化人的典型代表。

钟敬文先生的美育思想中有着鲜明的民间视角、民众取向、民俗关切，其核心在于"整体文化观"。这一"整体文化观"，尽管钟敬文直到20世纪80年代才做出明确表述，但其思想早从20世纪20年代就显露出来了，贯穿在他的整个美育思想内部：一种发达的文化总是由"上层文化"和"下层文化"（即"民俗文化"或"民间文化"）组成，"下层文化"是"上层文化"的"基础"，甚至是"整个人类伟大的文化宝库的一个重要组成部分"。在这种"整体文化观"之下，钟敬文美

---

① 刘红娟编：《黄药眠集》，广东人民出版社2018年版，第286页。

育思想的鲜明特色，一是将各门类民间艺术从文化视角加以整体观照，二是致力于开掘民间文化艺术宝库之中的丰富资源，三是阐释并高扬民间艺术"沾泥土带露水"的"活气"之美。

第一，钟敬文先生打破门类艺术之间的区隔，将各门类民间艺术从文化视角加以整体观照。钟敬文先生早期撰写的纲领性文章《民间文艺学的建设》（1935）之中，受其时德语学界的影响，就明确将民间文艺学（Literaturwissenschaft）置于艺术学（Kunstwissenschaft）整体之下加以定位与观照，"关于艺术的研究，一面固然不妨把绘图、音乐、建筑、文艺等合并为一个对象，而建设一种总括的艺术学，但同时更需要把这些独具范围和特殊性质的对象，各自成立一种独立的系统的科学——就是绘画学、音乐学、建筑学、文艺学等"。①在其看来各种门类的民间艺术，在文化基座之上有着相通互融的特性，"灶君、龙神的绘画，石马、铁牛的雕塑，采茶插秧的杂剧，螺女、虎婆的传说，以至于治病的咒谣、赶鬼的音乐等"，都是民间艺术学所应涵盖的研究对象。

第二，钟敬文先生致力于开掘民间文化艺术宝库，并将之作为美育实践的丰富资源。他认为民间艺术学有着重要的教育功能，可以弥补现代学校教育的不足，因为它的内容"往往是和学校不怎样发生关系的"。而民间艺术是民俗文化事象的组成部分，"他们的礼仪，他们的习尚，他们的禁忌，他们的艺术，都是他们具体的教义和教材"，在此基础上建立的民间艺术学，正好可以补充现代学校教育所失落的东西。钟敬文先生这一观点至今依然具有重要的当代意义。当代中国学校艺术美育的资源配置在城乡之间存在着不平衡，农村地区学校的美育资源远不如城

---

① 钟敬文著：《钟敬文全集4·第2卷·民间文艺学卷》，高等教育出版社2018年版，第6页。

市地区富集，但却在民俗文化保存有其优势，因此将学校艺术教育与民族民间文化的小传统结合起来，一方面为这些珍贵的非物质文化遗产的传承保护注入新鲜血液，另一方面也为学校艺术教育提供了"沾泥土带露水"的鲜活地方资源，巧妙地实现了互利双赢。更说明了在西方的、洋派的、高雅的艺术经典之外，中国本土的、地方的、民间的文化艺术也应该在当代学校艺术教育中占有重要的一席之地。

第三，钟敬文先生高扬民间艺术的美学风格，推崇"活气"与"素朴"之美。在中国上层文化与下层文化、文化的文人大传统与民间小传统之间，前者往往被视为"雅"而"精"，后者往往被贬为"俗"而"粗"，但钟敬文先生却加以重估，坚定地为后者张目，认为其中正蕴含着匡正上层文化与文人艺术弊病的可贵之处，"艺术家们为了自己艺术的健康，相当地参考些民众的制作，也是很有必要的事情。现在我们大部分的艺术，正患着乏弱、淫靡、空泛甚至虚伪等毛病，这些是极有待于民众艺术的刚健、素朴、真诚的原素来医治的"。钟敬文先生认为，民间艺术的风格是素朴而壮健的，因为与民众生活的密切联系而具有"活气"："艺术，是生活的反映。正如民众一般的生活的素朴、粗简一样，他们的艺术，也大抵是素朴、粗简的，一般缺少比较复杂的思想和细腻的情绪，也没有那炫耀奇巧的结构和富丽的修饰。但是，我们不要忘记，民众是生活着的，他们有挣扎，也有成功；有幻想，也有失望；他们有狂欢，也有微笑；有哀愁，也有怨悱。他们像我们一样活着，且比我们生活得更壮健些。因此，他们所产生和爱赏的艺术，也是富有活气的！（你说，在艺术上，还有什么比活气更为不可缺少的因素？）。"①

---

① 钟敬文著：《钟敬文全集4·第6卷·民间艺术学卷》，高等教育出版社2018年版，第5页。

正如王一川先生所指出的,在基于"上层文化"视野的美育主流之中,钟敬文先生的诗学观念和美育思想在现代中国是独树一帜的。梁启超的"新小说"理论要求小说以特殊的"魔力"去感染、提升一般大众,是基于"维新"派政治精英的文学救国立场;王国维标举的是文人味浓厚的"境界",力图在一个古典流韵衰败的时代里坚持文人的最后的审美操守;鲁迅"弃医从文",强调文学对愚昧大众的能动、积极的"启蒙"作用,集中代表了"五四"知识分子精英的文教观念;宗白华的旨趣在"意境",这是他以现代文人姿态打通中国古典道家美学与西方体验美学的结果;朱光潜在民族动荡年代力排众议地大力倡导审美"不即不离"或"静穆",同样出于一种"返回内心"或"纯审美"的文人的视界。与上述文化大家从"上层文化"视界出发的美育思考不同,钟敬文的美育思想是从"下层文化"出发的。它独特地携带着来自下层民众的审美信息,希求为中国美育发展注入新的活力。[1]

吴键 艺术与传媒学院艺术学系副教授

---

[1] 钟敬文著:《钟敬文全集4·第6卷·民间艺术学卷》,高等教育出版社2018年版,第192页。

第三章

建校以来的美术教育

1915年，在陈宝泉校长的支持下，增设"手工图画专修科"，这是美术教育在北师大生根发芽的第一个里程碑。建校后的师资力量强大，涉及美术与工艺多门学科，培养出很多具备美术素养和工艺设计能力的人才，也培养了相关行业的诸多教育人才。1931年2月，北平师范大学与北京女子师范大学合并定名"国立北京师范大学"后，1933年成立实用艺术系，进一步加强了美术教育的体系化与专业化。直至1949年北京师范大学成立，原有的劳作专修科改设北京师范大学美术工艺系。经历了几十年的合并与拆分，美术学专业美术方向于2001年开始招收本科生。2022年，美术学专业入选国家一流本科专业建设点。多年来，美术与设计系打造国家一流本科慕课，在同类学科中数量质量领先，各平台累计选课量超过40万。以"从游式"教学理念培养人才，举办国际国内大型展览，与美国、俄罗斯等十多个国家建立交流合作关系，形成良好的教学、研究环境。

　　从建制上看，美术与设计两个学科经历了由"手工图画专修科"到"美术工艺系"至"美术与设计系"的历程。在陈师曾、经亨颐、李毅士、卫天霖、吴冠中等众多著名教授的引领下，围绕"实用"与"素养"，在探讨中践行专业实践与文化理论的综合融通，实现以美化人的鲲鹏之志。

一、专业教育特色

（一）社会服务性

1."图画"课程进入新式学堂

清末时期是中国艺术教育、师范教育的起始阶段，在洋务运动全面破产的情况下维新派兴起，光绪皇帝领导实行改良主义的维新运动，学习对象从之前的英、美等西方国家转为日本，延续与洋务派相同的"中学为体，西学为用"基本原则。其中"中学"和"西学"分别为"旧学"和"新学"，而"新学"又分为"政学"和"艺学"。

在教育方面，中西兼备的新式学堂在中国西式"新学"教育的发展下设立。1902年，管学大臣张百熙主持下颁布的《钦定学堂章程》标志着中国系统性学校教育制度的开端。在《奏定中学堂章程》中，张之洞明确规定"习图画者，当就实物模型图谱……以备他日绘画地图、机器图及讲求各项实业之初基"①。

此时中国的革命者们认为兴国需大力发展工商业，而发展工商业的瓶颈在于缺乏制图人才。康有为在《万木草堂藏画目》序言中表示："今工商百器籍于画，画不改进，工商无可言。"②"绘图"的技能是创新的基本要素，当时的革命者普遍认为只有具有"绘制"技能的人才才能够主导工业革命。注重"实用美术"的教育趋势成为中国新式美术教育的开端，此时的"图画"对中国正在进行的民族资本主义发展意义十分重大。

2.北师大手工图画专修科的"美感教育"

第一次世界大战期间以及战后初期，中国的民族资本主义迅速发

---

① 《奏定中学堂章程》，1904年。

② 康有为：《万木草堂藏画目》。

展，而专业人才的缺失大大约束了生产制造与商业经济的进一步发展，发展中国实用美术教育的要求极为迫切。

在这一时期，全国各地教育组织以及教育人士大量引进西方教育思想与教育模式，对适合中国国情的新学制以及教学方式进行尝试和探索。1912年，教育部公布《专门学校令》，专门学校包括音乐专门学校、美术专门学校。1916年，教育部公布的《国民学校令施行细则》第8条中规定了"唱歌要旨，在使儿童唱平易歌曲，以涵养美感，陶冶德性"。1920年，蔡元培提出"四育并举"中便包含美育①。

除对实用美术兴国思想的推崇，教育者们还普遍认为"美术"关乎国民素质的提升，是中国文化发展的基础。北师大的前身北京高等师范学校校长陈宝泉（1912年5月任校长）聘请众多著名学者，其中的教育大家经亨颐主张普通教育"宜以鉴赏为目的"，"制作不过手段，鉴赏乃为目的"，"艺术教育之所谓美，非狭义之美，与人格有密切关系者也"②，这种"美感教育"思想深刻影响了北师大的美术教育。

1915年5月，北京高等师范学校设立手工图画专修科，其目的除培养中小学校和师范学校手工图画教员以缓解社会设计人才匮乏外，最主要的是改良民族生产的设计水平，从而达到抵制外国工业品倾销的目的。"实用主义之实行必应注重实质的科学，而手工图画两科既足辅助他科，且可为发达实业之始基，其于养成中小学校学生之生活能力所关尤要。本校之拟设手工图画专修科者以此"，手工图画专修科与1933年设立的实用艺术系和其后改建的劳作专修科延续了晚清时期实利主义价值取向，手工教育与图画教育既是工业生产的基础，又可以

① 四育并举：即"所谓健全的人格，内分四育，（一）体育，（二）智育，（三）德育，（四）美育。这四项是一样重要，不可放松一项的"。蔡元培：《普通教育和职业教育》，《北京大学日刊》，1921年1月7日第5版。
② 张彬编：《经亨颐教育论著选》，人民教育出版社1993年版，第104页。

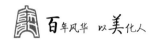

为其他学科教育提供辅助。

（二）理论与教育实践的结合性

清末时期北师大的工艺教育形成了一个从初级到高级的整体布局，用学校化的教育模式取代师徒制的传统手工艺培训模式，将各种工艺专业教育形式进行国家范围内的规范化。北京高等师范学校（简称北高师）在设置具体课程时除按照教育部指定课程标准外，还不断根据学校教学过程中发现的实际问题调整具体措施。

1915年建立的手工图画专修科仅在当年招收一届（1918年毕业），其设立目标在于培养师范类学校和中小学学校手工图画教师。1916年附设职工科，下有金工班、木工班两班，其中木工班的"建筑学、建筑图画、用器画"课程同艺术设计专业的专业课程相近。除职工科外，北高师还开设有职业教员养成科以及职工教育专修科，二者均以培养职业学校、师范学校、中学校专科教员为目的。

1933年，北平师范大学在教育学院下设实用艺术系，包括手工、图画、音乐三个专业，其中手工专业主要课程有工艺概论、建筑学、自在画、图案画、用器画、金工、木工、黏土工、竹工等。1936年增设劳作科，分为普通、工艺、图画三部分，学校专门为其建设金工、木工、化工三厂。

自七七事变起，战火让学校苦心经营的成果毁于一旦，毕业生就业困难，学校教学因战争时有中断，校址也从北平迁往西北。经济资源上的短缺使学生无法获得充足的设备以及场地完成实践操作，院系设置的频繁更动也对教学的开展产生阻碍。为改变教育实践层面的缺失问题，1938年西北师范学院恢复北平师范大学时期所设置的劳作专修科（专业课程包括自在画、图案画、用器画、工艺图案、木工制图、木样制造法、金工制图、园艺学等），1944年恢复劳作师资训练班。

　　1949年新中国成立，北平师范大学劳作专修科改为北京师范大学教育学院下属的美术工艺系，逐渐稳定的社会环境为工艺美术的发展提供了良好的基础。学校在培养过程中采用理论与实践相结合的方式：1950年至1951年课程设置中规定三年级需完成"教学实习（高中初中实习）"、"参观见习（参观中等学校教育行政及美术工艺课教学）"以及"中等学校美术工艺课教材教法"三门科目，此阶段教学除培养学生的专业理论与技能外，还注重学生的教学能力，其目的在于为中等学校培养专业教员。

　　较之20世纪前半期手工和实用美术占课程70%的情况，现今主要需求不再是对工业产品的迫切需要，而是转向了对人文、素养等精神方面的诉求，这使得新世纪的课程设置和教学理念更偏向于人文教育与传承。与早期工艺学科教育的方向略有不同，北师大美术设计人才培养的方向从"手工业人才"转向了"具有手工业技能的综合型人才"上，秉承了"教育为人民"的思想，实现学生为中心的实践理论，培育服务人民的教师队伍。教师以项目和课程的形式带动学生参与到社会活动中去，如"手工实践课"仍然包含木工、陶瓷工艺、金属工艺等课程，但教学以创作为核心，通过言传身教和实地实习培养学生"不畏挫折""独立思考"等品格特征，从而培养完整健康的人格，获得具有良好心理品质的美术人才。

二、名师风范

（一）北高师的教学名师

1.经亨颐的"美感教育"

20世纪初期，除了对实用美术兴国思想的推崇，教育者们还普遍认为"美术"关乎国民素质提升，是中国文化发展的基础。经亨颐的

"美感教育"思想影响了北师大的美术教育。他主张普通教育"宜以鉴赏为目的""制作不过手段，鉴赏乃为目的""艺术教育之所谓美，非狭义之美，与人格有密切关系者也"①，同时期，教育部以及社会各界人士也积极推动美育教育。

经亨颐1895至1902年间受到维新变法思想影响，希望采用教育救国，作为教育者工作长达17年。他所处的时代正是我国现代教育的起步阶段。对于以学校作为载体的面向社会的新式教育，他发挥了巨大的作用。在西学东渐的背景下，人格教育的理念也进入中国。原本的人格教育是针对为物质而教育产生的以人为本的教育形式。在他的教育认知中，教育是为了培养学生的健全人格，应遵守培养人的客观规律。"欲养成学生为社会有用之人，不患无职业，而患无人格"，同时他也对此做了解释，认为提倡人格教育并不是以为人类不需要职业教育，提倡职业教育的人也不是对人格不重视，人格教育和职业教育之间的尺度是分量分配的问题，而不是性质对立的问题。在他的认知下，艺术教育能够通过鉴赏实现美育陶冶情感的社会功能，同时也可以培养人的意志力。他主张在学校开设手工、音乐等科。

2.陈师曾东西方美术教育思想

20世纪初期，手工图画专修科在中国师范院校中开展起来。此时北高师的手工图画专修科在课程设置上注重美术基础，尽管有金工、木工等丰富的工艺实践类课程，但从教师的配置上能明确看出是以美术基础内容作为实用艺术学习的根源。此时期教师包括李毅士（李祖鸿号毅士）、陈师曾（陈衡恪字师曾）、郑锦、丁荫、吴彤锡、蔡云林、白常龄。陈师曾教授中国画及中国美术史，李毅士教授西画，郑锦教授图案，丁荫教授建筑学兼手工，吴彤锡教授图画，李祖鸿教授水彩

---

① 张彬编：《经亨颐教育论著选》，人民教育出版社1993年版，第104页。

画，蔡云林教授图画，白常龄教授图画（油画），教师们从教授绘画技能等内容出发，培养了很多具备美术素养的人才。

　　此时在社会上对于西学思想尤为推崇，在绘画上也认为中国画的衰败源于文人画，针对此种现象，作为教育一线的教员陈师曾发表了《文人画之价值》，文中认为"文人画"所呈现的概念是绘画展现出的"文人素养"，他在西学东渐的美术理论氛围中提出东西方各有特色，发展要融合的观念，这在后世成为中国美术教育的核心思想。更为重要的是，陈师曾身处实用美术的教学中，对图画的实用性提出了自己的观点。他曾在《绘学杂志》上发表《专论绘画源于实用说》[①]，文中指出相对于古代的图画以美观玩赏作为功用，现代的绘画应包含更多因素，一为叙述性绘画，包含对事件、人物的记录。"记述，记述事以图者如记物件画像皆是。"二是辅助图纸"孜证，制度物品作图以资考证"。三是说明，"意义太多难于辨别者绘画以为说明"，其中"图包括者多"而画包括者少。古时图画相结合，现世文明日甚，故区而为二。陈师曾在文中还指出，传统的"图画"另有一种西方称为"Design"的事物，日本称为"图案画"，与中国所说的"装饰"意义相同。由此能够看出陈师曾是一位中西融通的美术教育者，拥有此种见识的教师在教学中对于图画和手工的关系的把握也是平衡的。

　　陈师曾还针对美术教育对人格培养的作用发表《陈师曾讲演对于普通教授图画科意见》，其中谈到，由于他近日在女子师范学校（艺术学科前身）教授图画，通过教学中的经验，他认为普通高校的教育都需要有图画科的参与，这是由于"精神上美感教育养成高尚思想之人格"，情感引发的美感普遍存在于每个人的身上，美术教育能够通过情感体验完善人格。同时"技能之上练习目观手摹以练技能，不特图画

---

① 陈师曾：《专论绘画源于实用说》，《绘学杂志》，全国报刊索引，1921年。

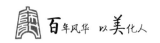

可以进步，即人之观察力亦当趋于灵敏，故美感教育对于社会上应用之点甚多"①。

这样的教育理念在当时北高师的办学方针中传承了下来，通过培养教师的方式传播给了中小学生。1916年4月《北京高等师范学校手工图画专修科规程》规定：手工图画专修科以养成师范学校及中小学校之手工图画教员为主旨，名额以四十人为限，修业期三年。

3.李毅士的美术教育观念

李毅士在教学方面与陈师曾的思想基本一致。他早年间留学英国，学习西洋画法，接受了西方造型的绘画原理。通过李毅士绘制的《陈师曾像》可以看出，他对人物造型的理解和对空间的表现充分运用了西方的造型基础理论。在陈师曾讨论文人画价值的时代，他也针对西洋美术在中国引发的"二徐之争"进行了自己的分析与阐述。他在《学习西洋画的目标》一文中写道："我国的绘画，由来已久，而我国古画在世界上亦是很有价值的！自西洋的绘画输入中国，一般人遂群起而模仿，不过仍有一部分画者，还是喜欢旧画，竭力主张国粹的画法。……这两种人的观念都是错误的，倘若我们要谋中国绘画的进步，我们决不能存这种误视。"②可以看出，他的观点与陈师曾相似，均在了解了中国传统艺术形式和西方艺术形式本质的基础上对东西方艺术二元论进行了批判。他的观念中，东西方艺术并无高下之分，这一点在他的创作中有明显的体现。他创作的大批以中国古代诗词为题材的绘画均采用了明确的西方构图与写实的造型形式，画面中注重光影空间的表达与真实场景的搭建。针对当时的"二徐之争"关于西方创新绘画形式对中国的影响，李毅士采取了理智分析的态度，从教育者的角度出发对此次辩论进行了分

---

① 陈师曾：《对于普通教授图画科意见》，《绘学杂志》，全国报刊索引，1920年。
② 李毅士：《学习西洋画的目标》，《妇女杂志》，1929年 第7期。

析。他认为艺术应包含社会教育的价值，对其好坏的辨别应采用更加广泛的视角。他认为当时的学习西方现代艺术的思潮并不适合中国当时的社会环境，无论现在如何评判当时的思潮。至少可以认为李毅士并未站在艺术家的角度进入这场关于创作形式的争辩中，而更多的是站在传承与教育的角度分析了美术创作和社会的关系。他的这种学术态度在中国现代美术教育史上有着重要的意义。

（二）新中国教学名师

1.卫天霖引领下的工艺美术系

随着1949年新中国成立，美术系成为独立的学科。1949年，教育部派卫天霖先生组建北京师范大学美术工艺系，卫天霖任系主任，其中卫天霖负责美术组，孙一清负责工艺组。1950年，北师大美术工艺系聘请庄言、左辉、辛莽、温庭宽、张松鹤、毕成、张秋海等来校任教。1951年，聘请李瑞年、张安治、刘亚兰来校任教，当时美术工艺系设立有绘画、理论两个教研室。1952年，根据苏联专家建议，改美术工艺系为图画制图系。1953年，聘请吴冠中、余钟志来校任教。根据上述师资力量来看，新中国对北师大的美术教育尤其重视。受聘于学校的重要美术家众多，且多为以绘画为主的专业艺术家。此时的新中国力图建设具有中国特色的教育体系，通过教育使祖国强大起来。

卫天霖曾赴日本学习印象派技法，并在回国后对油画的本土化表现进行了深入的研究与实践。卫天霖是一位具有画家与教育家双重身份的艺术工作者。他的教学经历十分丰富，曾经在中法大学中的学院艺术部任主任、教授，同时兼职教中小学图画课。他也曾被聘为北平大学艺术学院西洋画系主任、教授，受聘北平国立艺专教务长、教授。在不同学校面对不同人群的丰富教学经历奠定了他对美术教育的深刻理解。尤其是他在教授大学美术课的同时，也在持续不断地进行小学年龄段的教学。这与新时代北师大所进行的美术教育的"高参小"教育理念一致。据资料记载，他在小学的教学中鼓励孩子们尝试多种画法，他在美术教育方面极力地保存和鼓励孩子们的求知欲和好奇心。他的教学并未按传统的西方写实造型技法训练进行，而是鼓励孩子们观察身边的事物，从小瓶小罐开始模仿。同时，他也十分鼓励学生去户外写生，从校园到校外，深入观察生活，通过传授绘画的技能意在培养国人对美的认知，提高非专业人士的艺术素养。

在美术专业人才的培养上，他因材施教，注重学生的个性化培养，同时也注重学生对理论的学习。在他的教学中，美术教育的评判标准呈现多样化的形式。正如霍华德·加德纳在《未受学科训练的心智》一书中所说："培养对主要学科知识有真正理解的学生。这种理解的特征因年龄、学科而异。"[1]他在教学中注重对学生学习能力的训练，同时针对学生的不同优缺点进行讲解，采用理论结合实践的形式进行教学。

1952年在北京师范大学图画制图系学习的吴敬甫对卫天霖有着这样的描述："有一次画石膏像和书籍构成的一组静物，石膏像的暗部与背景的浅绿色调较难处理，我修改了若干遍仍不满意，可能卫老早已发现了，走到我身旁，叫我站起来，他坐下后把我刚才画的部位刮去，拿起画笔挑了几块颜色，在调色板上略加调配就摆上画面……由于卫老很少给学生改画，所以大家都围拢来观看。王鹏问卫老为什么暗部要用粉绿色，谁知卫老说：'你要细致看看，好好想想。'"[2]

他的这种做法曾经应用在于是之身上，并对他的成长产生了良好的影响。这也是对新中国成立前北师大一贯秉承的素养教育的传承。在他的思想中，美术教育不仅是培养艺术家，更是中国文化的传承形式。

---

① 霍华德·加德纳［美］：《未受学科训练的心智》，张开冰译，学苑出版社2008年版，第196页。
② 柯文辉：《孤独中的狂热——卫天霖传》，中国文联出版公司1998年版，第83页。

2.吴冠中教育思想

吴冠中受到卫天霖的邀请，在北京师范大学任教并传播自己的教育思想。他曾经指出，当代青年应具备基本的辨别美丑的能力，应当学会用自己的头脑和心灵来感受美，来更好地感知我们的世界。他的美术教育是一种宏观的美术教育，是将美术的培养视作人的教育的一环。

早在北高师校长聘请经亨颐的时期，北师大的美术教育中"美感教育"的思想就在这里生根发芽。吴冠中在他的教学中对美感教育进行了发展。他在教学中提倡综合素养，主张激发学生的想象力，引导学生注重自己的感受和直觉，对学生的个性十分重视。他认为美术教育是培养人重要的环节之一。他认为美术教师的主要任务是教育学生学习美、认知美，教师给学生讲的应该是关于美的规律，而绘画是作为课程的从属地位而出现的。他认为美术教育的核心应是对美的规律的讲解与传授，通过观察、理解来逐渐掌握对象的美好。

关于教师和学生的关系，吴冠中提出学生的叛逆性的观点十分重要，学生的直言不讳是教育过程中的重要沟通桥梁，教师应把教学的主导权归还给学生。这与现在所提倡的翻转课堂思路十分相似。

从他的作品中可以看出，他还是一位融汇东西的艺术家和教育家。在他的早期作品中，油画的光影造型方式和色彩的表达占主要形式，而其晚期的作品则呈现了中国水墨画的意境。他对形式美感的重视和中西方融汇的观念深深地影响了北师大的学子。

（三）21世纪教学名师

1.传承卫天霖的教学思想

1980年，教育部批复北京师范大学恢复组建艺术教育系，张肖虎先生受命担任系主任，包括筹建音乐、美术专业。1992年改建为艺术系，是中国重点高校复合型艺术创建性学科之始。尽管在20世纪末

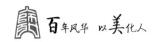

期，由于种种原因美术专业并未开始招生，但还是于1999年经国家教委批准设立舞蹈学和美术学两个本科专业。

北师大新世纪的美术教育中传承了卫天霖的美术教育思想，主张通过深入的学习技法达到思想高度上的认知，认为美术史的学习应建立在技法学习的基础上，重视东西方融合。2001年在北师大百年诞辰之际美术专业正式恢复招生，2002年艺术与传媒学院正式成立，这是中国高校第一个全学科艺术学科汇聚、艺术与传媒结合的新兴学院。美术学系升级为美术与设计系。

恢复招生后，郭兴华教授在画法和教学理念上都传承了卫天霖的思想。郭兴华授课的内容以印象派绘画为主，他对细节色彩的观察和讲授的方法与前文引用的卫天霖上课的记录颇为一致。他的色彩教学中十分注重对自然光线的观察。尤其在色彩丰富性的教学中，他鼓励学生"先画花"，大胆表达自己看到的色彩，而不是畏缩在写实造型的规范中。他在教学中如卫天霖先生一样，注重学生的主观观察，全部身心投入教学中。在户外写生的教学中，他每天走的山路比任何学生都要多，画作数量也是巨大的。对于学生的不同看法，他坦率地进行学术辩论，却并不会因此对学生的个性和做法做出限制。在这样认真、执着、开放的系主任带领下，学生们学到的不仅是绘画的形式，更是如何具备专业性、如何为人师的方法。

21世纪初期，艺术理论和美术创作的人才培养是在王贵胜教授和甄巍教授带领的教学团队的指导下进行的。教授们通过研发个性化的教学法，使学生能够将传统的绘画技法与艺术理论的学习进行结合。

2.新时代团队教学

如今的北京师范大学艺术与传媒学院美术与设计系拥有20位教师，包含了国画、油画、雕塑、摄影、环境艺术、空间艺术、视觉设计、民间美术、美术理论等多个教学方向。在当下的教学中，每一位教师都是教学团队中的重要组成部分，教师们采用专业穿插、理念共建的方式形成不同的教研组，不断地对新形势所需要的教学理念与方法进行改革。这是一个看似没有名师却人人都是名师的时代，教学的理念和方法是建构在众人共同打造的平台之上。

面对飞速变化的当今社会，单一型专业人才的缺陷逐渐凸显。高校需要进一步完善人才培养的结构，教学从偏重专业技能转向对人的综合素养的培养。

教师团队聚焦当前综合类艺术院校人才培养的两大问题：一是综合类大学美术学专业硕士培养目标与培养模式的错轨问题；二是锚定新时代美术拔尖人才培养目标，解决培养过程中协同体系的失衡问题。

教师团队面向新时代人才培养需求，在课程建设、教学方式改革、艺术创新实践、人才基地建设、教育教学研究等方面进行了一系列卓有成效的探索，构建创新、协同、实践、服务多维一体的蓄力型人才培养模式。面对这种情况，教师们提出了一些解决方案：首先，将"立德树人"融入教学的过程中，做到不空谈"立德"，而是用专业的内容进行"树人"；其次，以问题为导向，以培养关键能力为目标，提升综合型美术专业课程体系的价值引领；再次，将职业认知课程纳入实践教学环节，完善"学与用"的培养闭环。在教务方面，增强教学服务意识，打造美术学专业人才培养的多元创新平台，在专业实践课程建设中，发挥多学科交叉融通的聚合效力；在整体的教育理念中，秉承"人格教育"的理念，激发学生专业内驱动力，形成自我成长的长效育人机制。

经过10年的努力，在不断的改进和沟通中，通过这样几个基本方法解决了人才培养过程中"教、务、学"协同体系的平衡。同时，在近年又出现了新的问题，如学生专业学习中的"畏难、短视、举一反三能力匮乏"等现象普遍存在。针对这种情况，教师团队开会研讨了如何着重培养其"理解、反思、耐挫"等能力。通过专业的学习和对

兴趣点的开发，提升学生解决问题的能力，形成对学习知识的渴望。同时用项目作为依托，开拓"第二课堂"空间，提高学生实践应用与解决具体问题的能力。如在具有民间文化艺术特色的地区建设工作坊，通过工作坊实践活动让学生把课堂上的知识迁移到民间美术中。通过制作实用的民间美术品的完整过程达到能力训练的目的。在上述的教学方法实践中，教师们依托北师大教师教育优势，培养了学生"文化自信、志存高远、终身学习"的品质。

教师们用自身的成果鼓励同学，以身作则言传身教。教师团队获得国家级教学成果奖二等奖、省部级教学成果奖一等奖、北京师范大学教学名师奖、大成国学奖、彭年青年杰出教师奖等奖项。"中国传世名画鉴赏"获首批国家一流本科课程。

教师们在专业领域举办多项展览，在社会上形成一定的传播力量。举办了第四届全国师范大学美术教师作品展、"共同的艺术"中俄建交70周年圣彼得堡美术协会展览、"传承的路上"三代留俄艺术家联展。教师们也举办了丰富的个人展览和教学展览。老师们以优秀的展览带动学生学习，用专业的力量和展览中体现出的人文素养滋养学生。

团队教师在国内外众多艺术教育论坛及会议上传播、交流、推广美育经验，体现了成果的示范性和社会效应。通过教师对教学模式和内容的不断改进，北京师范大学艺术与传媒学院美术与设计学科的教育模式不断进步，为国家为社会培养出时代所需的教育人才。

三、培育英才

（一）以实业为目标的人才培养

1. 实业兴国思想的形成

中国近代教育史上第一次提出的系统性的学校学制是1902年8月

15日的"壬寅学制"。管学大臣张百熙首次向清廷呈《学堂章程折》，允以《钦定大学堂章程》公布。1904年该章程二次拟定史称"癸卯学制"。章程包含6个部分，其中《钦定大学堂章程》规定大学分政、艺两科，艺科课程为伦理、中外史学、外国文、算学、物理、化学、动植物学、地质及矿产学、图画、体操等10门。"图画"这门课程在新式教育系统中开始被普遍接受。

此时是近代中国半殖民地半封建社会的形成时期，"图画"课程直接体现了社会对美术人才的需求。此时，中国的革命者们认为兴国需大力发展工商业，而发展工商业的瓶颈在于缺乏制图人才。康有为在《万木草堂藏画目》序言中表示："今工商百器籍于画，画不改进，工商无可言。"将工商业发展的首要需求归为绘画，这里的绘画是指与设计有关的"绘图"，它可以被认为是一种形象思维的能力。由于当时产业发展需要"绘图"的思路和能力来表现出创新的想法，所以绘画的技能成为创新的基本要素，当时的革命者普遍认为只有具有"绘制"技能的人才才能够主导工业革命。重视美术的实用功能，并将其应用于改造社会，是当时对美术教育的重要认知，"实用美术"的教育趋势成为中国新式美术教育的开端。此时的"图画"对中国正在进行的民族资本主义的发展意义重大。

2. 实用美术师资力量的培养

北高师十周年的文件指出，手工图画专修科"注重职业手工及图案法，因现时此类科目之教员缺乏，因设此科以造专才"。

通过1925年到1927年的手工图画专修科毕业生成绩表可以看出，此时期的课表包含以下几个部分：第一学年：伦理学、心理学、审美初步、中国画、水彩画、铅笔画、图案画、用器画、竹工、木工、木工原理、木工实习、金工实习、国文、英文、美学。第二学年：教育概论、教育行政、职业教育、国文、英文、应用美术、美术学、中国

山水、中国写生、木炭油画、透视图、摄影术、金工实习、木工实习、机器工实习、心理学、西洋画、手工。

第一学期课程文化理论部分约占35%，实践课约占65%。第二学期文化理论课约占33%，实践课约占67%。从比例上能够明显看出，手工实践课程在此时占有明显的高比例，并且这些实践课多以实习的形式开展。据资料记载，当时排课的原则是"图画手工，为谋联络制作起见，改为一、二年级每周授图画手工三小时，三年级授二小时，时间排列相联，间一周课图画、间一周课手工、俾得从容制作、为精密之练习"。

在实用主义教育思想下，经过多年的发展，手工图画专修科扩大成为实用艺术系。1931年2月，北平师范大学与北京女子师范大学合并，定名"国立北京师范大学"，下设有教育学院，其中包括实用艺术系。

早期的北师大对美术人才的培养注重专业的跨学科综合融通。图画与手工类的课程形成了他们图像思维的基底，教师的教育不仅教会了他们画图，更让学生学习到了开阔的思路和解决问题的方法。对专业绘画的培养成就了众多实业型人才。其中有历史记载的典型毕业生是钟道锟，他毕业后留校，并赴美留学获机械硕士学位，1945年建成我国最早的岩溶地下发电站，改写黔省无水力发电站的历史。新中国成立后他先后投入造船工业，参与洛阳拖拉机厂任技术顾问，为祖国的发展贡献自己的学识力量。

（二）以素养为目标的人才培养

1.早期素养教育与人格培养

1915年，北高师增设手工图画专修科，与音乐教习班一同成为中国高校艺术原初创建学科之一。这一时期全中国手工图画专修科在新式教育中普及了起来。实用美术的教育不仅在美术学科中，还扩展到课外研究会中。1938年，北京女子师范学院外聘一批教师为学生组织了课外研究会。涉及美术的研究会分别为：缝纫研究会刺绣编织组黄文青先生、缝纫研究会西服组高罗嘉比先生、绘画研究会国画组樊志澄先生、绘画研究会西画组熊唐守一先生。同时也含有美学课程。尽管实用美术教育的倾向十分明确，但此时的北师大美术教育也并未放弃美术家的人才培养。

2.美术专业人才培养

实用美术的发展并未抑制专业美术教育。1937年，古物陈列所国画研究室准予北京师范大学学生进入学习。批准吴承俊等15位学生，与毕业生陆鸿年等三人参加研究国画的学术活动。1937年至1938年，北平古物陈列所试办国画研究室，北平古物陈列所所长钱桐认为政府设立的学校学习资料较少，要重视国画需要临摹先哲遗迹，因此经过中央批准开放藏品给学生临摹学习。齐白石、黄宾虹、于非闇、张大千为该研究室的督学导师，每周授课。研究所考核接收北师大推荐的学生吴承俊等18人前去学习。晏少翔在《中国绘画传统理法——解析唐宋国宝级名作》一书中提到当年曾经与陆鸿年等人共同学习，黄宾虹讲课的内容都是几位同学共同记录下来的。此时北师大的师生在学习传统的方面获得了古物陈列所的支持，这是北师大记载中的一次大规模的校外学习，学生获益良多，其中邢连芳毕业于辅仁大学国画系留校成为国画教授。

专业美术人才的培养不仅为美术教育储备了师资力量，还为中外文化交流奠定了强大的基础。艺术与教育的中外文化交流是当时常见的国际沟通形式。通过艺术展览或者博览会的形式，各个国家都在推广与展示自身的文化与理念。当时美术教育领域的交流也是交流的重点内容之一，国内外均十分重视。

　　根据北师大档案馆的资料记录显示，美术教育的交流是此时期的国际教育交流的重要组成部分，"西班牙教育部广泛收集各国美术教育材料，希望中国教育部提供：1.教育及美术官报。2.关于教育及美术之节略报告统计表预算表等。3.国会或各部之刊物对于中国之教育足以增进了解者长期见惠本国教育部亦当依照相互之原则将关于西班牙教育及美术之刊物寄赠"。在1933年至1948年间，学校受教育部建议，与国外进行了较大规模的刊物交流活动，其中包含美术刊物《辅仁美术月刊》5册。送中国参加巴黎国际博览会《辅仁美术月刊》10册。同时中国代表团参加巴黎国际博览会的征集物品规则中还包括：近代名画、雕塑、刺绣织物、漆器、瓷器、铜器、含有艺术性的工艺品及其他作品、近代乐器乐谱及唱片、舞蹈戏剧服饰、各地风景照片。其中单独列出各种中国工商技术陈列品十一类，数量众多，品类丰富。由此可显示出，当时的学校美术教育活动起到了国际交流的作用，美术作品或工艺品发挥了国内外教育沟通交流的价值。

　　1928年，蔡元培提出"美术确有提倡之必要"，全国美术展览可谓呼应了这一倡议。在国内美术交流中，1948年，辅仁大学美术系参加教育部第四届全国美术展览，展览有15人共计19件作品参加。全国美展的目的是与国际接轨，用美术的形式展示我国发展的文化精神面貌。

　　此时的美术展览是丰富多彩的，《教育部第四次全国美术展览会征集作品办法》中第一条包含了4种美术作品形式：书画（书法、篆刻、国画、西画、版画等）、雕塑、建筑设计及模型、工艺美术各种图案设计及摄影。通过当年辅仁大学美术系参加展览的名单可以看出，众多美术大师曾在北师大教授知识，有溥雪斋、陈煦、陆和九、奥地利修士画家白立鼐、汪溶、溥伒、陆鸿年、王肃达、梁敬莲、刘彦斌、关广志、郑宗鋆、启功、崔兴廉（崔杰）、蔡修女。参展作品形式丰富，教师阵容强大。

3.实用美术的运用

随着新中国的成立，实业救国的思想变为美术兴国。在对学生的培养中，真正做到了不以具体的技能学习为目标，而是对人才进行综合培养。北师大档案中所记载的校徽的设计正是展现了美术与工艺综合素养。

建校后，学生会自主提请学校设计校徽、校旗、校歌。此次设计可以说是主人翁意识的体现。设计以征集的形式进行，并设有奖励。目前所用的木铎造型就是出自学生设计者。"1949年12月1日，校委会第19次会议关于学生会提请重行制定校旗校徽校歌案。本校为表现新辅仁之精神，有重行制定必要委托学生会及工会，拟具原则，提交校委会决定，1950年3月31日，校委会第三十次会议即照学生会工会所拟原则通过悬赏征求关于校旗校徽内容。1.象征辅仁是革命的前进的。2.表现辅仁进步之特色。3.标明'辅大'之字形。形式：1.简单。2.庄严。3.颜色鲜明。4.颜色要调和。经采用者校旗校徽各奖小米一百斤，校歌奖小米二百斤。"

当时的设计采用投票的形式，最终投票结果是：第一名82号，设计人美工系一年级冯葆纯，第二名是同一人的81号作品。现在所使用的校徽木铎的形状即是当年学生所设计的校徽略做修改而来。当时设计评选出的第三名是美工系一年级温景恒。这位第三名的同学曾作为北京师范大学美术工艺系班长，带着全班参加了开国大典。他投笔从戎35年后重新用艺术的形式为国家做出贡献。2014年，他用8天的时间创作出一幅半人高的剪纸，剪纸上有天安门和65只仙鹤，并通过仙鹤展翅的样式表现了太阳光芒，作品寄托了他对祖国长久以来的深情和挚爱。他创作了数百件剪纸作品，多次获得奖项，出版了《温景恒作品选集》，至今还能看到他的剪纸作品。

（三）21世纪："美术为人民"

1. 综合素养"三全"育人

相对于20世纪教育，21世纪北师大的课程明显出现了倾向图画与素养教育的趋势。2001年是美术与设计系正式恢复招生的第一年，大学本科四年学制，专业实践课占比内容如下：第一学年23门课程，素养理论文化课13门、专业实践课程10门，专业课占比43%；第二学年21门课程，素养理论课10门、专业课11门，专业课占比47%；第三学年12门课程，素养理论课5门、专业课7门，专业课占比58%；第四学年9门课程，素养理论课3门、专业课7门，专业课占比77%。平均总计理论课占比47%，专业课占比53%。其中工艺美术类的课程约占专业课的20%。整体看来，此时专业课比例呈现阶梯式的逐年上升趋势，综合素养的培养是学科教育的主要目标。

主要举措包括：在专业培养上建立以培养"专业核心素养"为目标的课程体系；贯彻"以人为本"理念，形成复合型美术拔尖人才培养模式；围绕"专业核心素养"，推进"四个回归"，基于知识、技能、德行和自我四个维度进行专业课程设计；育人效果显著。

在教学方式上贯彻"从游式"人才培养理念，注重个性化发展，发挥小班教学和师生比优势，由"大鱼"（教师、专家）带领"中鱼"（学长）"小鱼"（新生）开展浸染式研学。

2008年，首届研究生招生，开启了实践与研究并重的培养方式，在本硕的人才培养中，早期采用创新贯通式培养机制。实施宽口径、厚基础，大美术培养实现专业学习一贯式培养。随着师资力量的逐渐增强，生源专业来源日益丰富，社会合作进一步加强，美术与设计系开始采取项目制教学方式，以创意实践强化社会服务，采取"以专业项目为主线，学生为主体，教师全程指导"的项目教学法。课程难度螺旋式上升，提升综合能力，实现主动学习。

通过主题创作、社会实践、返乡调研等活动促进专业课程思政建设，实现多维度人才培养目标。师生参加"第十三届全国美展""北京国际双年展"等国家级展览20余次。学生在历届北京市高校大学生文创设计大赛、全球未来教育设计大赛等取得数十个奖项。获"首都中大专学生暑假社会实践优秀成果"。

其中有一些特殊人才培养的项目创新性很强，实现了美术教育跨校联合培养。最具典型性的是承担国家两部三校动漫实验班人才培养项目，并获得国家级教学成果奖二等奖。该项目是三校联合对动漫人才进行的培养，包含了美育、技术、综合文化素养等不同的内容。发挥北京师范大学、北京电影学院、中国传媒大学三校优势，开发新的人才培养体系。在此次人才培养过程中，美术与设计系以文化素养与专业综合融通为目标，为人才的创新实践能力打下了宽广灵活的文化基础和专业基础。它是新世纪人才培养的一次重要创新。

2.专业能力的美育拓展

美术与设计系的公共美术教育从20世纪90年代起先于专业教育推广到全校。随着新时代人民的需求，美术教育的美育功能逐渐被强调。在本科教育中，教师们运用自己的专业技能和教学方法，针对大学生通识美术课进行开发，发展出了线上线下交相辉映的教学体系，包括线上课程"当油画邂逅水墨""人人都是艺术家"全学科慕课"大学美育"中的美术部分，打造国家一流本科课程"中国传世名画鉴赏"等6门慕课，在同类学科中数量质量领先，各平台累计选课量超过40万。打通课内外实践环节，师生承担北京大学生电影节、全国"四有好老师"奖励计划等项目，主持川陕革命根据地博物馆、福建三明万寿岩公共雕塑等多项重点工程。2015年发起"全国师范大学美术联盟"，已连续举办6届，推动师范大学美术教育创新。主持高端外国文教专家项目4项，与美国、俄罗斯等十多个国家建立交流合作关系，

促进中国文化国际传播。主办中美当代艺术论坛、"穿越分界"国际美术教育论坛。

新世纪，美术与设计系推出多门"研究生公共课""本科生公共课"，为校内外的大学生美育做出了新的贡献。2017年3月27日，为了提升传统工艺的传承和再创造能力、推进传统工艺领域健康有序发展，艺术与传媒学院响应国家的政策，在美育中心推出了"传统文化进校园活动"，从传统手工艺的实践开始，蜡染、剪纸、风筝等手工艺进入校园中，学生自己动手体验中华民族的丰富艺术形式，并在大学教师的带领下用创造性思维进行创作和思考。公共美术的"新艺术"运动，对提升大学生素养、培养正确的价值观起到了重要的作用。

至此，美术与设计系秉承"联合""共赢"的理念，将"实用"与"素养"融会贯通，逐渐形成新时代"美术为人民"的培养格局。

3.人才培养的未来

近10年间，随着社会对人才需求的变化，美术与设计系的教学模式也在不断更新。尤其是对艺术硕士的培养模式进行了守正创新的改革。在传统的培养模式中，专业学位与学术型学位处于同一层次，培养规格各有侧重，在培养目标上有明显差异。为解决大学生就业问题，教育部推出了"全日制专业型硕士"，减少学术型硕士，增加全日制专业型硕士，加强工程研究及实践能力培养，为社会输送应用型人才。2005年，国务院学位委员会通过的《艺术硕士专业学位设置方案》明确人才培养目标：艺术创作工作者作为先进文化的代表者和社会主义精神文明的直接传播者，担负着"以高尚的精神塑造人，以优秀的作品鼓舞人"的社会责任。在全球文化大碰撞、大交流的今天，培养德艺双馨的高层次、应用型艺术专门人才，具有极其重要的意义。

艺术硕士人才培养出现"专业细分加深""普及型美术传播与教育人才不足"等问题。美术教育需贯通美学、哲学、文艺学、教育学、心理学、社会学、人类学等相关专业，形成"大美术"专业架构，针对社会需求，精准培育中国优秀文化的继承者与传播者。为此，在北师大艺术与传媒学院多元课程体系协同发展的基础上，以立德树人为目标，努力为艺术教育和创新行业培养适应时代变化、引领全民美育的蓄力型拔尖人才，形成了"立美筑基，立术研智，立学养材"的美术学艺术硕士"三立法"拔尖人才培养模式。

该培养模式围绕新时代美育育人理念，注重思想品德、美术专业技能、艺术学理论修养三者并立，秉承北京师范大学"爱国进步、诚信质朴、求真创新、为人师表"的优良传统和"治学修身，兼济天下"的育人理念，在美术学专业硕士培养过程中，以综合素质提升为导向，针对传统综合类院校艺术人才与专业美术院校人才培养目标混淆的问题，在原有的"艺术家"培养模式上进行核心素养与职业认知的整合与改革。

"三立法"中，培养学生主观能动性是教学的重要组成部分。通过课程的设计，在教学过程中完成对学生核心能力的培养，让学生将研究的思路主动应用于解决实际问题，接轨社会实践，潜移默化地形成从"学生"到"工作者"的身份认知转变。学生的学习研究能力能够在长期的工作中保持认知的先进性，实现教育的前瞻性。成果为服务国家发展需要，落实美育育人提供了具有代表性的艺术专业硕士教学改革案例。融入师范专业培养模式，全面提升学生综合素养。2019年到2021年，连续三年学生自主组织了研究生学术与创作论坛"切问与近思：北京师范大学艺术学青年学者论坛"。硕士生们近年来在各类期刊共发表论文近百篇。多位同学因出色的学术成果获得国家级、北京市级和校级奖学金。跨学科项目获得"京师

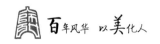

杯"课外学术科技作品竞赛一等奖。王威崴在《艺术教育》等艺术类核心期刊公开发表论文10篇，并主持"北京市大学生科学研究与创业行动计划"。

多位优秀毕业生毕业后2至4年内成为社会骨干师资力量。他们从事工作具有延续性与发展性，能够适应社会发展，综合能力强。如毕业生齐笑就职西北工业大学，从事高校美育，获得多项课题并获得全国美育优秀指导教师奖；程康宁就职北京城市学院，举办个展28项；赵飏飏工作于北京师范大学，从事展览策划工作，策划大型展览6项；肖菱工作于教育部基础教育质量监测中心，参与多项国家美术教育质量监测课题。

毕业生中引领型人才辈出，孙逸楠入职中央美术学院附属实验学校，被选为校级骨干教师任书画教研组长。王威崴入职中国音乐学院，成为学生工作骨干力量。众多毕业生在毕业后的持续发展中展现出过人能力，成为大中小学、博物馆等文化单位的中坚力量，获得多项市区级教学成果奖和中小学研究课题，为中小学美术教师的队伍建设做出长期贡献。

毕业生保持高就业率，除美术教育与读博士深造外，近年又新增文化创意与文化传播，成为新时代传承民族文化、传播社会主义核心价值观的中坚力量。

目前，"三立法"获得了2021年北京市高等教育教学成果奖一等奖。

四、课程体系

北京师范大学艺术与传媒学院下属的美术与设计系由"美术学"专业与"艺术设计学"专业共同组成，在北京师范大学百年美育历程中美术学科与艺术设计学科一直相互促进、共同发展。美术与设计系在艺术与传媒学院全学科发展的理念下逐渐壮大，先后担任系主任的有：郭兴华（公共艺术教研室主任）、王贵胜、甄巍、王贵胜、古棕、王鹏五位教授。

1915年5月，北京高等师范学校开办手工图画专修科是北京师范大学美术与设计系的开端，伴随着北师大艺术学科的发展和国家艺术教育体系的完善而调整自身，经历了从"手工图画专修科""劳作专修科""美术工艺系"到"图画制图系（分为图画、制图两个专业）"的变化，2007年起至今，美术专业和艺术设计专业合并为"美术与设计系"。

表1　北京师范大学艺术设计学科发展历程汇总

时期	时间	名称	时间	科系
清末时期	1902	京师大学堂师范馆		
	1908	京师优级师范学堂		
民国时期	1912	国立北京高等师范学校	1915	设立手工图画专修科（仅招收一届学生）
	1923	北京师范大学		
	1927	京师大学校师范部		
	1928	国立北平大学第一师范学院		
	1929	国立北平师范大学	1931	国立女子高等师范学校并入
			1933	实用艺术系（手工专业、美术专业、音乐专业）
			1936	设立劳作科
	1937	西安临时大学国立西北联合大学	1937	西迁设立家政学系（内含服装设计、室内设计）
	1938	国立西北师范学院	1938	设立劳作专修科
			1944	除劳作专修科外增设劳作师资训练班
	1946	国立北平师范学院	1946	复员后将北平临时大学补习班第七分班的工艺系改设劳作专修科

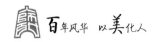

续表

时期	时间	名称	时间	科系
新中国成立初期	1949	北京师范大学	1949	劳作专修科改设北京师范大学美术工艺系
			1952	辅仁大学并入 美术工艺改为图画制图系，分设图画、制图两个专业
			1956	图画制图系的制图专业并入数学系，图画专业分出组建北京艺术师范学院
			1960	北京艺术师范学院更名为北京艺术学院
			1964	北京艺术学院停办
改革开放以后	1980		1980	复建北京师范大学艺术学科
			1992	改建为北京师范大学艺术系
			2001	美术专业美术方向开始招生（学士）
			2002	北京师范大学艺术系扩建为北京师范大学艺术与传媒学院 设立美术与书法系
			2003	艺术设计专业开始招生（学士）
			2007	艺术设计专业开始招生（硕士） 改建为美术与设计系（美术、艺术设计专业）

（表格来源：郭一霖自绘）

（一）学生专业课程

相对于20世纪，21世纪北师大的课程明显出现了倾向图画与素养教育的趋势。2011年，国家调整学科分类，美术学与设计学均为艺术学下属学科，2014年开始，北师大美术学专业与艺术设计学专业统一合并招生，实行宽口径、厚基础、重创新的联合培养招生模式，多方向的学习为学生寻找自身的兴趣爱好提供可能性。学生在第一学年秋季学期（即学生入校后第一学期）需要完成美术学和艺术设计学的共通课程，达到对两者的深入了解后，根据学生意愿和导师意见完成美术专业和设计专业的分流工作。

表2　2018级艺术设计学（普通全日制本科生）专业课程

课程	第一年	第二年	第三年	第四年
秋季学期	造型基础 艺术文化与专业认知 艺术概论	中国画论 外国美术史 素描2 白描 色彩1 油画创作基础	中国工笔画技法 素描4	专业实习
春季学期	素描1 中国美术史 美术概论	摄影 美术概论 素描3 色彩2	油画创作 中国写意花鸟画 中国山水画创作	毕业创作 毕业论文
秋季学期	造型基础 艺术文化与专业认知 艺术概论	信息图形设计 字体设计 制图学 中国设计史 设计表达	材料与工艺 景观小品设计 居住空间设计 设计前沿 插画设计 外国设计史	专业实习与社会调研
春季学期	设计概论 平面构成 立体构成 设计思维 摄影	环境行为学 家具设计 书籍设计 创意与表现 工艺与设计调研	建筑基础 广场景观设计 公共空间设计 商业展示空间设计 专业考察 毕业创作	毕业创作 毕业论文

（表格来源：郭一霖自绘）

美术专业在第一学年春季学期至第二学年春季学期完成美术专业的共通专业课程（素描1、中国美术史、美术概论、中国画论、外国美术史、素描2、色彩1、油画创作基础、白描、摄影、美术概论、素描3、色彩2）学习，在第三学年秋季学期和第三学年春季学期进行油

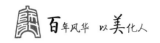

画方向和中国画方向的划分（油画：素描4、油画创作；中国画：中国工笔画技法、中国写意花鸟画、中国山水画创作）。

除对美术学专业和其他艺术专业的课程学习外，北师大艺术设计专业较其他高校设计类教育专业而言，其课程没有明确类型划分，平面类与空间类设计经验和设计理论都是学生需要掌握的内容。以2018级艺术设计学（普通全日制本科生）课程为例：在划分专业后的第二至第六学期，学生需完成平面类（平面构成、摄影、设计思维、信息图形设计、字体设计、书籍设计、创意与表现、插画设计）、空间类（立体构成、制图学、设计表达、环境行为学、家具设计、景观小品设计、居住空间设计、建筑基础、广场景观设计、公共空间设计、商业展示空间设计）和理论类（设计概论、中国设计史、外国设计史）课程的学习。

（二）公共美术教育

美术与设计系的公共美术教育从20世纪90年代起先于专业教育推广到全校。随着新时代人民的需求，美术教育的美育功能逐渐被强调。在本科教育中，美术与设计系的教师们运用自己的专业技能和教学方法，针对大学生通识美术课进行开发，发展出了线上线下交相辉映的教学体系，包括：线上课程"当油画邂逅水墨""人人都是艺术家"全学科慕课"大学美育"中的美术部分，多项线下"研究生公共课""本科生公共课"。

至此，美术与设计系秉承"联合""共赢"的理念，将"实用"与"素养"融会贯通，逐渐形成新时代"美术为人民"的培养格局。教师们通过高校力量参与中小学教学的美术教育项目、中小学美术教育测评、全国中小学教师素养提升培训等项目，实现大学教育与中小学教育的贯通，学生与教师组成团队，与全国师范教育高等院校共同合作，形成师范美术与设计教育共同体。这是以前教育方式中所没有的，也是新时代的创新之举。

熙方方　艺术与传媒学院美术与设计系副教授

邱爱艳　艺术与传媒学院美术与设计系讲师

第四章

建校以来的音乐教育

北京师范大学音乐教育历史悠久，其学科发展最早可追溯至1902年创办的京师大学堂师范馆，1908年京师女子师范学堂设置的音乐科目。1912年，民国教育部改制，"京师大学堂师范馆"重建为"北京高等师范学校"，"京师女子师范学堂"更名为"北京女子师范学校"，开设乐歌课，主要讲习单音、复音、乐器用法和教授法。1916年，开设音乐讲习班初级班。1917年，增设音乐讲习班高级班。1919年，改办国立北京女子高等师范学校，1920年9月，由萧友梅、杨仲子在国立北京女子高等师范学校增设我国近现代音乐史上第一个现代专业音乐教育系科——音乐体育专修科，其目的是适应全国各地对音乐专业人才和各类学校音乐师资的迫切需求。1921年，经萧友梅提议，独立的音乐专修科成立。1924年，北京女子高等师范学校音乐科升格为国立北京女子师范大学音乐系。几经波折，1928年，音乐系在国立北平大学改组重建，设两年预科、四年本科，杨仲子担任系主任。1931年，由国立北京女子师范大学沿革而来的国立北平大学女子师范学院并入国立北平师范大学，1949年北平和平解放后定名北京师范大学。

1949年，贺绿汀调来任音乐系主任，建议增加戏剧专业，与音乐专业合并为"音乐戏剧系"，音乐组由贺绿汀负责，戏剧组由戏剧家洪深负责。1952年8月复名音乐系，课程设置仿照苏联。知名音乐教育家、作曲家张肖虎担任理论作曲教研室主任。这一时期北师大音乐系成为北京高等音乐教育的主阵地，诸多有名望的音乐教育家、作曲家和演奏家来此讲学和研讨交流。1956年，教育部将北京、华东、东北三所师大的艺术系科联合组建成新中国高等师范教育第一家新型的艺术师范学院"北京艺术师范学院"，北京师范大学音乐系办学中断。

20世纪80年代初，在张肖虎先生的带领下，音乐系着手筹备复建，1983年以"艺术教育系"命名成立，张肖虎担任系主任。张肖虎秉持"一专多能"的教育思想，提出构建综合性与师范性、音乐专业技能培养与师范教育技能培养有机结合、相互渗透的中国音乐教育体系。"艺术教育系"的建立，在北师大音乐学科的发展史上具有里程碑意义。

2002年，艺术与传媒学院正式成立，创院院长为黄会林教授。其下设的音乐系以培养一专多能、具有高水准专业素质与人文素养的高级专业人才为目标，以音乐表演、音乐理论、音乐教育专业课程为核心，强调综合实践能力的培养。2019年起，学科在北京校区和珠海校区呈"一体两翼"的同步发展态势，依托学院艺术全学科背景，强调学生综合实践能力及人文素养的提升，并与学校教育学部、心理学部等交叉学科联合培养音乐教育人才。通过"引进来"与"走出去"的方式拓宽学生的国际视野，为学生提供最前沿的学习环境；专业教学成果优异，培养的学生在国内外重要专业赛事中屡获佳绩，每年有大批毕业生赴欧美知名艺术院校继续深造，在专业领域获得国际认可。主要课程有：音乐理论课程包括中外音乐史、乐理、视唱练耳、和声曲式、民族音乐学概论、世界民族音乐、作曲与作曲技术理论、计算机音乐、录音工程等；专业实践类课程包括钢琴、声乐、器乐专业课程、合唱、重奏、重唱、钢琴即兴伴奏、室内乐、舞台艺术实践等。依托深厚的人文底蕴和雄厚的师资力量，音乐系一直在学校专业音乐教育和美育实践中发挥着重要作用。2020年，音乐学专业入选国家级一流本科专业建设点。

一、专业教育特色

（一）音乐专业理论与艺术实践相结合

北京师范大学音乐系在初创阶段已能够有针对性地为学生构建全面扎实的知识体系，为高师音乐教育的发展奠定了良好基础。民国初年，北京高等师范学校建立。为积极践行政府提出的美育理念，学校在预科（原公共科）开设乐歌课，每周乐理课和实习课各一学时。乐理以乐谱识读和音乐常识为主，实习主要包括歌唱和听音训练（见下表3）。

表3 北京高等师范学校预科乐歌课教学计划大纲（1912年）[①]

授课 学期 内容 课型	第一学期	第二学期	第三学期
乐理	谱表，音部记号，音符及休止符之种类，附点音符，纵系，小节，拍子，曲调C、G。	大谱表，复附点音符，休止符，转调法，音变。	各种曲调与键盘之实用说明，各种杂记号。
实习	发音规划：甲、唱时姿势；乙、用气法；丙、音阶唱法；丁、吸气法。长音阶及三和音阶练习，二、三、四度音程练习，单音歌曲，二部歌曲。	四度、五度音程练习，三重音歌曲，听音。	五度音程练习，听音、独唱、三部合唱。

北京高等师范学校预科的乐歌课，可以说是北师大通识音乐教育的源头，从当时的教学内容来看，已有理论与实践并重的意识，较偏向于专业的音乐知识的传授和技能训练。

北京师范大学音乐系创始人、首任系主任为中国近代音乐教育的开拓者萧友梅先生。1920年9月，萧友梅与杨仲子在北京女子高等师范学

[①] 孙继南编著：《中国近代音乐教育史纪年（1840—2000）》，上海音乐学院出版社2012年版，第323页。

校设立音乐体育专修科。次年，音乐科独立，学制四年。据1921年6月发布的《北京女子高等师范学校音乐、体育科分组办法》，音乐专修科的专业必修课分理论和技术两大模块，同时明确规定了练习应达到的时间，以保证学习效果。此外，还有国文、英文、教育学、心理学以及实地教授等公共必修课程。1923年起开始实行主修制，学生可根据自身兴趣和专长在钢琴、独唱、音乐理论中选择其一作为主科，进一步明确专业发展方向。音乐系几经曲折发展，于1928年在国立北平大学改组重建，设两年预科、四年本科，增加器乐、声乐、合奏、合唱等专业选修课。1983年，在张肖虎、冯家训等的全力筹备下，北京师范大学建立起艺术教育系，张肖虎担任系主任。四年制本科开设专业理论课程有：民间音乐、乐理、曲式、配器、和声、中西音乐史等；开设技能课有：钢琴、声乐、小提琴、手风琴、琵琶、古筝、二胡等[1]。

自建校以来，艺术实践一直是北师大开展美育的重要途径，音乐系每年举办汇报音乐会、毕业音乐会，节目涵盖中外经典音乐作品，以及独奏、合奏、独唱、合唱、重唱等多种表演形式。孙琳教授2012年6月在北京音乐厅成功举办"百鸟欢歌——孙琳师生音乐会"，段召旭老师担任全场音乐会钢琴伴奏，文化部、教育部、科技部、中国文联、音协、北师大等相关领导和著名音乐家出席了音乐会并对音乐会给予高度赞誉。杨慧教授多次在北京音乐厅等地参加音乐会演出。丁怡副教授2014年在美国宾夕法尼亚州立大学音乐学院音乐厅举办钢琴独奏音乐会。卞钢副教授指导学生在北京市各项钢琴比赛和全国珠江杯比赛中多次获奖，如指导学生徐黎星获得2008年珠江杯全国高校音乐教育专业大学生基本功大赛钢琴演奏第一名。冯晓婧老师2003年以

---

[1] 刘新一：《木铎金声——北京师范大学音乐系发展史研究》，北京师范大学硕士学位论文，2004年。

重唱形式获广电总局颁发的"听众最喜爱的歌"组合金奖。苏小博老师2014年在北京音乐厅举办《热爱·梦想·家》主题个人独唱音乐会，在清华大学蒙民伟音乐厅举办"为清华母校放歌——青年女高音歌唱家苏小博独唱音乐会"。沈冰老师是新媒体跨界演出团体 Nova Trio 创始人之一，她的演奏曾被艾美奖得主、乐评人、作家、钢琴家 David Dubal 誉为"风格惊艳"，*The Boston Musical Intelligencer* 评价她的演奏"精确而美丽；技巧高超且充满能量"。张艺耀老师曾被98岁高龄的意大利国宝级男高音 Angelo Lo Forese 大师评价称"具有不可多得的高质量声音"。

音乐学科注重将创作与实践相结合，响应新时代号召，开展浸润式美育。冯广映教授曾为电视连续剧《乌龙山剿匪记》作曲，该剧获1987年全国"飞天奖"三等奖、湖南省广播节目一等奖；1995年为大型原创舞剧《元神祭》作曲，该剧目1997年获"文华"大奖，并获湖北省屈原文艺奖。朱杰教授创作的混声无伴奏合唱《寒山道》入选2021年国家艺术基金项目、民乐合奏《青梅煮酒》入选2017年国家艺术基金项目、音乐剧《跳舞吧，咚吧嘟吧》入选2018年北京文化艺术基金项目。邱大鹏老师的作品"《魔》——为数字影像、电子音乐与一位舞者而作"2016年入选中国首届多媒体数码艺术博览会颁奖晚会，并在北京大学百年讲堂上演；入选上海国际电子音乐节音乐会，并在上海音乐学院贺绿汀音乐厅上演。作品"《1206》——为大提琴与电子音乐而作"，受法国国家视听创研中心（GRAME）委约创作，于法国国家博物馆音乐厅上演。

举全院之力，由院长牵头，朱杰教授担任音乐总监的大型原创音乐剧《往事歌谣》是一项融思政教育、艺术专业教育于美育的重要创意成果，融合音乐、舞蹈、戏剧等多种艺术形式，讲述了著名民族音乐家王洛宾投身西部边疆、将一生献给民族音乐发展的热血往事（图22）。

图 22　大型原创音乐剧《往事歌谣》剧照

　　《往事歌谣》自演出以来受到国家和社会的广泛关注，成为北京文化艺术基金2019年度资助项目、国家艺术基金2020年度（大型舞台剧和作品创作）资助项目，全剧登上"学习强国"平台并获头条推荐，人民网、北京日报、中国日报等多家主流媒体平台进行了报道。

　　自2002年起，在高微、卜晓妹等器乐组老师的倡导下，北京师范大学"和雅乐坊"室内乐团成立，以"继承传统、锐意求新"为宗旨，以传统民族器乐室内乐为主要特色，带领学生走向田野，从理论到实践层面欣赏、体验民间音乐之美（图23）。高微教授2012年指导学生作品荣获文华艺术院校奖，与卜晓妹副教授荣获"园丁奖"；冯晓婧老师荣获文化部2021文华艺术展演"优秀指导教师"；李莹教授多次在国家大剧院、维也纳金色大厅、德国柏林爱乐大厅等地演出中国民族音乐，曾与世界著名的小提琴大师梅纽因先生、大提琴家马友友先生同台合作演出。

图 23 北京师范大学"和雅乐坊"泉州专场音乐会

音乐系注重引进校外优势资源,构建起高校教师、专家学者、非遗传承人、表演艺术家等"四位一体化"的师资队伍。在北京师范大学"走进艺术"全校美育公选课上,蒯卫华副教授请到年近九十高龄的谭(凤元)派单弦名家赵玉明先生,为学生们做单弦演唱示范和艺术经验讲授(图24)。2019年,北师大建立起全国第一个美育慕课群

图 24 赵玉明先生在课堂上的精彩教学

"美育系列MOOC",音乐学科郭兰兰教授团队推出的"中外音乐欣赏"入选首批国家级一流本科课程认定。张璐副教授的全校通识课程《中国民族音乐作品鉴赏》也入选第一批国家级一流线上建设课程。

深厚的历史积淀、雄厚的师资力量、育人为本的理念、知行合一的原则、兼容并包的思想,奠定了北京师范大学音乐专业建设与美育发展的坚实根基。

(二)素养提升与能力培养同向同行

1924年,北京女子高等师范学校音乐科升格为国立北京女子师范大学音乐系,学制改为五年,萧友梅担任系主任,杨仲子、赵丽莲、刘天华、赵元任、李抱忱、嘉祉(俄籍)、霍尔瓦特夫人(俄籍)、库普克(德籍)等海内外知名音乐专家学者曾在此任教。萧友梅将音乐人才的培养作为中国音乐文化发展的关键,把西方音乐理论纳入课程体系,与刘天华一起将"国乐改进"成果带进音乐课堂。

进入改革开放新时期,人们的思想得到进一步解放,日益丰富的精神文化生活和社会主义现代化建设新时期的人才需求使得深化学校美育势在必行,我国音乐专业教育也迎来新的发展机遇。20世纪80年代,我国知名作曲家、音乐教育家张肖虎先生为北京师范大学音乐学科建设和美育发展做出了突出贡献。张肖虎先生提出"一专多能"教育思想,不仅是音乐专业教学的"座右铭",也成为美育工作的指南针。在专业教学中,音乐学科非常重视"第二课堂"的建设,始终把音乐实践摆在第一位,注重艺术实践的浸润性开展和传统音乐文化的活态传承。自"和雅乐坊"成立以来,音乐系师生已在全国各地举办多场主题音乐会,走进多所高校、中小学教学展演,并出访意大利、瑞典、美国、新加坡、俄罗斯、加拿大等国家交流演出,树立传承、弘扬中华民族优秀文化的自豪感与使命感。如2013年带领学生赴福建泉州向民间艺术家学习南音，举办了"引宫商 弄丝竹——中国民族音乐系列展演音乐会"。刘德海先生亲赴指导并主持晚会，北京电影学院出版社为此次音乐会出版发行了DVD。

在立足中国传统的基础上，引导学生感受多元文化艺术的魅力。孙琳教授1989—1991年赴英国并受聘"伦敦中乐团"任独唱演员，1991—1997年赴美国并受聘"纽约长风乐团"任独唱演员，随后又受聘于美国纽约皇家音乐学校任声乐教师。汪莉教授担任德国柏林艺术学院客座教授。中国驻慕尼黑总领馆文化领事戴继强评论说，汪莉是"将中国歌曲带进德国大学课堂的第一人"。

随着"互联网＋教育"的全面推进，北京师范大学着力探索构建以审美和人文素养培养为核心、以创新能力培育为重点、以中华优秀传统文化传承发展和艺术经典教育为主要内容，线下课程、线上慕课、混合式教学"三位一体"的美育课程体系，实现知识拓展和能力延伸，提高学生的音乐核心素养，进而提升艺术修养与审美、鉴赏能力，开阔艺术视野，不断坚定民族认同与文化自信，培养兼具人文素养与审美情趣、科学精神与批判思维、家国情怀与国际视野、创新意识与实践能力的复合型人才。

（三）跨学科科研与教学相结合

北京师范大学音乐学科将人才培养与国家发展需求紧密结合，贯通教学、科研、实践、管理等各个方面。1949年夏天，贺绿汀调来任音乐系主任。为培养中小学音乐师资和能胜任文工团工作的艺术人才，贺绿汀建议增加戏剧专业，与音乐专业合并为"音乐戏剧系"，1950年开始招收新生，增设歌剧表演等课程。分四年制音乐组和三年制戏剧组，音乐组由贺绿汀负责。

2002年，北京师范大学艺术与传媒学院成立，本科音乐学专业涵盖钢琴、声乐、器乐等方向；硕士招收音乐学理论学术硕士、音乐艺术硕士；依托北师大综合性学科教育平台的背景，开创了录音工程专业方向；自2020年始立足北师大"一体两翼"办学格局，在珠海校区联合教育学部培养学科教学（音乐）教育硕士；继周铭孙教授在北师大教育学部的教学论博士点招收音乐教育教学论博士之后，艺术学理论博士点张小梅教授、郭兰兰教授、杨慧教授和王海波教授招收比较音乐学、音乐教育理论与实践研究、系统音乐学等方向的博士研究生，形成多层次、专业化、体系化的教学建制。学院还设有国家首批"艺术学博士后科研流动站"，拥有接收音乐学博士后的资格。

郭兰兰教授担任国家社科基金艺术学项目评审专家；张小梅教授曾任长江学者；杨慧教授担任中国音乐家协会考级委员会高级评委；王海波教授担任国家艺术基金专家、中国音乐家协会钢琴考级委员会评委；高微教授2014年受聘担任中国音乐"小金钟"奖——沈肇州杯首届全国琵琶比赛高校组评委会主任，连续三年被聘请为北京市高等学校艺术特长生等级测试评委；佟军教授担任教育部教育学会声乐教育专业委员会学术委员；李莹教授曾担任北京市高等院校高水平艺术团招生统测评委；蒯卫华副教授担任中国高教学会美育专业委员会的学术评委；任也韵副教授担任教育部"农村中小学现代远程教育工程"音乐学科首席专家；段召旭副教授历年担任中央音乐学院钢琴考级及文化部钢琴考级评委。张艺耀老师、王晨老师先后在2019年和2021年全国普通高等学校音乐教育专业教师基本功展示中获奖。

2012年，结合学院自身学科综合优势，由郭兰兰主任牵头创建了中国影视音乐中心，从2014年始开展每年一届的"国际音乐周"交流活动。这是音乐学科最具影响力的美育品牌，每一届邀请的海内外音乐家和名师学者都与全校师生面对面交流，开展一系列专题讲座、学术研讨、大师课和音乐会等活动，搭建起国际化、开放式的美育资源共享平台（图25）。

图25　2015年第二届北京师范大学国际音乐周学术研讨会合影

张璐副教授2017年主持全国教育科学"十三五"规划课题、教育部青年课题"高校艺术教育与社会公共文化服务整合资源策略研究";2021年主持北京市习近平新时代中国特色社会主义思想研究中心项目、北京市社科联应用性研究重点项目"以美育人、以文化城:推进全国文化中心建设、打造首都城市建设中的美育景观";《高校美育课程现状与发展咨询报告》获得国家领导人的批示。蒯卫华副教授的专著《昆曲曲牌曲腔关系研究》2020年获得教育部第八届高等学校科学研究优秀青年成果奖。

除了高校的科研交流活动,北师大音乐专业建设还立足于国家和社会的需求,如音乐系教师蒯卫华副教授参与2022版国家义务教育新课程标准艺术(音乐)的国测工作。胡帅老师曾担任庆祝中华人民共和国成立70周年天安门广场大联欢作曲家,第32届、第33届"中国电影金鸡奖"盛典音乐总监,2019年、2020年北京电视台春节联欢晚会作曲家,中宣部"全民阅读大会"作曲家,第28届"北京大学生电影节"盛典音乐总监,2022年奥斯卡第94届最佳国际电影提名LUNANA音乐总监,2022年法国尼斯国际电影节最佳原创音乐提名

《等儿的湿地》音乐总监等，曾荣获"文华奖"个人专业组金奖。段召旭副教授任三联中读古典音乐专栏签约作家，三联中读《古典音乐说明书》、腾讯视频、爱奇艺古典音乐栏目主讲专家，点击率达数百万。丁怡副教授多次参加国内高校艺术特长生招生工作。自2015年以来，全院师生参与了北京市教委的"高参小"项目。

2021年12月18日，由学院牵头，张璐副院长主持了"美育视域下的音乐与舞蹈教育教学价值重构——博士论坛"（图26）。音乐学科的所有博士教师和在读博士参会。

图26　张璐副院长主持"美育视域下的音乐与舞蹈教育教学价值重构——博士论坛"

2022年6月25日，受疫情影响，线上举办了"美育视域下的音乐师范教育教学价值重构"学术研讨会（图27）。

图 27　"美育视域下的音乐师范教育教学价值重构"线上学术研讨会

2021 年 7 月 3 日，蒯卫华副教授参加了中国高等教育学会美育专业委员会 2021 年会，并在会上做了题为"论新文科背景下高校的美育建设——以北师大近五年美育建设为例"的大会主旨发言（图28）。

图 28　蒯卫华副教授在中国高等教育学会美育专业委员会 2021 年会上做主旨发言

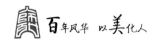

在新文科建设背景下，北京师范大学音乐系以更高的站位、更宽广的视野、更科学的理念探索、更加切实可行的美育方案，实现音乐与人文科学、社会科学与自然科学的融合互通。

（四）专业思政教育成效显著

新中国成立之初，各项事业百废待兴，但前景一片光明。在中国共产党的正确领导下，我国的政治、经济、文化、教育等各方面都取得了长足发展。北京师范大学积极响应"教育着重为工农服务"的共和国新教育方针，紧密结合学校实际，深入推进美育普及工作。借鉴苏联的教学建制，北师大音乐系构建起政治理论、文化课、教育、专业课"四位一体"的课程体系，注重培养学生知识运用和问题解决的能力。与此同时，北师大音乐教育也成为传播新民主主义革命精神和社会主义思想文化的重要通道。这一阶段北师大的美育实践活动大多与爱国主义、革命主义教育相结合，在当时的时代背景下，很好地实现了"美育思政"。如20世纪50年代学校组织学生加入抗美援朝宣传活动、1957年11月3日组织"庆祝十月社会主义革命四十周年"歌舞晚会、1977年12月29日组织"纪念伟大领袖和导师毛主席诞辰八十四周年"文艺晚会等。音乐系学生还积极参加校内外举办的各类爱国歌咏比赛、合唱团演出、民族器乐展演等艺术实践。特别是进入改革开放新时期以来，北京师范大学音乐教育成效显著，学生获得了大量接受审美熏陶、提高艺术修养、增长知识见闻、丰富实践经历的宝贵机会。

如今，音乐系学科将思政教育融入人才培养全过程，从音乐本体出发挖掘思政元素，建立思政课程、师德课程、专业课程"三位一体"的课程思政教育教学体系。在新时代国家大型庆典和文艺活动中，音乐系师生积极参与其中，以艺术实践为通道厚植家国情怀，深化社会主义核心价值观，增强责任感与使命感。2022年，蒯卫华副教授的研究生课程"民族音乐学概论"入选北京高校"课程思政示范课程"，团队教师评定为北京市课程思政名师。杨慧教授、高微教授、卜晓妹副教授、肖艳副教授、苏小博老师等的课程也在学校课程思政建设之列。

木铎金声世所崇，育人兴邦肩任重。自建校以来，北京师范大学始终将美育作为培根铸魂、启智润心的载体，引领学生在发现美、感受美、欣赏美、评价美的过程中，潜移默化地形成终身发展必备的核心素养和关键能力。音乐系紧跟学校"双一流"建设的步伐，赓续"志于道，据于德，依于仁，游于艺"的院训精神，立足"高原支撑、高峰引领"的学科发展体系，是孕育卓越音乐教师和艺术人才的摇篮。未来，北师大音乐学科将继续开拓创新，助力打造具有京师人文气质的美育名片，为新时代人才培养和教育现代化建设提供智慧方案。

二、名师风范

北京师范大学音乐系自创建以来，已经走过了百年历程，揭开尘封的历史长卷，我们会发现一位又一位学人身影，曾在北师大音乐系留下了或深或浅的足迹，他们学术光辉的闪耀，形成了北师大百年音乐教育长河的灿烂，回望他们的身影，不仅是对北师大音乐教育传统的致敬，更会对我们今人有所激励、有所启迪。

北京师范大学的前身——"国立北京女子高等师范学校"（简称"女高师"）为中国最早的女子高等师范教育机构，而"女高师"的前身则是"京师女子师范学堂"，建于1908年，在1919年升为高等师范学校。1920年夏，音乐家萧友梅与杨仲子相继从德国和瑞士留学归来，在这里创立了音乐体育专修科（后改为音乐科），打开了我国早期女子现代高等音乐教育的大门。音乐系采用的是德国的音乐师范教学

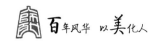

体制，同时也吸收了日本教学体系的元素，奠定了我国后来高等音乐师范教育的基本模式。

音乐系在建立之初，技巧课只有钢琴、声乐、指挥三种。在1937年因抗战迁往西安前的17年建设中，又增加了昆曲、箫、笛、月琴、琵琶、二胡、小提琴等科目，教学内容越来越丰富，学生们的水平也越来越高，还组建了昆曲队、丝竹合奏队、琵琶队、南胡队、小提琴队等小乐队，成为北京地区高校一道亮丽的风景线。

在"女高师"时期，教师就有专任和兼任两种。专任教师的聘任规定十分严格：要具备毕业于国内外专门大学或专门师范大学，还要是学术专家。通过聘用的教师聘期也仅为一年，之后学校再重新聘任。另外，学校专任教师不得兼任校外职务。在音乐系建系之初，专任音乐教师有四位，即萧友梅、杨仲子、嘉祉（Vladimir A.Gartz，俄籍教师）和赵丽莲。①

（一）中国现代音乐美育事业奠基者

1.萧友梅与音乐专业教育的开创

萧友梅先生（1884—1940）是我国著名音乐教育家、作曲家，国立北京女子高等师范学校、上海国立音专的创建人。萧先生早年就读于东京音乐学校，后作为公派留学生赴德国莱比锡音乐学院教育系深造，1916年以论文《十七世纪前中国管弦乐队的历史研究》获博士学位。1920年受北京大学校长蔡元培邀请回国，任北大音乐教师，同年9月，萧友梅先生和杨仲子创建"女高师"音乐体育专修科，并任音乐系主任。萧友梅先生在"女高师"期间教授音乐史、作曲、和声、

---

① 高阳：《国立北京女子师范大学音乐系考》，《内蒙古师范大学学报》，2014年第9期，第31—49页。

视唱等多门课程。

萧友梅先生在选拔人才上独具慧眼，比如，在"女高师"1924年的招考中，有一位考生叫曹安和，她在读谱弹奏等考试中成绩不理想，但是却有极强的听音能力，所写文章思想性也较深刻，萧友梅先生看到了这一点，决定录取曹安和，后来曹安和成了我国著名的民族音乐学家。如果不是萧友梅先生，可能我国音乐学界就会失去这样一位优秀的人才。

而当遇到确实缺乏音乐潜质的学生，萧先生也是绝不会任人唯亲的。在萧友梅后来当上海国立音专校长的时候，他的侄女考入上海国立音专，分到查哈罗夫教授的班上，在接触之后，查哈罗夫去找萧友梅说："这个孩子没有音乐才能，我不能教，……我听说，这个孩子是你的亲戚。"听了这话，萧先生二话不说，马上让侄女退学，报考了普通学校。

萧先生不仅具有非凡的音乐才华和领导能力，在国家民族等大是大非上也有着很强的判断力。比如，在1936年，日本指挥家近卫秀麿访问上海时，担任上海国立音专校长、曾在东京留学的萧友梅先生拒绝使用日语交谈，而改用德语。

萧友梅先生为中国音乐教育奉献了毕生精力，即使在1940年12月弥留之际，他都还记挂着天气寒冷，学生们要考钢琴的事情。萧先生说，考试的钢琴旁边有一个通天井的门，而门上有一条长缝，北风吹进来，学生的手会冻僵，因此要赶快用硬纸裁一个纸条，把门缝堵住。这就是萧先生最后的遗嘱。

值得特别强调的是，从萧友梅先生开始，对于音乐美育就极为重视。萧友梅先生曾在文章中系统地提出对美育的看法，不仅指出中国音乐教育启蒙问题，还提出了建设性的想法，并直指儿童音乐美感塑造的核心，谈到了为儿童塑造美感价值观的问题。

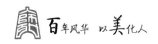

2.杨仲子与音乐学科的独立

与萧友梅先生一同建立音乐科的杨仲子先生（1885—1962），是著名音乐教育家和篆刻家，曾留学法国贡德大学理学院，在校期间自修音乐理论和钢琴。出于对音乐的热爱，杨先生于1910年考入瑞士日内瓦音乐学院，主修音乐理论及钢琴。1920年，杨先生和瑞士妻子杨燕妮回到北平，与萧友梅先生共同创建了"女高师"音乐体育专修科，任钢琴教员。后来，杨先生又在1938年担任了成立于重庆的国立女子师范学院音乐系的主任兼教授，于1941年担任在重庆青木关组建的国立音乐学院院长。新中国成立后，杨先生担任南京市文物保管委员会主任。

和萧友梅先生一样，杨先生开创了我国高校音乐专科教育的先河，并投入全部心血，据说杨先生当时每天早出晚归，从早上七点就开始备课、写讲义、搞创作、为学生答疑解惑。他还曾翻译和撰写《西洋音乐词典》《音乐教授法》等著作，并创作大量音乐作品。值得一提的是，在重庆期间，杨先生创作了《国立女子师范学院校歌》。在这首歌中，杨先生巧妙地把西方作曲技法与中式文言歌词结合，充分表现出学校的崇高向往与精神追求。

杨先生对于当时音乐和体育放在同一学科下很有意见，他说："音乐和体育是动静不同的两门学科，喜欢音乐的人大多好静，爱在练习室苦心练习；喜欢体育的人则不爱静，爱在运动场上活泼泼地锻炼身心，所以这两种学问同时并进不能有显著的成绩。"[1]在杨先生的呼吁下，"女高师"的音乐、体育学科在1921年春正式分离，各自独立成科。杨先生很自豪地说："我们是第一个让音乐在高等教育各学科里占独立地位的。"[2]

---

[1] 茜频：《学人访问记——音乐专家杨仲子》，《世界日报》，1935年6月24日第7版。

[2] 杨仲子：《国立北平大学女子文理学院音乐学系简单的报告》，《大公报》（天津），1936年5月27日第12版。

3. 早期专兼教师学贯中西的教育思潮

作为外籍的"白俄"教师嘉祉（生卒年不详），于1920年来华，不久就被"女高师"聘为钢琴教员，第二年升为教授。嘉祉在北平的音乐活动有着非常良好的社会反响，因此，在1927年5月，嘉祉受智利音乐学院邀请要离开北京时，乐界人士非常不舍与惆怅，并在东长安街的平安电影院举行了"嘉祉告别音乐会"。然而，由于身体不适应南美的环境，嘉祉仅在四个月后就又返京，并继续在"女高师"任教到1939年。嘉祉为我国音乐事业培养了大量人才，包括萧淑娴、吴伯超等。嘉祉以严肃认真的教学，让学生能够在短时间内进步飞速，并且为音乐界营造了学风环境。

赵丽莲女士（1899—1989）于1909年就读于德国莱比锡音乐学院，1919年获得音乐学硕士学位。回国后，赵女士被聘为"女高师"音乐教师，主要教授音乐系的合唱课和其他系的唱歌课。

当时音乐系除了专任教师外，还聘请了许多非常优秀的音乐家为兼职教师，其中包括我国著名民族器乐演奏家、作曲家、音乐教育家刘天华（1895—1932）。刘天华先生学贯中西，以对二胡的改良及创作最为著名。刘先生从1922年起在"女高师"担任小提琴、琵琶和二胡等课程的教学工作。

可以说，北师大音乐系后来的辉煌成果及声望，与初期这些优秀音乐人才兢兢业业、勤于教学所打下的坚实基础是分不开的。

（二）前赴后继的北师大音乐美育践行者

1. 老志诚与音乐人才的培养

我国著名钢琴家老志诚先生（1911—2006），于1925年小学毕业后考入北京师范学校（其前身为1906年成立的北京初级师范学堂，非北京师范大学），当时北京师范学校的学制是前后两期或初、高两级的

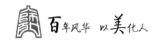

六年制（1922—1933年北京师范学校为此学制），在后三年里，学生明确地分为文、理、艺三科，当时的艺科学生不仅音乐、美术都学，还有手工课，而其中的音乐是把钢琴和声乐单独分开的，此外还有艺术概论课。老志诚先生曾说，当时的艺科学生在专业水准上和同类专科（大专）院校相比是毫不逊色的。

在校期间，老志诚先生就以北师大培养出来"钢琴神童"而名满京华，并于1931年毕业时在北京师范学校举办了专场音乐会，曲目包括贝多芬《"热情"奏鸣曲 Op.57》，肖邦《"军队"波罗乃兹 Op.40 No.1》《"英雄"波罗乃兹 Op.53》，李斯特《弄臣》《帕格尼尼练习曲——钟》，这场音乐会应被视为我国历史上中国钢琴家举办的第一场钢琴独奏音乐会。

老志诚先生是在1942年来到北京师范大学（时名北平师范大学）任音乐系钢琴教师的，并在1949年接替贺绿汀先生成为北师大音乐系主任。1955年，老志诚先生还担任了北京艺术师范学院的筹委会主任，而做的实际上是院长的工作。对于老志诚先生的组织才干和领导才能，当时的北师大音乐系秘书冯文慈先生曾说，老先生从不唯上是从，从不随风倒，十分难得。冯文慈先生对老志诚先生的评价，正是老志诚先生一生的写照："有现身之志，无贪婪之心。"

2.贺绿汀与音乐美育的普及

我国近现代音乐史上著名的作曲家、音乐理论家、音乐教育家、音乐批评家贺绿汀（1903—1999），1903年生于湖南邵阳，1923年进入长沙岳云中学，攻读艺术专修科，并于1931年进入上海国立音乐专科学校学习钢琴和作曲。1934年，还是学生的贺绿汀先生就以一首钢琴曲《牧童短笛》震惊了乐界，成为令人瞩目的作曲家。

贺绿汀先生在1949年9月任上海音乐学院院长前，曾于1949年2月，任北平师范大学音乐系主任及筹建中的国立音乐学院（中央音乐

学院前身）副院长，同时还被选为全国文联常务理事及中国音协副主
席。尽管在北师大的时间不长，但是贺绿汀先生对于国家的音乐教育
及艺术普及工作的重视，是终生的，并为此进行了非凡的努力。1949
年，教育部在北京召开的第一次全国教育会议上，贺绿汀先生指出要
把"一以贯之"的美育思想和国家文化建设联系在一起，认为教育应
承担顺应时代的任务，同时也应该特别关切审美教育的时代性。在贺
先生的美育思想中，始终把专业性与普及性并举，形成互为依托和促
进的格局，他甚至还强调"普及性"的意义在某种程度上要大于"专
业性"，是"专业性"的根本所在。

3.沈湘的声乐教育成就

我国声乐界泰斗、歌唱家、声乐教育家沈湘先生（1921—1993），
广为人知的身份是中央音乐学院教授、声乐系主任，但是其实在1947
年到新中国成立后的这段时间里，沈湘曾经在北师大担任声乐教师。

沈湘先生的父亲是留法医学博士，他从法国带回来的唱片，使沈
先生自幼就浸泡在声乐大师们的"美声"中，建立了极高的音乐品位，
并在中学时就表现出了非凡的歌唱天赋。1940年，沈湘考入燕京大学
英国语言文学系，同时兼修音乐系的课程，并跟随燕京大学音乐系副
教授范天祥的夫人学习声乐。后来由于战争爆发，沈湘在1942年转学
到上海圣约翰大学继续学习英国语言文学，并于同年考入上海国立音
专。沈湘在上海国立音专师从著名男低音歌唱家苏仕林，并广泛求学，
声乐技艺渐趋完善。

沈湘先生是一位极为爱国的艺术家。1944年，还在上海国立音专
读书的沈先生，因为拒绝在伪满政府组织的为日本军队募捐的音乐会
上演唱，而被上海国立音专除名，沈湘对此毫不后悔，慷慨激昂地说：
"既做亡国奴，绝不再做汉奸！"1944年5月12日，沈湘在上海兰心
大剧院成功举办了个人独唱音乐会，得到了观众的广泛认可和热爱。

1947年，沈湘先生受邀在北平师范大学音乐系任声乐教师，这是沈湘平生第一份声乐教学工作。1950年沈湘进入中央音乐学院任教后，还在北师大兼任了一段时间。新中国成立初期，中央音乐学院在天津，沈湘就奔走于京津两地，在北师大和中央音乐学院两校授课。沈湘一生培养出无数歌唱家，包括李晋玮、杨比德、张畴、郭淑珍、孟贵彬、王莘年、周维民、金铁霖、程志、殷秀梅、梁宁、迪里拜尔、刘跃、范竞马、黑海涛、关牧村、邓桂萍等，但是可以说，沈湘辉煌的声乐教育生涯，是从北师大起步的。

还值得一提的是，沈湘先生和他的终身伴侣李晋玮老师，也是在北师大结缘的。李晋玮老师与沈湘同年进入北师大，但不同的是，李晋玮老师的身份是学生，师从沈湘学习声乐，就此展开了两人相知、相恋、相守的美好篇章。

4. 钱仁康的学术造诣与教育精神

钱仁康（1914—2013）是一位学术成就令人高山仰止、学术领域广泛的音乐界泰斗人物，他也是"西学东渐"的践行者。钱仁康与师范的缘分，其实早在1930年就开始了。那一年，钱仁康考入江苏无锡师范学校，在校期间就发表了音乐作品。从上海国立音专作曲专业毕业后，钱仁康于1946年开始任教于北平师范大学音乐系，教授和声课及曲式课等。钱仁康多才多艺，外文也很好，20岁时就已经用英文发表文章，并出版了一本作曲的书，后来还翻译俄文、用俄文发表文章。此外钱仁康还弹得一手好钢琴，因此，在当时上课没有录音可播放的情况下，钱仁康说到哪个作品，自己就在钢琴上弹出来，边弹边为大家分析作品。[①] 正是在北师大工作期间，钱仁康出版了他编撰的《中

---

① 李晓菲：《姚思源口述史之"我的大学音乐教育"》，《中国音乐教育》，2020年8月，第4—8页。

学音乐教材》，这本教材体现了钱仁康早期在歌曲译配方面的钻研与实践。这套教材分上中下三册，里面有一部分是钱先生的自度曲，其余都是欧美的著名民歌和古典歌曲，钱先生以中国古人或今人的诗歌为其填词，比如以刘大白的《卖花女》为意大利民歌填词、以陶渊明的《归鸟》为苏格兰民歌填词等。教材中还有一部分外国歌曲是钱先生自己填词的，比如，用古文给韦伯的《猎人合唱》填词、用语体文给威尔第《凯旋进行曲》填词等。当然，教材里还有很多钱先生翻译配歌的作品，比如，贝多芬的《土拨鼠》、肖邦的《少女的愿望》、舒伯特的《菩提树》和《野玫瑰》、勃拉姆斯的《摇篮曲》等。① 可以想见，在那样的年代，这样一套极具价值的中学音乐教材，是尤为难能可贵的！

尽管钱先生仅在北师大短短两年，但是却以博学多才、勤奋治学给学生们留下了非常难忘的印象，后来钱先生到上海后任上海音乐学院音乐学系主任，并终成一代名家，在全国音乐界享有极高声望，自不必言。

曾在北师大音乐系历史上执教的名师大家还有很多，比如，赵元任、张洪岛、雷振邦、何其超、周美玉……篇幅所限在此不再赘述，尽管他们在北师大音乐系工作的时间长短不一，但是我们会发现，他们中的很多人都像沈湘先生一样，在北师大音乐系的工作是人生第一份教职，北师大音乐系是其音乐事业的发轫与开端。此外，我们可以看到，历史上的北师大音乐系曾拥有全国最雄厚的音乐师资力量，他们不仅专业精湛，而且敬业奉献，怀着一颗赤子之心投入音乐教育事业，不计个人得失与名利。

---

① 丁旭光、钱仁康：《学贯东西　制乐鸿儒》，《上海采风》，2015年3月，第34—39页。

新时期的美育团队，理论教研室有张小梅教授（已退休）、冯广映教授（已退休）、朱杰教授、张璐副教授、任也韵副教授、蒯卫华副教授、肖艳副教授、邸大鹏老师。钢琴教研室有郭兰兰教授、杨慧教授、王海波教授、卞钢副教授、段召旭副教授、丁怡副教授、沈冰老师、王晨老师。器乐教研室有高微教授、李莹教授、卜晓妹副教授、冯晓婧老师、胡帅老师。声乐教研室有孙琳教授、佟军教授（返聘珠海校区）、汪莉教授（返聘珠海校区）、肖艳副教授（已退休）、张艺耀老师、苏小博老师。音乐系秘书为谢敏老师。

正如有学者曾说过的，"音乐教育的本质就是审美教育"，因为"音乐让我们能够直接体验感觉，音乐是我们培养、拓展和提炼感觉经历的最有效模式，而感觉经历是人类意识和认知的基础"。与很多专业音乐院校比起来，肩负着培养第一流音乐教师重任的北师大音乐系，与国家美育工作的联系无疑是更为紧密的，因此，从北师大音乐系建系之初到后来的发展壮大，不仅与专业音乐教育密切相关，对于哺育心灵、教育成长的音乐美育工作更具有重大意义。

三、培育英才

北京师范大学音乐系是近现代中国音乐教育的摇篮，培养了一代又一代的杰出音乐人才。历届毕业生的足迹遍布全国，乃至世界，活跃于各个音乐领域。他们中既有为音乐教育事业默默耕耘的一线教师、教育学者，也有为中国传统音乐探求发展的民族音乐学家，还有创新音乐形式的作曲家，以及活跃于音乐舞台的演唱（奏）家。他们立足于本职工作，不断践行着"学为人师，行为世范"的校训。

笔者在整理资料时发现，北师大音乐专业历届毕业生无论最终从事表演、创作，还是研究工作，他们大都有过相关教学经历，甚至不少学生在教育领域有所造诣（如图29所示）。因此，本文以往届优秀毕业生代表在音乐教育领域取得的成就为切入口，简述他们在音乐领域所做的贡献，并思考北师大能够培育大批全方位、高水平音乐人才的原因。

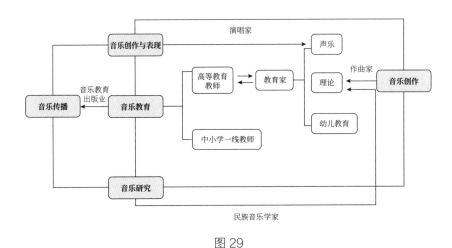

图 29

（一）音乐教育

20世纪初，萧友梅、杨仲子、刘天华等音乐名家会聚于此，他们的教育理念、办学思想，以及所开创的办学模式、建立的办学体系，为后来"女高师"音乐教育事业的发展奠定了坚实基础。萧友梅担任音乐系主任期间，秉持"宽进严出"的教育理念，第二届入学的20人中，仅有12人通过一年的"试学期"。由此可见，北师大音乐系在初建期就具有"立足高起点、着眼高层次、聚焦高水平"的办学特色。据现有文献统计，在1927—1935年的42名毕业生中，只有十几人回到中学或曾在中学任教，其余的大部分学生都成为师范学校、大学甚至教育厅教员、职员。

所以，音乐教育领域铸就的人才，大致可归为两类：普通学校的音乐教师和专业院校的音乐家。而后者往往具有多重身份，他们有的既是教育家，也是音乐理论家或者作曲家、演奏家，甚至还有的在音乐传播领域影响深远。下文以优秀毕业生代表在某一主要领域的贡献

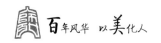

作为分类依据，并进行简要介绍。

1.高等教育教师

萧淑娴（1905—1991），女，音乐教育家。1924年保送至北京女子师范大学，师从嘉祉学习钢琴、师从刘天华学琵琶、师从霍尔瓦特夫人学声乐。1928年，萧淑娴毕业后赴比利时布鲁塞尔皇家音乐院进修，先学钢琴，后改学理论作曲。1935年毕业，曾先后在和声、赋格及对位法等领域3次获奖。新中国一成立，她不顾海外的谣言耸听，毅然携子女于1950年回国，并在中央音乐学院任教。在她从教的四十年间，翻译了《巴托克的曲式与和声》、《对位法概要》、歌剧《卡门》等著作，培养了吴式锴、蒋小风、俞人悦、姜夔、金湘、姚盛昌、杨勇等一大批作曲家和音乐理论家，为我国的作曲、复调教学以及中国复调技法的发展做出了卓越的贡献。萧淑娴虽接受了严格的西欧专业音乐教育，但同时，她也注重传统民族音乐研究。回国后，她积极地向民间艺人学习，将中国民族和民间音乐与欧洲复调技术，交织结合，融会贯通到授课之中。这一做法继承了萧友梅、刘天华等人"以西为师、兼收并蓄"的音乐主张，对中国传统音乐有着极大的推动作用。并且，她还循循善诱地教导学生"只有扎根民族，才能走向世界"。退休后，萧淑娴还撰写了大量有关萧友梅先生生平事迹的文章，使我国音乐教育界的先驱，恢复了他应有的地位。上行下效，捷于影响。由此可见，北师大音乐系强大的师资阵容是其办学成效的重要保证。

为声乐教育领域做出杰出贡献的优秀毕业生还有李晋玮、卢德武等。

李晋玮（1923—2021），女，声乐教育家、女高音歌唱家。1949年毕业于北京师范大学音乐系。师从赫尔瓦特、哲尔立学习声乐，并兼学小提琴。曾任中央音乐学院声歌系任声乐指导，与沈湘先生共同研究声乐教学法。其学生梁宁、迪里拜尔在国际声乐大赛获奖；刘跃、范竞马、程达等享誉中国声乐界。而李晋玮本人也是享有盛誉的女高音歌唱家，曾先后在《小牛》《蝴蝶夫人》《货郎与小姐》等歌剧中担任主要角色，被称为"中国第一蝴蝶夫人"。

卢德武，男，声乐教育家，中国音乐学院教授。1949年考入北京师范大学音乐系，主修声乐，师从沈湘。1953年毕业后，留校当研究生并任声乐教师。1983年，他调入中国音乐学院。曾在首届民族声乐师资讲习班讲授《声中无字，字中有声》《现代语言学的音素，舌位与善过度的关系》《声乐基本功与周天气基本功》等专题讲座。

除此之外，还有幼儿教育领域的杰出代表李晋媛，音乐理论教育领域的姚思源、耿生廉等。

李晋媛（1926—2015），女，音乐教育家，教授，曾任北京市幼儿艺术教育研究会会长等职。1949年毕业于北京师范大学音乐系。毕业后在北师大女附中从事音乐教学工作。1956年调入北师大教育系从事学前音乐教育工作，主要为学前教育本科生开设音乐课程（如音乐理论、钢琴等），并担任幼儿音乐教育的专题研究生导师。她对幼儿学前音乐教育事业做了大量研究、整理工作。著有《幼儿音乐教育》《幼儿音乐活动教材》（三册）、《纪念文集》（与李晋玮合著）、《沈湘声乐教学艺术》（与李晋玮合著）。

姚思源（1925—　　），音乐教育家、理论家、作曲家，曾任首师大音乐系副主任。自1946年起，作为大学二年级学生，他在北平育华女中兼任音乐教师，从此开始了他的音乐教育生涯。1949年毕业于北京师范大学音乐系，曾在首都师范大学音乐系任理论作曲教授，兼任北京音协副主席等职。理论研究、创作活动与音乐教育"三位一体"地贯穿于他的人生历程。作为教育家，执教50余年，为国家培养了一大批音乐人才。作为理论家，著有《论音乐教育》《中国当代学校音乐教育》《北京音乐志》等著作。作为作曲家，作品体裁丰富，形式多

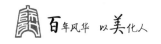

样。1991年，在京举办个人作品音乐会。他的教育和工作经历生动地体现了北师大音乐系办学的综合性特征。

耿生廉（1927—2011），男，教授。1949年考入北师大，1953年毕业后留校任助教。教授中国民族音乐理论，开民歌课。钻研民歌研究和教学。随马可、刘炽学习民歌、戏曲，后在中国音乐学院任教。几十年来，先后编写民歌等教材三十余种（四十余册），并应邀为《中国大百科全书·音乐舞蹈卷》《音乐欣赏手册》和北京人民广播电台、国际广播电台撰写有关民歌介绍的条目和广播稿百余条（篇）。为编纂《中国民间歌曲集成》做了大量的工作，贡献突出，受到了文化部、国家民委、全国艺术科学规划领导小组的嘉奖。

2.中小学一线教师

国立北京女子高等师范学校成立音乐体育专修科的主要目的是培养中小学音乐教师。基于此，百年来向中小学输送的音乐教师可谓层出不穷，其中不乏像米黎明一样长期扎根于教育一线的特级教师。

米黎明（1924—2005），女，北京市特级教师。1945年毕业于北京师范大学音乐系。1946年曾在歌剧《松柏风雨》中担任主角。她的突出贡献主要集中于中小学音乐教学领域，在教学过程中，她狠抓对学生基础知识和基本技能的培养，形成了一整套行之有效的教学方法。作有《我、你、他》《森林里的足迹》等歌曲，撰有《怎样识简谱》等教材。

新中国成立后，教育部颁布《北京师范大学暂行规程》，规定北师大的任务是培养中等学校师资和培养训练教育行政干部与社会教育干部，除培养合格的中等学校的师资外，还担负为高等师范学校培养师资的任务。在国家政策的扶持下，北师大音乐戏剧系有了长足的发展。师资力量更为雄厚，各种学生会组织的如舞蹈团、话剧团、宣传队、艺术团如雨后春笋般涌现，纷纷编排歌颂新中国的剧目，音乐事业走向良好发展势头。

　　而从20世纪80年代初复系至今，音乐系一直遵循张肖虎"一专多能"教育思想，注重综合性与师范性的兼顾、统一。张肖虎教授还强调音乐实践，重视建设"第二课堂"。这使得北师大的音乐专业有了更加长足的发展。

　　纵观北师大音乐系百年来在音乐教育领域取得的显著教学成效，我们可以发现，无论是国家政策，还是师资力量、办学理念都对其产生了深远的影响。

（二）音乐研究

　　北京师范大学作为一所高等师范类院校，不仅在我国音乐教育领域占据重要地位，音乐研究方面也可以说是成绩斐然，历届毕业生所取得的优异成果足以证明。除前文所提及的音乐教育学研究，还有民族音乐学研究、音乐史学研究等，其代表有曹安和、宋学劳、冯文慈等。

　　1.民族音乐学

　　曹安和（1905—2004），女，民族音乐理论家、琵琶演奏家。早年她曾随表哥杨荫浏学唱昆曲，并自学琵琶，为日后进入专业学习和传统音乐研究做了一定的准备。1924年报考北京女子师范大学，由于不会弹钢琴险些被拒之门外，幸亏萧友梅发现她有超人的辨音能力和文学能力，最终被破格录取。入校后，师从刘天华学习琵琶、师从嘉祉学习钢琴，此外还兼学音乐理论。进入女师大的第一学期，就在音乐会上担任琵琶独奏。1929年毕业后留校教学，先后任助教、讲师，主要教授琵琶，兼授笛、箫等民族器乐。1932年，刘天华去世后，北平大学女子文理学院音乐系的琵琶课由她一人教授，成为近代中国专业音乐教育领域第一位琵琶女导师，同时也是继刘天华之后最优秀的崇明派传人。培养了学生刘德海、何树风等，俄国作曲家齐尔品也向她学习过琵琶。1937年回到无锡。20世纪40年代在"上海国立音乐院"教授琵琶、昆曲。

20世纪50年代起，她主要从事民族音乐研究，与杨荫浏在黎松寿的陪同下访问民间艺人华彦钧，记写了数首琵琶、二胡曲并标上指法整理出版，使优秀的民间音乐得以流传。半个多世纪以来，她的主要精力都投到了中国音乐的采集、记录、整理、研究工作之中。

乔建中老师在《一生谦谦 百年安和——曹安和先生一个世纪的音乐生涯》中记述："一旦提及她（曹安和）的业师刘天华先生和她的'琴妹'，提及破格录取她的萧友梅、导师杨仲子先生，特别是引领她走上中国音乐研究之路、合作了一生的表兄杨荫浏先生，她就会表情肃然，以崇敬而又深情之口吻，娓娓而谈，讲出许多'掌故'，也不时流露出自己的感慨。"

1997年，曹安和先生在乔建中老师对其采访中，无意间说："反正刘天华到哪里，我就跟到哪里！"刘天华先生不仅在音乐技艺上对她给予帮助，在道德层面更是对其产生了潜移默化的影响。1942年，时值刘天华先生逝世十周年，曹安和先生写了一篇名为《追记穷教苦学的刘师》的长文来纪念自己的恩师。文章中，曹先生用质朴、感性的语言，把历史上真实发生过的许多细节编织成一个又一个感人至深的故事，让人们从中体味这位大音乐家的"穷教"和"苦学"，引领读者一同感受他崇高的内心境界。这不仅体现了浓浓的师生情谊，也体现了师大音乐系的教学目标——培养"德艺双馨"高水平音乐人才。

宋学劳（1925—　　　），笔名苗晶，男，民族音乐学家。1944—1946年就读于北京师范大学音乐系。新中国成立后曾在山东省文联工作。20世纪80年代以来曾担任中国艺术研究所民族民间音乐研究室主任、研究员等职。专著有《黄河音乐万里寻根》《论汉族民歌近似色彩区的划分》《山东民间歌曲论述》等；主要论文有《20世纪中国民歌研究工作的回顾与展望》《沂蒙山小调释疑》《汉族民歌旋律中的装饰性特点》等。其中，宋先生和乔建中先生的《论汉族民歌近似色彩区的划分》对后续民歌，乃至中国传统音乐的研究影响深远。

2.音乐史学

冯文慈（1926—2015），男，音乐史学家、教授、博士生导师。曾任中国音乐史学会会长等职。1946年至1950年于北师大音乐系学习。毕业后留校任教。1964年从北艺师调入中国音乐学院从事中国古代音乐史的教学和研究。整理古籍《律吕精义》；著有专著《中华文明史》《中外音乐交流史》《中国音乐史学的回顾与反思——冯文慈音乐文集》等。

无论是在哪一时期，北师大音乐系都致力于将教学与科研紧密结合，不仅开展了一系列教学科研工作，还经常邀请国内外音乐专家进校举办讲座。良好的学术氛围使学生对于音乐研究产生了浓厚的兴趣，这也是北师大音乐系能够培养高质量音乐人才的重要原因之一。

（三）音乐创作与表现

据1921年6月出版的《音乐杂志》第2卷第5、6两号合刊上发表的《北京女子高等师范学校音乐、体育科分组办法》文章获悉，当时音乐科学生的专业必修科目如下[①]：

理论课	普通乐理、普通和声学与应用和声学、对位法、音乐史、和声学、曲体学、乐器学、作曲法、作歌法
技术课	钢琴、钢琴练习、独唱、合唱、默谱及节奏练习、指挥
共同必修科目	国文、英文、伦理学、心理学、教育学、教育史、实地教授

由此可见，在创办初期，北师大音乐专修科就拥有了较为完善的课程体系。其中钢琴技能的掌握，以及乐理、和声、曲式（曲体学）、

---

① 关于"北京女子高等师范学校音乐科学生的专业必修科目"相关内容，转引自刘新一：《木铎金声——北京师范大学音乐系发展史研究》，北京师范大学硕士学位论文，2004年。

复调（对位法）、乐器学、作歌法、作曲法等理论课程的学习，为历届毕业生在音乐创作领域的突出表现奠定了坚实的基础。而系主任萧友梅不仅是著名的音乐教育家，还是中国近代专业音乐创作领域的代表。同时，赵元任、刘天华、贺绿汀等在音乐创作方面有所建树的教授也都曾在此任教。新中国成立后，许多在社会上颇有名望的音乐教育家、作曲家和演奏家也纷纷来北师大讲学，并进行音乐学术交流。这些学术交流活动不仅使同学们的眼界大开，还助长了其学习热情。学生们每天6点起床锻炼，争抢琴房练习，晚上7点至9点进行晚自习。而每个星期系里也都要开观摩会，主要进行作品演唱演奏会及一些学术问题方面的探讨。每个月都要考试，以此来检查对专业的掌握程度。频繁的学术交流、严格的考核制度都成为造就学生纯熟演奏技艺的重要影响因素。

值得一提的是，一首名为 *Vacation Moods* 的钢琴小曲，这是学生韩权华所作的毕业曲目，由赵元任订正，发表在国乐改进社《音乐杂志》第1卷第2号上。它是我国较早的一部由国内专业学生创作的钢琴作品，在中国钢琴音乐创作领域中也处于领先的地位，是一部非常值得学术界重视的钢琴音乐作品。同时，这也是北师大音乐系早期教学成果的展示。

除此之外，音乐创作领域的优秀毕业生代表还有作曲家赵行达、赵鸿声、麦丁、尚德义等；音乐表现领域的优秀毕业生代表有小提琴家邓昌国，歌唱家杨比德、张树楠、王爱泽等。

杨比德（1927—2020），我国著名男低音歌唱家、声乐教育家，1948年考入北京师范大学音乐系。在校期间，他雄厚饱满的男低音得到俄罗斯专家库克琳娜的高度评价，1952年留校任教。他致力于使用美声唱法，咬字清晰地演唱中国歌曲，曾培养出大批顶尖的歌唱家，如刘秉义、吴天球、胡松华、栾峰等。

这些艺术家们在表演生涯中，承继了萧友梅、刘天华先生"中学为体，西学为用"的音乐教育思想，将中国歌曲与美声唱法接轨，力求演唱大众所喜闻乐见的音乐作品。如上，正确的教育思想也是能够指引学生在音乐舞台上大放光彩的原因之一。

（四）音乐传播

北师大音乐系学子不仅在音乐教育领域表现卓越，而且在萧友梅、杨仲子等人的影响下，鼎力推广和提高普通音乐教育，发挥音乐对于国民和社会的"美育"，杰出代表有潘奇等。

潘奇（1914—2008），1929年考入女师大，1935年获学士学位（预科2年，本科4年，专业历史系，从本科开始修满音乐专业学分，获得担任音乐教师资格）。毕业时，演唱的《阳关三叠》等曲目录制成唱片。毕业后留校任助教。后在北平多所中学执教。七七事变爆发后，她就积极投身于革命，参加了上海救亡演剧队一队，宣传抗日。1940年在延安光荣加入了中国共产党，任延安鲁迅艺术学院音乐系、戏剧系教员。她是延安时期曾亲自聆听过毛主席《在延安文艺座谈会上的讲话》的老一辈文艺家。在东北鲁艺期间，她曾任东北鲁艺文工团副团长、沈阳鲁艺学院副教授、副教务长、音工团团长等职。新中国成立后，曾任《儿童歌曲》主编、音乐出版社主编。后任天津音乐学院研究室副研究员。1953年，任中国音乐家协会副秘书长兼办公室主任。1958年始，长期任职于音乐出版社。主要译著有《怎样即兴创作钢琴伴奏》《德彪西的钢琴音乐》等，发表歌曲《英雄碑下想英雄》《星星歌》等。无论从哪个角度讲，她都是我国音乐出版事业的有功之臣。她为繁荣发展我国音乐出版事业，为提高全民族的音乐文化素质、为社会主义精神文明建设竭尽全力，几乎倾注了她的全部心血。

新时期，音乐系也培养出大量的杰出人才，每年本科毕业生中有四分之一的学生保送本校研究生，其余学生多数出国，在世界著名的音乐学府留学深造，如北京师范大学艺术与传媒学院党委书记王卓凯教授、音乐系的王晨老师、就职于国家大剧院的马寅、人民音乐出版社的王帅、华南师大音乐学院余虹教授、西安音乐学院教师郭晶铭等，还有大量就职于中小学的优秀师资，如就职于北大附中的郭苒老师等。

综上，扶持性的国家政策、雄厚的师资力量、科学的办学理念、完善的课程体系等诸多要素是北师大培养高水平、全方位音乐人才的重要保障。莘莘学子，灼灼其华。滋兰树蕙，永续华章。师大学子将会继续秉承优良校风，谨记恩师教诲，慎思而笃行，继往以开来，为中国音乐教育事业的发展而努力奋斗。

四、课程体系

北师大美育课程体系建设，在不同阶段呈现出不同的特点，具体如下：

（一）1912—1919

1912年以前北京师范大学音乐学科发展主要体现在北京女高师部分，北京女高师于1919年建立，其前身是1908年由晚清学部举办的"京师女子师范学堂"和1912年民国教育部改制后的"北京女子师范学校"[①]。《奏定女子师范学堂章程》中提及，关于教学内容与要求包括图画、家事、裁缝、手艺、音乐、体操、修身等，其中音乐"要旨在使感发其心志，涵养其德性，凡选用或编制歌词，必择其有裨风教者。其教课程度，授单音歌、复音歌及乐器之用法，并授以教授音乐之次

---

① 何玲华：《新教育·新女性：北京女高师研究（1919—1924）》，中国社会科学出版社2007年版，第13页。

序法则"①。从课时分配看，教育学科达24课时，地理、音乐、历史的课时分别为6课时。由此可以看出，尽管美育课时比重较低，然而相比传统的女子教育，女子师范学堂教育从教育内容上、课程设置上都体现为兼顾德、智、体、美，以及家事的根本变化。北京女高师的另一前身是1912年民国教育部改制后的"北京女子师范学校"②。从北京女子师范学校课程安排（1918）来看，其乐歌科目包括单音、复音、乐器用法、教授法（见表4）。

表4 1918年北京女子师范学校乐歌课程开设情况 ③

学科	程度	教授时数（周时）				
乐歌	单音、复音、乐器用法、教授法	预科	本科一年级	本科二年级	本科三年级	本科四年级
		2	2	2	1	1

1912年9月，民国政府颁布《高等师范学校规程》将高等师范学校分为预科、本科、研究科，其中预科科目包括伦理学、国文、英语、数学、图画、乐歌、体操，并在第五条指出本科各部学习科目可加授世界语、德语、乐歌为随意科。北京高等师范学校依照教育部颁发的《高等师范学校规程》自编了《校规》，指出本校宗旨为"养成师范学校、女子师范学校、中学校、女子中学校教员"，并于1912年至1917年多次改变、增设"科""部"，于1916年附设音乐训练班（职工科），手工图画专修科和职工科的设立对我国职业教育发展和近代美育发展产生了积极

---

① 琚鑫圭、童富勇、张守智编：《中国近代教育史资料汇编：实业教育 师范教育》，上海教育出版社1994年版，第575页。

② 何玲华：《新教育·新女性：北京女高师研究（1919—1924）》，中国社会科学出版社2007年版，第13页。

③ 《北京女子师范学校一览》，1918年版，第9—13页。

的影响。这一时期根据学校规定，公共必修科目在预科有国文、英语、数学、伦理学、图画、音乐和体操，与《高等师范学校规程》要求一致，学校对各部的公共必修科目有着详细的教学规定和教学计划。

（二）1919—1937

1919年，北京女子师范学校改为女子高等师范学校，与前一时期的女子教育相比，其重要改变更多涉及自然科学的知识领域，在"德智体美劳技"并举的理念下，美育课程并未发生大的改变。从1920年课程设置表可以看出，各科各部在预科一年中设立了音乐体操专修科。（见表5）据1921年《北京女子高等师范学校音乐、体育科分组办法》可知，当时音乐科学生专业必修科目包括理论课和技术课两部分（见表6）。随着1922年"取消预科，改部成系"的改革，改部为系，取消预科，设立了包括音乐系在内的十个系（教育哲学系、国文学系、英文学系、历史学系、数学物理学系、物理化学系、生物地质系、家事系、体育系、音乐系），女子师范教育逐渐步入专业化。

表5　1920年北京女子高等师范学校课程开设情况 [1]

预科一年	本科三年
文科*	国文部*、史地部* 外国语部*
理科*	数理部*、理化部* 矿化部*、生物部*
实学科	家事部*
专修科及讲习科	

[1] 参见璩鑫圭、童富勇、张守智编：《中国近代教育史资料汇编：实业教育　师范教育》，上海教育出版社1994年版，第1029页。标注"*"表示该学科必修科目中设置了音乐科目。

续表

预科一年	本科三年
手工专修科	
音乐体操专修科	
保姆讲习科	

表 6　1921 年北京女子高等师范学校音乐专业课程开设情况

科目类别	具体课程
理论课	普通乐理、普通和声学与应用和声学、对位法、音乐史、和声学、曲体学、乐器学、作曲法、作歌法
技术课	钢琴、钢琴练习、独唱、合唱、默谱、节奏练习、指挥
共同必修科目	国文、英文、伦理学、心理学、教育学、教育史、实地教授

根据《女高师周刊》记载，1924 年北京女高师音乐系课程设置已十分翔实，分类清晰，科目丰富（见表7）。

表 7　1924 年北京女子高等师范学校音乐系课程开设情况

课程类别	具体课程设置		备注
共同必修科课程	保持	增设	
	国文、英语	自然科学通论、文明史、神话史、歌剧史	
教育科学科课程	保持	增设	从"共同必修科目"中分离出来
	教育学、教育史、实地教授	教授法、教育行政，取消伦理学	
主科必修科目（新开设门类）	钢琴方向	理论方向	必修科目
	钢琴视奏、合奏练习	自由作曲、配置法、钢琴、对位法、指挥练习	
普通音乐课程	本国乐器（箫、笛、月琴、琵琶）、译谱（工尺谱译为五线谱）		
选修科目	原有	增/改	更加注重文化色彩
	舞蹈、游戏、体操	图画、第二外语（法语或德语）、舞蹈	

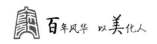

（三）1937—1945

1937年，日本帝国主义占领北平，北京师范大学迁至西安，于1938年在汉中成立西北联合大学，在西迁过程中，北师大的师生以音乐作为自己的武器，注重收集各地民间音乐的素材。

抗日战争胜利后，北京师范大学被国民党政府改名为北平临时大学。抗日战争胜利后第二年，原北京师范大学师生陆续从西北迁回北平，于1946年夏与北平临时大学第七分班合并，改称北平师范学院，于1948年恢复为北平师范大学校名。这一时期音乐系继续办学，设有四年制本科和五年制本科（第五年为教育实习）。随着抗日战争的胜利，中国音乐教育正朝着实用人才、民族人才培养的方向发展，北京师范大学音乐系开设了教育、心理、教材教法等课程，同时也延续了抗日战争时期对西洋乐的重视。抗日战争胜利之后、新中国成立之前，国民党政府进行独裁统治并发动了内战，国民党政府的倒行逆施使广大师生对国民党统治逐渐不满、反对，音乐系学生在此期间积极参加进步爱国歌咏活动、举办音乐会等。

表8　第46届国立北平师范大学音乐系课程开设情况

学年	具体课程
第一学年	音乐学、中国音乐史、管弦乐器、琵琶、钢琴、独唱、诗歌、伦理学概说、心理学概说、体育、劳作、音乐通论、意语。选修课包括英文、德语和提琴
第二学年	教育学、教育心理学、体育、法文、德文、诗歌、音乐心理学、和声学、视唱、合奏、合唱、独奏、钢琴、提琴、大提琴、南胡
第三学年	教育学、哲学概论、社会学概论、体育、音乐欣赏、对位学、曲体学、发声学、和声学、合唱、合奏、钢琴、提琴、独唱。选修课包括南胡、英文
第四学年	英语、中国历史、中国地理、普通教学法、西洋音乐史、音乐欣赏、和声学、曲体学、作曲法、合唱、管弦乐、独唱、钢琴、提琴、国乐、歌词作法、中小学教材与教法、体育

表9　第47届、第48届国立北平师范大学音乐系课程开设情况

学年	具体课程
第一学年	诗歌、音响学、音乐通论、中国音乐史、合唱、独唱、钢琴、提琴、南胡、心理学概说、伦理学概说、国语及国文、意文、德文、体育
第二学年	诗歌、音响学、中国音乐史、合唱、视唱、独唱、钢琴、提琴、心理学概说、伦理学概说、国语及国文、意文、德文、音乐通论、体育
第三学年	中等教育、西洋音乐史、高级和声学、欣赏学、钢琴、合唱、独唱、教育概论、国乐、琵琶、声乐
第四学年	教育实习、毕业论文、曲体与写作、欣赏法、合唱、指挥法、对位学、钢琴、唱歌、音乐教材与教法、独唱、声乐、自由作曲、高级德文、音乐美学、初级法文

(四) 1949—1987

1949年北平解放后，贺绿汀任音乐系主任，并建议音乐系扩建为"音乐戏剧系"，音乐组的培养目标为培养中小学音乐师资，戏剧组同学则积极参与抗美援朝宣传活动。至1952年复名音乐系，并基于苏联办学经验制订新的课程计划。20世纪50年代以后，张肖虎作为理论教研室主任，杨大钧作为器乐教研室主任，为当时的课程设置做出了巨大贡献。与新中国成立前不同的是，这一时期开设歌剧表演课程，为文工团培养人才。1955年，音乐系招预科班。基于1956年教育部全国高校院系调整的决定，北京师范大学艺术系与华东、东北师范大学艺术系联合组成北京艺术师范学院，北京师范大学音乐系中断办学。

表10　1952年北京师范大学音乐系课程开设情况

课程类别	具体课程
专业课	声乐
	钢琴
	理论作曲
	器乐（任选一门乐器修四年）

续表

课程类别	具体课程
政治理论	哲学、辩证唯物论、历史唯物论
	政治经济学
	联共党史
	中国革命史
文化课	大学语文
	俄语
教育	心理学
	教育史
	教材教法
	专业教学法

自20世纪80年代以来，在改革开放的影响下，基于素质教育的要求，建设综合师范大学内的艺术教育基地刻不容缓。1981年，北京师范大学着手重办音乐系，并邀请张肖虎先生领导复建音乐系。由于当时师资较薄弱，设施较差，经过北京师范大学领导和张肖虎先生一行人的不懈努力，1983年正式成立艺术教育系，学制四年。1987年，经学校研究决定音乐系停止本科生招生，至1991年学校同意张肖虎、周铭孙、牛秋三位老师可以在教育学院研究所名义下招收研究生。

表11 1983年北京师范大学音乐系四年制本科课程开设情况

课程类别	具体课程
专业理论课程	民间音乐、乐理、曲式、配器、和声、中国音乐史、西方音乐史
技能课	钢琴、声乐、小提琴、手风琴、琵琶、古筝、二胡

（五）1993—2002

1980年的艺术教育系是中国重点高校艺术教育、公共艺术最早建制，至1992年改建为艺术系，成为中国重点高校复合型艺术创建性学科之始。1993年，黄会林先生筹备建立影视专业，并在影视专业设音乐方向，学制四年，并于1996年正式招收艺术系学生9人。自1996年起，音乐系逐渐步入了正常发展的道路。2002年，艺术系改名为艺术与传媒学院，包括音乐系、影视系、舞蹈系、美术系以及三个研究所。从表12和表13可以看出，音乐系课程设置正在逐渐规范化、全面化，处于探索时期。人才培养方面增加了实习、社会调查、艺术实践等相关设置，并重视培养民族音乐人才，设置水袖、民间音乐等必修课（见表12）。随着时代的发展和基础教学设施的完善，进一步开设了音乐美学、西方现代音乐概论、复调、MIDI、中国当代音乐概论等专业任选课（见表13）。

表12　1997—1998年艺术系音乐教育专业四年制课程开设情况

学年		具体课程
第一学年	必修课	法律基础、钢琴、军事理论、民间音乐、器乐基础、水袖、声乐、视唱练耳、体育、乐理、艺术概论、大学语文与写作、中国革命史
	限选课	器乐技巧
第二学年	必修课	大学语文与写作、钢琴、和声、合奏、计算机、民间音乐、器乐基础、声乐、视唱练耳、体育、外国音乐史、哲学
第三学年必修课	必修课	邓小平理论概论、当代世界经济与政治、歌曲作法、和声、合奏、教育学、曲式、器乐技巧、形体、音乐教育学、指挥
	限选课	应用营养学
第四学年必修课	必修课	毕业论文、合奏、教育实习、曲式、器乐技巧、社会调查、艺术实践、中国近现代音乐史、配器知识、织体写作

表13　1999年音乐学专业四年制课程开设情况

课程类别	具体课程
公共必修课	思想道德修养、法律基础、马克思主义哲学原理、马克思主义政治经济学原理、毛泽东思想概论、邓小平理论概论、当代世界经济与政治、军事理论、军事训练、体育、大学外语、计算机应用基础、教育学、心理学、学科教学论、教育技术基础

续表

课程类别	具体课程
专业基础必修课	基本乐理、视唱练耳、民间音乐、和声、歌曲写作、曲式、指挥法、钢琴基础、声乐基础、器乐基础、欧洲音乐史、中国音乐史、音乐教育学、艺术概论、教育实习、艺术实践、毕业论文
专业限定选修课	钢琴技巧、声乐技巧、器乐技巧、作曲技巧理论、音乐学、织体写作、配器知识、合唱、合奏、名著分析及欣赏、形体
专业任选课	音乐美学、西方现代音乐概论、复调、MIDI、中国当代音乐概论

（六）2002年至今

自2002年艺术系改名为艺术与传媒学院，设置音乐系、影视系、舞蹈系、美术系以及三个研究所，是中国高校第一个全艺术学科汇聚、艺术与传媒结合的新兴学院，秉承人文性、综合性、复合型的办学理念，强调理论建设与艺术实践相辅相成。音乐系课程设置以音乐表演、音乐理论、音乐教育专业课程为核心，与学校教育学部、心理学部等交叉学科联合培养音乐人才，强调一专多能的综合实践培养和人文素养提升，与以往的音乐系课程设置相比呈现科学化、规范化、综合化的培养趋势。从2014年与2021年音乐系专业课程开设情况对比来看，后者专业选修课课程更加丰富，分类更加详尽，钢琴、声乐、器乐方向课程皆体现为理论和实践相结合，不同方向的课程也相互交叉融合，培养更为综合、全面的音乐人才。

表14　2014年音乐系专业本科课程开设情况

课程类别	具体课程
学科基础课程	钢琴主修、声乐主修、器乐主修、作曲与作曲技术理论主修、音乐学理论基础主修、录音艺术主修、钢琴辅修、声乐辅修、器乐辅修、乐理、视唱练耳、和声基础、曲式基础、合唱指挥基础、多声部音乐分析与写作（复调、配器）、作曲基础、民族音乐学概论（中国民族音乐）、世界民族音乐、外国音乐史、中国音乐史、合唱、中外音乐名作欣赏、计算机音乐基础

续表

课程类别	具体课程
专业方向课程	钢琴技巧主修、声乐技巧主修、器乐技巧主修、作曲技巧主修、录音艺术（电子音乐）主修、音乐学理论主修、艺术歌曲语音正音、打击乐、室内乐（民族器乐重奏）、室内乐（重唱）、音乐心理学、音乐教育基本理论、音乐美学、采风、实习

表15　2021年音乐系专业本科课程开设情况

课程类别		具体课程
学科基础课程	共同学科基础课	艺术概论、乐理、视唱练耳、和声基础、曲式基础、民族音乐学概论、外国音乐史、中国音乐史、合唱与指挥、音乐教育学概论
	钢琴方向	钢琴主修、声乐辅修、器乐辅修、钢琴技巧主修、室内乐基础（钢琴四手联弹）
	声乐方向	声乐主修、钢琴辅修、器乐辅修、声乐技巧主修、室内乐基础（声乐重唱）
	器乐方向	器乐主修、钢琴辅修、声乐辅修、器乐技巧主修、室内乐基础（器乐重奏）
	实践与创新	毕业创作（作品）音乐会、毕业论文、专业实习、科研训练与创新创业（学术讲座研修、艺术创作表演实践）
专业选修课程	钢琴方向	钢琴作品专题——古典作品解析、钢琴作品专题——浪漫作品解析、钢琴作品专题——现代作品解析、双钢琴演奏与实践、钢琴教学与实践、键盘和声与即兴伴奏、中小学音乐教育键盘合奏训练、声乐钢琴伴奏
	声乐方向	声乐重唱与实践、声乐作品专题——古典作品解析、声乐作品专题——浪漫作品解析、声乐作品专题——现代作品解析、声乐教学与实践
	器乐方向	室内乐演奏与实践、器乐作品专题——传统作品解析、器乐作品专题——近现代作品解析、器乐作品专题——中小学民族乐团的建设与实施、器乐教学与实践、重奏
	共同选修课	复调、配器、作曲基础、音乐美学、民间音乐、计算机音乐基础、实用音乐英语、歌曲弹唱、学校音乐课程与教学、中国音乐史专题、西方音乐史专题、世界民族音乐、音乐学概论、织体写作与即兴伴奏、中国民族器乐作品鉴赏、音乐心理学、舞台表演与训练、打击乐、音乐资源开发、中外名作欣赏、音乐学文献与论文写作、视唱练耳（高级）、古典诗词鉴赏、艺术心理学、艺术管理概论、当代艺术与大众文化
	双主修课程	作曲与作曲技术理论、计算机作曲与录音艺术、音乐学理论（含民族音乐学、中国音乐史、音乐教育等）

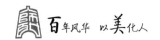

在生活快节奏、充满诱惑的今天，人们心灵的宁静显得尤为珍贵，在物质生活高速发展的时代，帮助人们抵御精神空虚的重担必然地落到了美育工作的肩头，只有美育的加强，才能带来我们物质与精神的同步发展，建立文化自信。在这样的历史时期，今天及未来的北师大音乐教育工作者们，将继续不忘初心、继往开来，为中国音乐教育及美育工作做出更大贡献！

蒯卫华　艺术与传媒学院副教授

段召旭　艺术与传媒学院副教授

丁　怡　艺术与传媒学院副教授

第五章

建校以来的舞蹈教育

北京师范大学舞蹈教育可以追溯到民国时期，开拓了中国舞蹈教育事业的戴爱莲先生于1946年在北京师范大学（当时称国立北平师范学院）任教，北师大成为戴先生传授切凯蒂学派的芭蕾舞教学体系和拉班现代舞理论的重要基地。

依托北京师范大学百年来的辉煌历程和桃李芬芳，北京师范大学艺术与传媒学院舞蹈系成立于2000年。在近七年全国舞蹈学本科排名中，舞蹈系始终名列前三名。在教育部办公厅公布的2020年度国家级和省级一流本科专业建设"双万计划"建设点名单中，舞蹈系入选2020年度国家一流本科专业建设点。从舞蹈系的整体发展来看，可以用"时间短、进步快、成效高"来概括。在国家美育方针政策的引领、师大百年人文底蕴的加持以及戴爱莲先生的开拓思维之下，舞蹈系沿袭北师大百年教育之路，在新时代背景下逐渐摸索出一条"有梯度、有结构、有方向、有特色"的发展道路，依托综合性大学人文底蕴与学科专业性优势，围绕人文性、综合性、复合型的办学理念，系统建立起舞蹈教育（表演、教育、编导、管理）"四位一体"的高级舞蹈创意型人才培养模式，在培养方向、学科建设、人才培养和教学开放性上均有建树。

目前舞蹈学科设有中国古典舞、中国民族民间舞、芭蕾舞、现当代舞、舞蹈编导及舞蹈史论六个方向，独立培养出一批批本科、硕士（MA）、艺术硕士（MFA）、博士等舞蹈专业人才，创作出的优秀舞蹈作品先后在国内外各类专业舞蹈赛事中荣获奖项。舞蹈系的舞蹈教学、舞蹈研究以及本科人才培养等方面在全国排名均处于前列，为我国舞蹈教育领域的高水平人才培养与科研创新提供坚实平台。"人才之本在教育，教育之本在教师"，舞蹈系教师是集教、研、编、演于一体的特色实践型研究团队，教师团队整体呈高学历、高素质、年轻化的趋势。各位名师秉承着勇于担当的责任心与使命感，使舞蹈系成为中国舞蹈教育创新的重要策源地、高素质舞蹈教育人才的培养基地和中国舞蹈文化事业发展的重要阵地。进入新时代，围绕立德树人总体目标，老师们将以德施教、以德育德贯穿于教学过程。舞蹈系确立"以教师为主导，学生为主体"的教学方式，注重专业文化教育与专业技能训练相结合，培养具有较高文化修养，集表演、教育、编导、管理"四位一体"的高级舞蹈创意型人才。近年来，在北京校区和珠海校区呈"一体两翼，一院两址"的同步发展态势下，根据我国"十四五"规划，依托学院艺术全学科背景，舞蹈系进一步注重培养学生综合实践能力及人文素养，以期更好地培养全面发展的舞蹈教育人才。

一、专业教育特色

（一）"四位一体"高级舞蹈创意型人才培养模式

美育的基础首先是对高素质、全方位人才的培养。北京师范大学艺术与传媒学院院长肖向荣认为："舞蹈作为美育的重要组成部分，对人的身心和谐发展，五育能力提高以及人的社会化有着重要的促进作用。"[①] 另外，随着时代的发展和科学技术的进步，舞蹈已经从单

---

① 肖向荣：《当我们谈论舞蹈教育的时候，我们在谈论什么？——基础舞蹈教育问题研究之一》，《艺术教育》，2015年第9期，第180—182页。

一的身体美学转变为与音乐学、灯光学、声响学以及多媒体学科相互交融的艺术形式。为了培育新时代舞蹈人才，肖向荣教授曾就舞蹈系专业特点提出"四位一体"的培养方案，即在日常教学活动中培养兼具表演、教育、编导、管理才能的复合型高级舞蹈人才，使学生们具备从事舞蹈艺术实践、舞蹈演出、市场管理、舞蹈教育和理论研究的知识与能力，注重学科专业性与综合性的融合，并强调学科从"重训练艺人"转变到"有文化的舞者"的教学方向。"有文化的舞者"不仅接受专业舞蹈训练，还涵盖了综合知识教育，从而使舞者能够提升感知能力，从历史的角度去整体感知自我存在与人类社会的关系。在"四位一体"的人才培养模式下，学生们的基础修养与专业技能在学院和学校提供的众多综合性艺术平台中得以实践应用。

图 30　国家艺术基金项目——北京师范大学原创音乐剧《往事歌谣》

图31 信仰之光——北京师范大学"庆华诞 学党史"主题晚会

除了强专业,也要拓视野。在综合性上,北师大舞蹈系定位于"教学科研并举、各阶层次并行、音乐舞蹈携手、综合学科领航"四大

图32 北师大舞蹈系精品课。左上为叶波《中国古典舞》课程;右上为张荪《现当代舞技术》课程;下方为王熙《中国古典舞角色塑造》课程

亮点，开发综合院校交叉学科的资源，提出并设置精品化课程与项目。同时，北师大舞蹈系也在积极寻找国内外高校合作伙伴，有计划、分层次地建立了不同类型的教学实习基地，培养学生的综合实践能力和创新精神。近年在培养综合型人才上，已收获极高成效。

依托北师大深厚底蕴把握好文化课优势、借助学院七个专业的共同资源提升好实践专业、在稳扎稳打的基础上进行第三个维度的视野开拓，组合拳的出击迅速带来显著的成效：师生的表演编创屡屡斩获国内外大奖；教学上著作论文的持续输出提升了整体素养；学生们的下校实习切实锻炼了所学知识的整合运用能力。

（二）人才培养与教育反哺双向引导

秉承北京师范大学教育理念，我校不仅着重人才培养，还强调进行人才反哺教育。首先是人才反哺社会，其次是人才从受教转变为执教，扩大教师队伍，输送新鲜血液。

"一人之力难以擎天，众人之肩定能填海"，戴爱莲先生的思想和方法极为先进，但想要让舞蹈教育达成更迅速的推广、更高效的发展，除了全面打下基础，还需精准培养人才，不仅要理念先行，还要落地有声，人才的培养能够促使师资力量的反哺与二度丰富。改革开放以来，我国素质教育提倡"厚基础，宽口径"的培养方式。为提高人才培养质量及人才竞争力，舞蹈系结合北京师范大学文理科综合实力及市场需求，借鉴国内外先进人才培养理念和模式，对本科生推行宽口径培养方案，即在两年基础学习结束以后，学生自主在舞蹈教育或舞蹈编导两个方向进行选择：舞蹈教育方向旨在培养文舞双全、具备舞蹈学基础理论研究能力及舞蹈教学能力的人才；舞蹈编导方向旨在培养符合各级学校、基层舞蹈艺术单位等用人要求，胜任从事舞蹈教学与创作的人才。北师大舞蹈系秉持因材施教的理念，实施学分制与弹

性学制，鼓励高年级学生根据兴趣选择不同方向的专业课程，并利用交叉学科的课程资源为学生提供选择与发展的空间。自2015年起，北师大舞蹈系实施导师制，三到四名新生组成小组由导师定期开展科学性、人性化的辅导和交流活动。

北师大舞蹈系教师除了高校教育，还对接中小学教育、社会教育与特殊教育，力图增强社会文化素养、提升美育社会效应。坚持开展"高参小"项目艺术教育活动，指导昌平巩华中心小学，北京朝阳八里庄中心小学、怀柔区北房镇中心小学、星火小学等多所小学开展舞蹈创编课以及拉班身体教育课程，在各类比赛中获得优异成绩。另外，舞蹈系曾多次在北京举办学生艺术节舞蹈工作坊，面向大众、学生教授拉班身体教育、戏曲舞蹈、即兴舞蹈、创造性舞蹈等课程。在向全国普及方面，舞蹈系教师多年来数次赴广东为从事中小学创作和教育的一线老师开设讲座课程与舞蹈教师培训，教授《拉班与他的理论》与《创造性舞蹈课

图33　拉班课程

程设计与教学实施》等结合理论与实践的课程；在舞蹈系学科带头人肖向荣的带领下赴广东与福建培训教师500余人，培养内容涉及校园舞蹈编创、舞蹈教育的新视野、舞蹈教学法、中外舞蹈欣赏、拉班身体教育、创造性舞蹈课程设计、身体与动作开发等。同时，北师大舞蹈系承接国家"985"项目"跨媒介人才培养"以及北京市重点项目"中小学艺术教育课程衔接"等重大项目，在教育界产生广泛影响。

（三）国际视野和开放性平台交叉设计

艺术的交融和借鉴是艺术长期存在和发展的重要基础。中外舞蹈由于文化背景的不同，在作品表现和艺术审美方面都有着显著的差异：西方舞蹈受西方哲学影响提倡个性和思想解放，中国舞蹈则受儒释道影响讲究内敛和觉悟体验；另外，中西方的舞蹈在运动方式上的不同也造成了舞性思维的不同，这一思维差异直接影响到中西方舞蹈研究者对舞蹈理论的研究兴趣和方向。

随着我国市场经济体制不断加深和"一带一路"倡议的推进，新时代的舞蹈教育呼唤文化自信和文化交融。肖向荣教授认为，新时代舞蹈教育一方面要彰显"文化自信"，避免"拿来主义"；另一方面要避免成为"文化孤岛"，不断与外界交流创新。在传统课堂中的舞蹈教学已不能满足"完整的"舞蹈教育需求的教育新形势下，舞蹈系秉持"开放"的教育理念，坚持"引进来"、"走出去"、搭建"线上平台"相结合。

1."引进来"

国际视野是促使舞蹈系走向国际化现代化建设、促使老师形成现代化教学理念，进而促使学生形成成熟综合能力的一大催化剂。因此，北师大舞蹈系坚持"引进来"，通过在国内搭建平台，引进兄弟院校、综合性院校的优秀成果，开办大师工作坊等，实现资源的整合与利用。

图34 2017年国际创意舞蹈学术研讨会暨国际高校舞蹈展演

北师大舞蹈教育提倡以创意引领实践，举办了具有国际视野的"国际创意舞蹈研讨会"。该研讨会以北京师范大学艺术与传媒学院"从游式"的教学理念为基础，以"创意"为主题，化舞为文，文舞交融，从专业基础训练到表演均打破传统高校舞蹈教育闭门造车的传统思路，从教师到学生共同向世界各地的舞蹈专家展示舞蹈系从实践到理论、从教学到舞台的成果，为中国舞蹈教育建立起首个以开放为特点的舞蹈资源共享平台。

图35 第六届北师大ICDS国际创意舞蹈研讨会

成立至今，国际创意舞蹈研讨会始终以"舞蹈节"模式举办，保留舞蹈系"院校联合公演""国际舞蹈大师班""舞蹈学术论文发表会""舞蹈专家讲座""圆桌会议"五大板块，以容纳舞蹈艺术教育的每一个面向。舞蹈技巧是艺术演绎与艺术审美的根本，课程实践是舞蹈表演的基础。国际会议一方面关注舞蹈活动的呈现，另一方面重视舞蹈技法的交流与创新。国际会议以"技法"为核心，开设"国际舞蹈大师班"，教授现在国际正流行的各种舞蹈技法，另外还开设了以中国舞蹈文化为主的"中国舞蹈大师班"，大大促进了海外学生与国内学生的良好互动，对推动中国舞蹈文化起到了不可或缺的作用。

图 36　2017 年舞蹈系国际会议大师课。左一为叶波《中国古典舞身韵》课程；左二为张荪《现当代舞技术》课程；右一为王熙《袖舞》课程

另外，舞蹈系持续邀请国外知名艺术家、专家与会分享。这种形式看似与其他国际交流活动相差无几，但实际上是由会议来探讨综合性大学的舞蹈教育和国际接轨的问题，比如课程、大纲、人才培养的终极目标，以及舞种、编创等具体的教学问题。带着这些问题，舞蹈系 2013 年曾邀请纽约大学教育学院的亚裔美籍艺术家陈学同教授讲述中国式发明创造的特点，并与院系师生共同探讨如何培育有影响力的下一代；美国纽约布拉特学院舞蹈治疗研究生学院项目总监 Joan Wittig 曾受邀主讲"荣格理论和舞蹈动作治疗"，介绍了荣格关于主被

动想象和幻想的两种态度，强调将动作的运用看作积极想象的方法，通过写作、动作、玩耍及艺术创作等方式重新定位自我，形成积极想象的概念。2019年，舞蹈系承办亚洲国际文化艺术论坛（AICAF），国际视野的扩展、开放平台的打造让先进的文化艺术思想在北师大碰撞出激烈的火花。

2."走出去"

走出去，不仅是我们开阔眼界的钥匙，更是我们向世界展示中国形象的方式。舞蹈系长期带领学生与美国、欧洲、中国台湾等国家和地区的高校进行交流访学，促进了中华优秀文化的软性输出。2015年，舞蹈系前往南佛罗里达大学进行交流活动，与美国师生一起参加大师班排练并进行合作演出；同年，受邀加入中国舞协主席赵汝蘅、副主席冯双白、副秘书长李甲芹带领的由北京师范大学、北京舞蹈学院和中央民族大学三校组成的青少年舞蹈交流团，赴中国台湾参加"2015海峡两岸青少年舞蹈交流与展演"。2017年，舞蹈系携《忽然悟空》团队赴日本参与横滨舞蹈节；携手基督城坎特伯雷大学与 Van Huynh Company 共同参与完成作品 Under the Weight；与中国农业大学民乐团的38名大学生组成中国代表团赴希腊莱夫卡斯市参加莱夫卡斯国际民俗艺术节广场游行及专场演出等。2018年，The Wall 受邀参加第三十二届韩国国际舞蹈艺术节开幕式演出。2019年携《净》《尺素》

图37 The Wall 受邀参加第三十二届韩国国际舞蹈艺术节开幕演出

图38 《净》受邀参加第三十三届韩国国际舞蹈艺术节闭幕演出

受邀参加第三十三届韩国国际舞蹈艺术节。学术活动及展演向海外展现了我国舞蹈艺术的发展与特点，促进了海外舞蹈界对我国舞蹈艺术形式与内容的了解。

3.线上平台

除了传统的线下力量，线上平台的搭建和线上资源的扩充是舞蹈系的重大突破与鲜明特色。2018年，舞蹈系在肖向荣的策划组织下，参与中国大学MOOC（慕课）学习平台《一舞一世界——世界经典舞蹈赏析》课程。慕课以舞蹈艺术赏析为出发点，以舞蹈实践、舞蹈鉴赏、舞蹈评论为途径，涵盖中国古典舞、中国民族民间舞、芭蕾舞、现当代舞等舞种，拉近大学生与舞蹈之间的心理距离，用舞蹈的"真、善、美"为学习者搭建起一座可与舞蹈亲密接触的桥梁。

线上平台不仅有独立的课程，还有现代化教学理念的渗透，通过线上平台课程的开设，打破传统教育模式，面向更广泛的非专业学生，扩展了艺术教育的传播场域。以中国传统舞蹈艺术的赏析为出发点，帮助学生了解中国传统舞蹈的文化背景、表现方式和经久不衰的艺术魅力，以舞蹈史论学习辅助学习者进一步了解舞蹈艺术的发展脉络与表演特点。同时，引入国际先进的舞蹈艺术理论成果与实践作品，摆脱"教育孤岛"，让学生在感受中外舞蹈迥异的韵感、欣赏各舞种独特的表现风格的同时，领会中外舞蹈的文化底蕴和审美精神，增强自身对舞蹈情感和舞蹈美的真实体验。

搭建线上线下双平台，让老师的教学得到更加充分的展示、让学生在课上课下得到更加丰富的指导，让师生能第一时间学习和吸收先进因子，与国际接轨并内化于心。

并且，线上平台的搭建还在疫情时期发挥了独特的作用与优势，第一是学生适应了线上授课的教学方式，因此大大缓解了线上授课的不适感与心理压力；第二是打通国际化的线上平台，足不出户就能与

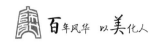

世界各地的舞蹈大师对话，在数据库的数据收集与整理的范畴，也增添了与世界交流的新媒介，促使舞蹈系师生能够更加直接、快捷、线性地吸收舞蹈相关的国际知识和国际论点，开拓国际视野。

二、名师风范

北京师范大学舞蹈系的美育传统可追溯到倡导"舞蹈来自于人民群众，应该归还于人民，让群众能享受舞蹈"的戴爱莲先生。1948年戴先生在国立北平师范学院体育系任教，舞蹈系的成立正是继承着戴先生在国立北平师范学院展开舞蹈教育事业的精神。自2000年舞蹈系成立以来，以肖向荣教授、张苏教授、叶波教授等为代表的名师作为当今中国舞蹈教育事业的中坚力量辛勤耕耘着。2014年，北京师范大学舞蹈系从戴爱莲先生的遗愿当中重新凝结中西方舞蹈文化的传播和交流，成立了中国境内唯一一家高校拉班研究中心，这是继戴爱莲先生所创立的中国拉班舞谱学术委员会之后，首次以高等院校为基地为拉班理论体系组建研究中心。

戴爱莲，著名艺术家。1948年，戴爱莲受邀到国立北平师范大学体育系教授边疆舞，又于2004年受聘为舞蹈系特聘教授，与北师大舞蹈系结下不解之缘。回溯历史，20世纪20年代初期，中国现代舞蹈艺术先驱戴爱莲先生在英国留学期间发现古典芭蕾表现力不足，无法呈现中国舞蹈的语言属性及中国舞蹈文化身份构建，适逢德国现代派舞蹈艺术家玛丽·魏格曼赴英演出，戴爱莲第一次接触到了拉班理论。1939年，她以优异成绩考入尤斯·莱德舞蹈学校，系统学习了拉班体系。1940年初，戴先生带着拉班理论回国，深入边疆及少数民族地区搜集记录民族舞蹈，并于1946年在重庆举办"边疆舞蹈大会"，首次将民族舞纳入中国现代舞蹈体系，在全国掀起了"边疆舞"热潮。对于历史的回溯，我们发现舞蹈系的发展首先离不开戴爱莲的自身学习、艺术融合、美育激发、思路开拓，其舞蹈经历与融合创新也为北师大舞蹈教育提供了先进的思路与广阔的探索天地。长期以来，北师大舞蹈系始终关注根性与创新意识，秉承戴爱莲的舞蹈教育理念，以国际化视野、开放式教育理念为发展特色，紧随时代创新，推动现代化舞蹈进程的同时，关注传统教育的纯粹与变异，开设中国拉班研究中心，继承戴爱莲先生遗志，以北京师范大学深厚的文化底蕴及多学科交叉的学术优势为依托，重新建立研究团队。

金秋，教授，博士生导师，于1996年入职北京师范大学，为全校学生讲授《舞蹈欣赏》和《舞蹈基础训练》等公选课程。1997年，在时任艺术系主任、继任院长黄会林先生支持下，金秋向学校递交了"关于建立舞蹈系"的报告，从必要性、重要性、可行性等三个方面对我校建立舞蹈专业进行了论证，报告得到了学校的批准。从1997年起，我校开始在继续教育学院招收舞蹈专业大专学生，并于2000年建立了舞蹈系，正式面向社会招收本科生，并先后于2003年、2007年，开始培养硕士研究生与博士研究生，2009年开始招收舞蹈专业博士后。经过二十余年的发展，舞蹈系已成为我国师范类高等院校舞蹈系的先锋。

肖向荣，男，教授，我国著名舞台艺术家、导演、编舞家，现为北京师范大学艺术与传媒学院院长。肖向荣从教二十余年硕果累累，桃李满天下。在教育教学工作中，始终坚持党的教育方针，确立以学生为主体，以培养学生主动发展为中心的教学思想。他重视学生的个性发展，重视激发学生的创造潜力及发散性思维，为学生提供更多的舞台实践机会，培养学生德、智、体、美、劳全面发展。肖向荣以"开放式"的现代教育理念，打破了舞种疆界，整合了创作、教育、管理、文化产业的全学科概念，高屋建瓴地提出为国家、为人民乃至为世界服务的舞蹈教育体系。他认为在人才培养中应注重培养学生的

"创意思维"，注重基于互联网的搜索能力、基于艺术史的颠覆能力、基于个性化的创新能力这三种能力的培养，通过"开放式"的教育、多元性的视角，开拓学生的思维。肖向荣还设立北京师范大学青年舞团、实验舞团，并带领学生舞团11次出访欧洲、美洲、大洋洲、亚洲等多个国家和地区，为学生提供学习及舞台实践机会。可以说，在以肖向荣跨界创意为核心的教学引导下，每年有大量的学生投入展演实践，并在国际赛事上揽获奖项，让学生切身参与整个艺术产业的全流程，使学生从象牙塔走出，打破学科传统边界，以"整体艺术"观念融合各艺术门类进行创新实践。

肖向荣在校是教书育人的名师，对国家而言又是舞台艺术大师。他多次参与我国重要活动，先后担任庆祝中华人民共和国成立60周年大型音乐舞蹈史诗《复兴之路》执行总导演、庆祝中华人民共和国成立70周年群众游行总导演、庆祝澳门回归祖国20周年文艺晚会总导演、庆祝建党100周年大会广场活动总导演，参与北京残奥会开闭幕式导演工作；还曾获"文华奖"、CCTV电视舞蹈大赛创作表演金奖等殊荣，所指导剧目《长河吟》获"文华奖"创作及表演金奖、《生死不离》获CCTV电视舞蹈大赛金奖、《失语者》获意大利罗马国际舞蹈比赛现代舞金奖、《鸽子》获韩国文化艺术协会K.A.C.I.E.A国际舞蹈大赛最佳编导奖。肖向荣在教学和艺术实践中的累累硕果得到了社会广泛肯定，先后于2016年获得北京师范大学通鼎青年教师奖、中国舞蹈教育十大年度人物创新奖，获中国中小学舞蹈教育年度创新人物；于2021年获得全国"最美教师"等荣誉称号。理论研究方面，在本领域权威期刊发表论文十余篇，文章多次在《光明日报》《中国艺术报》等报刊发表，其研究成果受到了艺术界的广泛关注与肯定；先后主持国家艺术基金项目、北京市艺术基金项目等省部级以上课题。

张荪，男，现为艺术与传媒学院舞蹈系主任，教授、硕士生导师。毕业于原解放军艺术学院，曾就职于总政歌舞团，2008年以人才引进入职北京师范大学艺术与传媒学院舞蹈系，2017年入选教育部首批全国优秀创新创业导师人才库，在校主授课程为《现当代舞技术》。曾获第八届全军文艺汇演表演一等奖、CCTV电视舞蹈大赛当代舞表演一等奖、第一届韩国首尔国际舞蹈大赛评委会主席大奖等众多国际、国内舞蹈重大奖项。根据其多年的创演经验，张荪在舞蹈系开设的课程《现当代舞技术》成为舞蹈系在舞蹈学科训练体系中较为突出且领先的本科专业实践课程。他主讲的课程《现当代舞技术》（本科课程）获北京师范大学本科教学方法改革示范课程（2018）和北京师范大学优质本科课程（2021）。

依托北京师范大学文化艺术教育的综合背景，张荪秉持"开放式"教学引导下的当代化舞蹈教育科研体系，结合当代舞蹈艺术的发展动态，不断对自身教学内容进行优化与更新，提出并实践以"教与学、学与研、研与演"为核心的教学方式与步骤。在实际教学工作中，张荪横向建立现当代舞与多学科交叉融合的知识结构，进而纵向贯通本课程形成一体化的多维度教学内容。他以探索更为广义的当代舞蹈概念为训练目的，融合现代舞、芭蕾舞、中国古典舞训练体系中的精粹为审美范式，植入并作用于一套更为实用且有效的训练方法及教学内容，形成教学内容融合文化教育与专业技术培养的人才培养理念。根据多年教学经验和思考，在创作实践中也取得了突出的成绩，创作男子独舞《戏丑》获第九届中国舞蹈"荷花奖"古典舞作品银奖和第十届"文华奖"全国舞蹈比赛创作三等奖；创作群舞《山河图》获第九届华北五省区市舞蹈大赛专业青年组创作二等奖、表演一等奖（2018）。此外，《当代舞技术教学法与训练教程》（高等教育出版社）和《现当代舞技术》的视频教材是他多年一线教学的经验总结。张荪还主持国家艺术基金青年艺术创作人才资助项目，担任舞蹈编导基础教材的重要编委等。曾发表《2012年音乐与舞蹈学年度报告》等论文，刊于《文艺争鸣》等重要艺术学科刊物。

叶波（1978年—　　　），女，教授、硕士生导师，著名青年舞蹈家，国家一级演员，曾任职于中国歌剧舞剧院，获文化部"十杰青年"称号，于2015年被北京师范大学艺术与传媒学院舞蹈系引进任教。叶波对中国古典舞及舞台表演有着深刻的造诣，主持编写了教材《中国古典舞女班身韵》，通过借鉴中国书画笔法、色彩，提炼了一套编创舞蹈动作的方法体系，此课程曾获北京师范大学"本科优质课程"；基于研究生课程，先后依大青绿山水画《千里江山图》创作群舞《山河图》，依王羲之《行穰帖》字体创作的独舞《行穰怀古》，依水墨山水画渲染方法创作独舞《靛蓝水迹》，依宋代院体花鸟绘画创作作品《玄鸟》等。其中《山河图》获得多个国内舞蹈比赛奖项，所改编舞剧受邀参加了2019年爱丁堡国际艺术节暨中华传统文化艺术节闭幕式，备受当地媒体好评。

叶波在中国舞的教学实践中，注意培养学生在东方文化方面的审美情趣，强调身韵动律和角色塑造的融会贯通，同时倡导学生对本民族与其他文化背景舞种均应持有开放的态度。通过秉承以上特色教学理念，不断拓宽学生对舞蹈艺术的理解，培养学生对舞蹈事业的热爱。该教学理念获得了广大学生的高度认可，叶波教授曾获第十届北京师范大学最受本科生欢迎的"十佳教师"奖。在注重本硕教育的同时，叶波在中国舞研究领域也取得了丰硕的成果，于《北京舞蹈学院学报》《艺术评论》等重要期刊发表论文近十篇；舞蹈表演方面，叶波教授曾获朝鲜"四月之春"国际艺术节个人表演金奖，日本神户国际舞蹈比赛一等奖，所主演的舞剧《青春祭》和《南京1937》分别获得第七届与第十届精神文明建设"五个一工程"奖；在舞蹈编创方面，作品

《水迹》与《行穰怀古》分别获得第十届和第十一届新加坡国际舞蹈节编导金奖。

三、培育英才

舞蹈系依托北京师范大学文化艺术教育的综合背景，建立了"开放式教学理念"引导下的舞蹈教育科研体系，提倡"以教师为主导，学生为主体"的引导式教学方式，注重人文素养与专业技巧培养相结合，培养具有较为全面文化修养，集表演、教育、编导、管理"四位一体"式的复合型、创新型人才，使学生具备从事舞蹈艺术实践、舞蹈演出市场管理、舞蹈教育和理论研究的知识与能力，可以在各级文化单位、大专院校以及艺术机构从事舞蹈教学、创作、研究、策划、管理等工作。在研究生培养方向与定位上，现有硕士研究方向为舞蹈基础理论、舞蹈教育基础理论、舞蹈创作研究、舞蹈表演研究、中国舞蹈研究、外国舞蹈研究、动作分析研究、舞蹈管理等；博士研究方向为舞蹈理论与批评、舞蹈教育理论研究、中国舞蹈文化研究、外国舞蹈文化研究、舞蹈创作美学研究、身体动作研究、舞蹈市场研究与品牌管理等。在毕业后，多数研究生有机会进入全国各地的高校任教，从事教职工作以及文化管理交流工作，始终在教育的一线为国家培养舞蹈人才，促进我国舞蹈教育文化事业的发展。

舞蹈系教师常年奋战在本科教学一线，积极带领本科生参与各大学术交流或实践活动。成功培养出遍及我国各地区、各领域创意人才，主要分为三个方向：一、跨界创意人才：如担任国家级重要活动主创人员，服务国家，又如进入国家院团、中国舞蹈家协会等国家级高层机构，为整体高端创意策略与管理效力。二、表演实践人才：如进入国际知名舞团"陶身体"、与"谢欣舞蹈剧场"合作的优秀青年舞者们，每年巡演于世界各地。三、教育基础人才：全国各地方高校、中

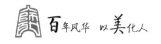

小学骨干教师均有毕业生遍及，服务于从南到北全面覆盖的舞蹈基础教育事业。下文中的二十多位优秀毕业生可谓优中选优，但也难免挂一漏万，这些优秀学子主要以其毕业后从事教育工作为主要遴选对象。优秀毕业生们激励着未来的学子们弘扬北师大励精图治的精神，在新时代为国家贡献一份自己的力量。

（一）高等院校舞蹈理论研究

舞蹈系坚持国际视野、创新思维、科学观念、深厚学养的人才培养思维，注重理论与实践相结合，并将舞蹈学科同更多的艺术学科、人文学科相融合，建立起具有深度和广度的舞蹈教育平台，为中国舞蹈力量和研究人才提供了良好的学习平台，历届优秀毕业生代表有以下几位：

莎日娜，女，博士，自2001年至2012年，从本科到博士，莎日娜在北京师范大学艺术与传媒学院舞蹈学系学习十余年，毕业后就职于北京舞蹈学院人文学院，研究领域主要聚焦于中国民族民间舞及拉班舞谱。在《中国艺术报》《北京舞蹈学院学报》《舞蹈》《艺术教育》等重要刊物发表学术论文数十篇，包括《内蒙古大召查玛仪式形态考》《非物质文化遗产舞蹈多样化传承研究——以北京市昌平区花钹大鼓为例》等论文；翻译出版了《拉班舞谱中级学习指导》，与金秋教授一同编著《湖南地区少数民族民间和汉族民间舞》，主持2019年北京市社会科学基金项目《基于拉班理论的北京市非遗舞蹈研究》。

朱敏，博士，2000年至2007年在北京师范大学艺术与传媒学院舞蹈系完成了本科和硕士学位。后在美国华盛顿大学戏剧系和舞蹈系做访问学者，2017年在澳大利亚艾迪斯·科恩大学获得表演艺术博士学位，目前就职于澳大利亚艾迪斯·科恩大学西澳表演艺术学院。朱敏目前的教学和研究横跨舞蹈和戏剧两个领域，研究方向包括中西方当代舞蹈发展、身体剧场、即兴表演。最新的研究课题包括中国太极哲学思想和运动元素在当代表演艺术创作和演员肢体训练中的创造性应用，此项研究曾获得2017年西澳表演艺术学院唯一研究奖。朱敏在国内外多家学术期刊上发表过中英文论文，还为中国小学戏剧教育教学（1～6年级）编写教材《小学戏剧教育实用教程》等。2017年朱敏受聘于北京师范大学校园戏剧研究中心特聘研究员以来，带领澳大利亚戏剧教育专家团队在全国多所北京师范大学附属中小学开展戏剧教育师资培训，介绍最新的校园戏剧教育的理念和方法。

马昱，博士，副教授，2014年毕业于北京师范大学舞蹈专业，获艺术学博士学位，2012年，赴美国纽约访学，考察高等舞蹈专业教育，2014年在西安音乐学院舞蹈系工作，现任西安音乐学院舞蹈学院副院长。在科研工作中，马昱多年来始终沿着研究方向深入挖掘中外舞蹈史论、舞蹈教育、拉班舞谱与动作分析的理论和实践，共承担11项科研课题，其中4项为省级课题，独立主持7项院级课题，在《北京舞蹈学院学报》等C刊、核心刊物共发表文章十余篇，其中论文《舞蹈节的"跨界"呈现与城市文化表达》获得陕西省教育厅颁发"2021年度陕西高等学校人文社会科学研究优秀成果奖"三等奖。同时，马昱关注舞蹈专业新课程的教改与研发，以"新文科"建设为创新点，定位"国家一流课程"，推动线上线下及慕课、微课等混合式教学，创新课程教学模式，2021年5月，主讲《外国舞蹈史》课程获评陕西省一流课程。

徐雅文，于2016年毕业于北京师范大学，获得硕士学位，目前就职于天津体育学院。徐雅文在工作岗位发挥了自己扎实的理论功底。作为主要成员参与《艺术修养》"课程思政"市级精品课建设、《艺术修养》天津市一流本科课程建设、体育科研方法市级团队建设；参与天津市普通高等学校本科教学质量与教学改革研究计划项目《我国体

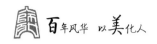

育高等院校舞蹈学本科专业创新人才培养模式的理论与实践研究》；参与天津市教委人文社会科学研究项目《体育表演项目中运动员音乐素养构建研究及启示》；参与天津体育学院教育教学课题《天津体育学院教研室建设及评估研究》；参与天津市哲学社会科学规划资助项目《"新时代背景下"公共体育服务深化研究——天津市社区体育艺术文化特色发展模式研究》；参与天津市高等学校人文社会科学研究项目《高校美育教育中艺术通识课程改革研究》等。

（二）高等院校舞蹈创作表演人才

自建系以来，舞蹈系积极为学生创造条件，定期邀请国内外创作表演专家授课教学，启发学生的创造性思维，鼓励学生走向国际舞台，与多名世界级艺术家合作。培养出的优秀毕业生进入全国各个高校，为高校舞蹈创作和表演教育贡献一份力量。

闫贝妮，2007年至今在北京师范大学学习和工作。2016年，研究生毕业的她正式进入北京师范大学工作，参与实验与教学中心的工作；2020年在学院戏剧与影视专业攻读博士研究生学位。与北京师范大学相守的15年以来，闫贝妮从表演创作到教学都积累了丰厚的经验。创作的作品《风影》获得2021年韩国IAKT国际舞蹈大赛成人组特等奖；作品 In and Out 获得2019年韩国文化教育联合会长官奖国际舞蹈大赛特等奖、最佳编导奖；作品《触》获得2017年韩国文化教育联合会长官奖国际舞蹈大赛特等奖；创作作品《原点》获2017年中韩文化艺术交流展表演金奖、最佳编导奖等。闫贝妮还参与一些大型活动的创作实践，如北京国际电影节第26届北京大学生电影节闭幕式颁奖典礼执行总导演；面向未来的亚洲艺术——2019亚洲国际文化艺术论坛开幕展演执行总导演；北京留学生之夜大型系列文艺演出总导演；金砖国家大学校长论坛展演执行导演等。

赫蒙娜，2010年本科毕业于北京师范大学，2014年于北京师范大学获得硕士学位，目前就职于沈阳师范大学。作为辽宁芭蕾舞团附属舞蹈学校的专业学生，进入北京师范大学使赫蒙娜更加多元发展。毕业后，她在工作中聚焦于舞蹈教育领域，担纲学校科研的重任，主持2021年教育部高教司产学协同育人项目《美育视野下艺术教育核心素养课程的体系构建与实施路径研究》以及2020年"双万计划"省级一流课程，担任线上金课《舞蹈鉴赏》项目主持人。同时将实践作为理论的支撑，创作的群舞《雨林溪畔》获第六届华北五省区市舞蹈比赛专业青年组"创作三等奖""表演三等奖"；作为导演组成员，执导由海淀区教委主办的北京市学生金帆艺术团建团25周年晚会、第十四届北京市大学生艺术展演、大型舞台秀《太极图》全球首演、北京市留学生之夜晚会等。

王继子，北京师范大学艺术与传媒学院2014级硕士，现为遵义师范学院副教授、舞蹈专业负责人、舞蹈教研室主任。曾获"多彩贵州舞蹈比赛"先进个人，曾参与"北京雷动天下现代舞团"舞评坊和"北京舞蹈双周"撰稿。参加过第五届"荷花奖"，第八届"桃李杯"，第七届全国舞蹈比赛，以及第一、二届"多彩贵州"舞蹈比赛，第四届北京舞蹈学院"舞研杯"舞蹈比赛，2016年"北京现代舞双周青年舞展"等。其论文《九言〈长征·九死一生〉》《舞台材料的多寡与其能量强弱之关系思辨》等发表于舞蹈类核心期刊《舞蹈》；《当代红色舞蹈创作的实践路径探究》发表于《解放军艺术学院学报》；《红色舞蹈的当代价值探究》发表于遵义师范学院院报，共计发表学术论文三十余篇。曾主持三项省级课题和多项校级课题，参与国家社科基金项目和教育部项目各一项。

沈盈盈，2017年毕业于北京师范大学，目前就职于星海音乐学院，创作作品获国内外诸多奖项。2018年创作作品《矛盾体》获香港紫荆杯国际舞蹈大赛最佳编舞奖；2017年进入"培青计划"训练营，与加拿大、葡萄牙编舞家合作创作；同年舞蹈影像《沈盈盈》入选"培青计划——中国舞者映像系列"，并入选美国旧金山舞蹈影像节；2016年8月，作品《虚数》获第13届首尔国际舞蹈大赛现代舞女子青年组三等奖；2018年10月，作品《边缘形态》参加第五届中国舞蹈家协会"青年舞蹈人才培育计划"，于北京天桥艺术中心首演；2020年，作品《边缘形态》与《躁动》同时入围第六届墨西哥城国际现代舞艺术节。

李雯婷，2013年毕业于北京师范大学，目前就职于广东技术师范大学音乐学院舞蹈系。分别于2013、2014、2015学年连续三年获得优秀课堂教学质量奖，于2016年与2021年被评为优秀班主任。参与过院级课题项目《大众芭蕾初探》、省级课题项目《中国民族民间舞素材的现代性编创》、省级项目《美育浸润行动计划》。指导学生参加第八届澳门国际艺术公开赛—舞蹈大赛，获广州赛区金奖。

徐驰，2009年毕业于北京师范大学，获得学士学位，之后就职于湖南师范大学，进入大学工作后继续发挥其编创方向的所长，创作出诸多优秀的作品。大学期间，其作品《远去的山谷》于2007年获北京市大学生艺术展演表演一等奖；作品《云水之间》于2009年获第九届"桃李杯"舞蹈比赛园丁奖；作品《望乡》获2019年国家艺术基金青年创作人才资助，同年，作品《女书·吟》获国家艺术基金小型舞台创作资助，该部作品还于2021年获教育部全国大学生艺术展演二等奖。

田超，2006年进入北京师范大学本科学习，毕业后就职于天津传媒学院。曾于2009年获第九届"桃李杯"舞蹈比赛古典舞表演三等奖；2010年第七届韩国"首尔国际舞蹈比赛"中，其当代舞作品《绘梦人》进入决赛；2013年在"荷花杯"全国舞剧比赛表演作品

《延安记忆》中饰演"白毛女"一角，并获得银奖；获中宣部第十二届精神文明建设"五个一工程奖"；于2020年天津市教育委员会举办的天津市学校文艺展演获大学组二等奖、剧目辅导教师奖等。

吴婷，于2017年在北京师范大学取得硕士学位，目前就职于江西艺术职业学院舞蹈系。其作品《映山红》获第十届"桃李杯"舞蹈比赛群舞组剧目二等奖；2019年创作的群舞《追傩》获第十二届"桃李杯"舞蹈教育教学成果展演优秀奖；获第十届"桃李杯"优秀园丁奖；2014年、2017年获全国职业技能大赛艺术类（中国舞）比赛1个一等奖，3个二等奖，并获教育部颁发优秀指导老师奖；2016年编导的独舞《归来》获2016年华东地区舞蹈比赛编导三等奖。

蔡娜，2017于北京师范大学取得学士学位，目前就职于西安欧亚学院。曾获第十四届罗马国际舞蹈比赛铜奖（2015）；第十一届首尔国际舞蹈比赛青年组女子金奖（2014）；第九届荷花奖当代舞、现代舞组别铜奖（2014）；海峡两岸青少年舞蹈交流与展演优秀表演奖（2014、2015）；2013年，在国家大剧院的"舞蹈十二天——《春之祭·离骚》"演出中任主要演员。2011年，在第三十九届香港艺术节北京当代芭蕾舞团王媛媛作品《莲》任主要演员。

（三）中小学一线教师

舞蹈系的毕业生们拥有综合的学术能力、高水平的专业技能，其中有一部分优秀毕业生扎根中小学的一线岗位，时刻响应国家的美育政策，为青少年的美育教育尽一份自己的力量。

王冰，2008年毕业后入职北大附中，现任北大附中校长助理、树人学院院长兼艺术中心主任，海淀区舞蹈学科带头人，中学高级教师。在舞蹈教学实践方面，曾多次指导北大附中舞蹈团获得北京市中小学艺术节群舞比赛一等奖。立足于课堂教学，曾在海淀区"风采杯"教学基本功比赛中教学设计、说课答辩、综合评比均获得一等奖；曾参与教育科学出版社出版的《中学舞蹈艺术教程》《小学舞蹈艺术教程》，其中提交的单元教学实录等多节课程资料，已被全国中小学继续教育网录用。在跨领域方面，担任学校艺术中心主任期间，全面主持学校艺术课程、活动和社团的改革发展，其承担的"以北大附中舞蹈节为例的中学艺术课程群模式"在2018年度北京市基础教育成果优秀评选中荣获市级三等奖和区级一等奖。曾担任北京市教育科学"十三五"规划课题《中学艺术教育"课程群"模式的探究与实践》课题组负责人，该课题的研究成果已经在《艺术教育》《中国教师》等核心期刊公开发表。此外曾荣获海淀区优秀教师、海淀区育人先进个人、海淀区艺术教育工作"艺术之星"、海淀区青年教师岗位能手、北京大学优秀教师、北京大学优秀共产党员、北大附中突出贡献奖等荣誉。

陈苏君，2004年和2010年分别于北京师范大学艺术与传媒学院舞蹈系取得学士学位和硕士学位，现就职于北京师大二附中。自2011年以来主持北京市"十三五"规划课题《武舞立德课程的构建与实施》；主持西城区双新专项委托课题《基于深度学习的高中舞蹈教学实践研究》；参与北京市"十三五"规划课题《青少年校外活动培育社会主义核心价值观的实践研究》；参与北京市教委委托课题《北京市中小学艺术课程衔接研究与实践》；参与教育部人文社科研究专项委托课题《素质教育与舞蹈美育研究》的研究和课程实践等工作。原创和指导的校舞蹈团作品先后16次获得国家级、省部级金奖和一等奖的好成绩，赢得"最佳编导""优秀指导教师"的称号，积累了宝贵的创作实践经验。

张南捷，2013年毕业于北京师范大学，在北京市景山学校工作至今。现为东城区骨干教师，担任学校舞蹈教师、校工会委员、科技与艺术党支部委员、课外艺术辅导员。在北京师范大学舞蹈系学习的经历，不仅使张南捷拓展了思维，并且对于如何写好教案她也有了深刻认知。舞蹈系所提供的诸多实践平台，让理论与实践高度融合，使她在工作岗位取得了优秀的成绩。张南捷于2018年获北京市中小学美育改革创新优秀案例一等奖；2018年在东城区中小学舞蹈教学研讨会中，其课例《数学与舞蹈的碰撞》作为优秀课例展示；2018年第五届"荷花少年"全国舞蹈展演指导作品《寂静之声》获金奖；2019年第二届"一带一路"国际合作高峰论坛文艺演出中，指导作品《刀马旦》参与演出交流。

齐汉，2018年毕业于北京师范大学舞蹈系，获得硕士学位，现任深圳市龙华区第二实验学校体艺处主要负责人。中国舞蹈家协会会员，深圳市舞蹈家协会会员，龙华区舞蹈家协会常务理事，第三届深圳舞蹈英才计划委约编导，龙华区骨干教师培养对象，龙华区首批中小学艺术音乐教研工作室主持人，龙华区教师舞蹈团负责人。研究生期间曾多次参与国家大型创作演出工作，曾任庆祝中国共产党成立100周年文艺演出大型情景史诗《伟大征程》导演组编导，参与创作《党旗在我心中》《行进的火炬》两个舞蹈作品（为第三篇章节目）；二十国集团（G20）杭州峰会大型文艺演出《最忆是杭州》室内导演组主创人员；2019年央视春晚深圳分会场暨深圳春节联欢晚会《拥抱春天》编导组主创（获"先进个人"称号）；张艺谋全新观念演出《对话·寓言2047》编舞兼舞者；《赛末点》获2020年韩国文化艺术教育总联合会长官奖国际舞蹈大赛金奖、最佳编导奖，入围第四届国际芭蕾舞暨编舞比赛。2021年为"深圳十大杰出青年"候选人。

张琦，2015年毕业于北京师范大学舞蹈系，获得硕士学位，目前就职于北京市海淀区红英小学，担任德育主任一职。张琦在其工作岗位中表现突出，取得了诸多成绩：2017年，《情感智力理论在儿童舞蹈教育课堂中的应用研究》荣获北京市教育科学院论文一等奖；2019年，参与教育部课程教材发展中心"深度学习"教学改进项目，承担

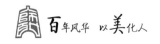

教学案例研发；2019年被聘为全国教育科学"十三五"规划2019年度教育部重点课题"面向'教育现代化2035'中小学体育与健康课程开发研究（DLA190424）"韵舞专项课研究组成员；2019年在海淀区北部地区青年教师课堂教学设计与教学展示活动中，教学设计《猫和老鼠》荣获一等奖；2021年荣获海淀区优秀大队辅导员。

王婷，2010年至2017年在北京师范大学度过了本科和研究生的学习生活，本科毕业后以全班第一的成绩获得唯一硕士保送资格。目前就职于北京市西城区师范学校附属小学，西城区骨干教师。曾担任改革开放四十周年文艺晚会、G20峰会文艺晚会、第五届中国诗歌节、北京市金帆艺术团三十周年庆典等大型文艺活动编导。为《伟大征程》建党百年文艺演出创作《港澳回归》《跨越》两部作品；为《我们的四十年》改革开放四十周年文艺演出创作作品《希望的田野》《走进新时代》；其原创作品《击水三千》获得北京市中小学学生艺术节舞蹈展演金奖。

颜奋，于2011年进入北师大舞蹈系本科学习，目前就职于琼海市第一小学。2021年7月受邀参加建党百年大型文艺史诗《伟大征程》的活动演出；2021年在琼海市第37个教师节教育系统个人先进评选中获琼海市"最突出贡献"奖；2020年被选为琼海市舞蹈家协会理事；2020年7月在海南省首届美育名师工作室建设中被评为"优秀骨干教师"；2015年10月在海南省第八届中小学生艺术展演活动中荣获小学组舞蹈"一等奖"及"优秀指导教师"奖。

（四）跨界优秀表演人才

尹昉，于2002年进入北京师范大学，四年后取得了舞蹈学、文学与管理学双学士学位；2008年，尹昉加入北京当代芭蕾舞团，开始职业舞者生涯。2013年，凭借其创作作品《褪》入围第二十七届德国汉诺威国际编舞大赛。2014年10月，主演电影《蓝色骨头》，开启了荧幕表演的生涯。2015年，尹昉入选中国舞蹈家协会"青年舞蹈人才培育计划"，并创作舞剧《斗拱》。2016年4月，客串出演剧情片《火锅英雄》。2017年5月，其主演的电影《路过未来》入围第七十届戛纳国际电影节"一种关注"单元。2018年2月，参演的《红海行动》公映；同年，凭借出演电影《路过未来》中李新民一角获得第二十一届上海国际电影节最受传媒关注新人男演员奖。近年来参演了《飞驰人生》《第一炉香》《一点就到家》等多部影视作品，广受大众喜爱。

四、课程体系

多元发展，先固其根。在专业性上，舞蹈系依托北京师范大学文理科综合专业能力，在舞蹈学基础理论、表演理论、创作理论、舞蹈记录学及舞蹈形态学等理论基础方面开展了大量研究，并将当代舞蹈学前沿学术成果及学科发展动态融入教材建设，编纂了国内最有影响力的综合大学优秀舞蹈教材，已出版的教材有《舞蹈》（上、下册）、《舞蹈——气质与形体的塑造》、《古丝绸之路乐舞文化交流史》、《舞蹈欣赏》、《考前舞蹈基础》、《外国舞蹈文化史略》、《中国区域性少数民族民俗舞蹈》、《舞蹈创作法》、《舞蹈编导学》、《现当代舞技术》等。在课程设置方面，北师大舞蹈系坚持引导学生全面发展，在课程设置中积极整合全校资源，坚持加强创作和实践课程的建设，对各类艺术课程教学进行了充分调研。结合美国哥伦比亚大学、纽约大学、南加州大学、里海大学、威廉玛丽大学、威斯康星大学、俄克拉荷马大学，德国杜塞尔多夫美院、慕尼黑音乐学院，英国约克大学，法国巴黎美院，俄罗斯列宾美院、俄罗斯师范大学等与我校联系紧密的国外院校的教育经验，舞蹈系设计了科学合理的艺术拔尖人才培养改革方案。新课程体系强调综合技能、基础理论、舞蹈教学方法与研究方法的培养，围绕核心课程进行横向沟通及纵向整合，分为公共基础知识模块（如英语、政治、计算机等）、专业基础知识模块（如古典舞、民族舞、芭蕾舞、现代舞、舞蹈史论等）、专业课程模块（如舞蹈创作、舞蹈表演、舞蹈教学法、学科教学理论等）以及实践与科研训练模块（包括演出、社会调研、学术研讨、科研项目参与等），着重强调模块间的内在联系，解决了专业教育与文化教育发展比例均衡的问题。

北师大舞蹈系本科生课程主要由通识教育课程、学科基础课程、专业选修课程、自由选修和实践与创新五个部分组成，充分涵盖中国和西方的舞蹈理论与专业性训练课程，其中中国课程体系涵盖了艺术概论、舞蹈学概论、中国近现代当代舞蹈发展史、中国古典舞、中国民族民间舞、戏曲舞蹈表演理论与实践、综合民族民间舞、中国传统民族民间舞、中国传统文化与舞蹈等；西方课程体系涵盖外国舞蹈艺术史、芭蕾舞教学法、芭蕾基训、外国性格舞蹈、欧洲历史生活舞等。舞蹈系坚持以北师大舞蹈教育特色课程的"动作分析""教学原理""编创""即兴"为核心，以新时代舞蹈教育人才培养为目标，从而建立起具有多维度融合的舞蹈教育课程体系。

在培养教育、编导、表演、管理"四位一体"式的复合型人才方面，课程也极具针对性。在教育方面，主要课程有舞蹈人体动态素描、当代艺术与大众文化、舞蹈形态学、艺术心理学、舞蹈学专家讲座、舞蹈治疗、舞蹈教学法、舞蹈教学方法与实践、拉班动作分析、舞蹈音乐分析、中外舞蹈思想教程等；在编导方面，主要课程有舞蹈艺术创作理论、舞蹈小品创作法、群舞创作法、小舞剧创作法、多媒体舞蹈、毕业创作等；在表演方面，主要课程有现当代舞技术、舞蹈技术技巧、舞蹈经典作品实践、戏曲舞蹈表演理论与实践、即兴舞等；在管理方面，主要有艺术管理概论、舞蹈艺术管理学、剧场实践等。

在研究生培养工作中，舞蹈系始终坚持"多元认知，经典传承，

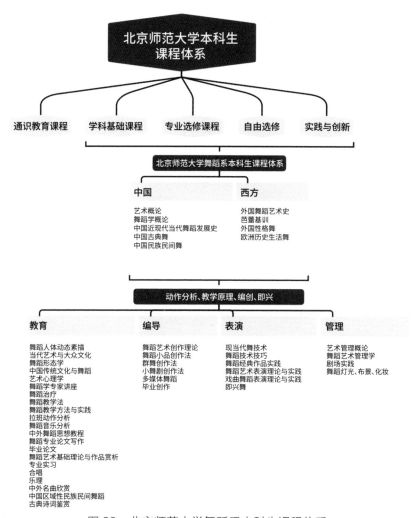

图 39　北京师范大学舞蹈系本科生课程体系

面向世界"的原则，在课程设置方面，主要由学位基础课、学位专业课以及专业选修课三部分组成。其中，学位基础课包括艺术学专题、艺术研究方法论、世界舞蹈史论以及舞蹈美学等课程。学位专业课包括中国区域性少数民族民俗舞蹈研究、舞蹈创作理论研究、舞蹈艺术市场管理研究以及舞蹈考古学等课程。在专业选修课方面，主要开设了舞蹈技术研究、舞蹈音乐研究、舞蹈心理研究、舞蹈教育研究以及

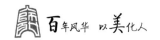

舞蹈实验等课程。研究生在读期间所设置的课程，一方面的要求在于开阔学生的眼界，将本专业的知识同更多的艺术学科相融合以满足自身的发展；另一方面的要求在于适应社会多变的人才需求，将研究生期间所学的知识能更好地同社会发展相联系，缩短由学生身份向教师身份转变过渡的时间，以更快地适应教师身份，投身舞蹈教育工作。

武　萌　艺术与传媒学院舞蹈系讲师

梁丹玉　艺术与传媒学院舞蹈系讲师

第六章

建校以来的戏剧教育

北京师范大学是中国现代戏剧艺术教育的先驱与摇篮，拥有深厚的历史积淀，培养了许多优秀的戏剧艺术家与戏剧教育工作者。1992年，依托百年师大雄厚的人文传统底蕴和艺术教育的扎实根基，北京师范大学创建了戏剧影视教育专业，历经三十年的发展，以戏剧影视创意教学为基础，以创新能力培养为重点，以美育铸魂为核心，以人才输送和原创作品孵化为目标，建立了理论与实践相融合、专业技术性与通识美育性相融通的复合型人才培养机制，戏剧教育事业结下累累硕果。在戏剧美育的平台建设上，北师大艺术与传媒学院获批为教育部中华优秀传统文化中国话剧传承基地，并建立了校园戏剧研究中心等机构。教学体系的设置中，在专业课、通识课、慕课"三位一体"的层次化课程设置之外，扶持以北国剧社为代表的重点社团，给予青年作者自由的创作空间和宽广的展示平台。北京师范大学在戏剧教育领域连续保持国内领先地位，成为戏剧与影视学获评教育部"双一流"建设学科和A+学科（第四轮学科评估）的重要基石。

十年树木，百年树人，百年师范的优秀学风非一日成就，成绩斐然的戏剧果实非一日结得，春华秋实回望历史，师大戏剧美育的萌芽与现代中国的启蒙与觉醒紧紧相连。中国现代文学史上最重要的文学家、思想家、革命家——鲁迅先生（1881—1936），1920年至1926年间在今日北师大的前身（北京高等师范学校、北京女子高等师范学校、北京师范大学、北京女子师范大学）任教，向学生传播启发民智、开

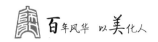

启新知的思想。在观看北师大学生公演的戏剧《娜拉》后（该剧根据易卜生《玩偶之家》改编，主题为控诉女性在家庭、婚姻中的不平等地位，呼吁妇女解放），鲁迅先生写下了著名的《娜拉走后怎样》（1923）的评论，成为开启现代中国妇女解放的最强音。

革命先辈李大钊先生（1889—1927），是伟大的马克思主义先行者，中国共产党的主要创始人，早期共产主义运动的核心领导者，中国共产主义理论宣传和思想引介的先驱，杰出的无产阶级文学家、思想家、革命家、教育家。在北师大任教期间，李大钊先生积极传播马克思主义思想，开展早期建党活动，是北师大党组织的缔造者。为了深入传播革命理想，李大钊先生带领学生排演具有先进思想的戏剧，教育青年，启蒙大众，引发社会积极讨论。此外，戏剧家、文学家熊佛西、李健吾等人都和北师大的戏剧美育有深广的联系。

图 40　1932 年 11 月，鲁迅在北京师范大学学生面前发表演讲

新中国成立后，现代戏剧和电影的重要奠基人之一洪深，北京人民艺术剧院总导演、著名戏剧家焦菊隐都曾在北师大任教，积极参与建设北师大美育事业；20世纪50年代院系调整时期，从北师大走出去的老师和分出去的专业力量，成为新中国成立初期北京许多高校美育发展的源头骨干；20世纪90年代，黄会林先生从师大中文系离任，着力建设北师大艺术系，带领北师大青年教师成立新时期第一个高校学生剧团——北国剧社，该剧社成为聚集社会戏剧美育资源与推广戏剧教育的重要机构，涌现出许多杰出的戏剧教育工作者和戏剧艺术家；当下，北师大的戏剧教育以北国剧社为平台、以优秀的师资教育梯队为引擎，正积聚与散发着越来越大的能量。

一、专业教育特色

作为中国戏剧教育的摇篮之一，北师大恪守培根铸魂的教育使命，坚持立德树人的精神导向，围绕"美育发展教育、专业艺术教育、审美通识教育与实践反哺教育"四个维度发展戏剧教育事业，以"传道、授业、解惑"为己任，深耕理论创新与创作实践，实时关注行业动态，将戏剧作为美育教育的重要方面。当前，戏剧发展不充分、专业教育与审美通识教育割裂等问题成为我国高校艺术教育的普遍性问题。在教育部切实加强新时代高校美育工作的政策引领下，面对日渐突出的教学困境，北师大戏剧学科开启了新的尝试，突破文、理、艺发展不均衡的现实掣肘，构建兼及美育浸润和专业人才培养的戏剧影视创意教育模式。

在戏剧美育素养培养上，北师大坚守"以美育人、以美铸魂"的发展路线，将戏剧育美、戏剧育心作为长远目标，培养创新型戏剧专才，铺设个性化发展路线，开辟学术研究、专业创作、管理实践等专才培养路径，建立理论与实践融合、专业与通识并举的复合教育体系。

在专业技能教学上，北师大戏剧教育秉持"理论+实践，一体两翼"的核心理念，打造"理论滋养—实践操练—行业孵化—教育反哺"的全环节教学生态，由传统剧作教学的中心焦点向剧作评论、剧本竞赛、话剧排演、人才扶持、戏剧疗愈等多元维度延伸。借力师大综合性大学的多元资源和平台优势，发挥校园戏剧的传统和组织机构优势，积极对接、整合业界头部资源，搭建促进青年剧作走向艺术、社会、产业价值共赢的戏剧平台；建立与戏剧教学相配套的学院审美体系，完善相关机制，发挥成熟平台对理论教学、人才熏陶、实践孵化的基地作用，对创意人才发展给予支撑；大力吸收优秀青年戏剧人才反哺校园戏剧平台建设，实现理论教学与行业实践的良性互动，推进可持续、先锋性的发展，进而形成从创意理论滋养、剧作实战操练到行业项目孵化的全环节、立体式教育培养体系。

第一，巩固提高课程教学模式。借助综合性高校的公共教育优势，完善全方位覆盖的基础美育资源配置，分别在专业技能训练、理论素养积累和核心价值传承等多个方面进行课程设计，种下艺术之种，挖掘可塑之才。师大建立贯通本硕的、以全人教育为核心的戏剧美育课程群落。专业课、通识课、慕课"三位一体"，实现层次化、分众化、个性化的课程设置。在戏剧专业学科空间内，注重专精性，兼顾学术型与创作型人才的不同需求，艺术与传媒学院开设《世界文化史》《戏剧史与经典作品读解》《经典影视戏剧作品分析》《剧本创意与写作》等层次化多元课程模块，文学院开设《中国现代戏剧研读》《戏剧欣赏与评论》《莎士比亚戏剧导读》等课程，外国语言文学学院开设《英美戏剧赏析与实践》。此外，持续开发面向全国高校大学生的戏剧影视鉴赏慕课，邀请戏剧界著名创作人士加盟师资。在社会和赛博空间内，关注文化性与落地性，传承主流核心价值，高度重视中国故事的美学体系建构，注重新时代下优秀传统文化的发展创新，在教学中建立起以全人教育为核心的戏剧美育课程体系，自觉承担"讲述中国故事""弘扬中华美学精神"的文化使命。

第二，持续推进人才行业孵化。通过基地建设、业界对接和人才激励三种途径，在引导学生感知戏剧之美的同时，提供丰富且多元的实践机会，让戏剧教育不仅停留在课堂，还能延伸至行业和公共领域。师大充分利用资源，开展剧本大赛、话剧排演、剧场新力量（青年导演）孵化、原创话剧工作坊等深具影响力的活动。对接业界权威资源，联合央华戏剧等尖端力量开展深度合作，搭建从前期理论到后期实践的全线式辅导链条，形成创意先导、艺术灌溉与人才输出相补充的良性生态；遴选优秀学生作品展开影视化投拍、商业巡演、基金资助，促进美育培养与行业需求的双向交流，形成更开放专业的教育实践布局。围绕培养戏剧创作人才的核心要旨，建立优秀原创剧作与杰出人才的奖励扶持机制，扶持一批剧作青年人才走向市场与行业前沿，为学生原创力赋能。

第三，深度培养专业实践能力。加强校园剧社的示范引领作用，开展教育部中华优秀传统文化中国话剧传承基地等项目，形成充满活力的原创戏剧生态环境，为人才能量的激活提供充分保障。北京师范大学艺术与传媒学院创始人黄会林先生创立的北国剧社是新时期第一个高校学生剧团，也是首个被写入中国戏剧史的当代学生剧社。学院长期扶持以北国剧社为中心的学生戏剧演练，在充分尊重并肯定青年创作的前提下，从理论教学、物资硬件、美学引导等方面给予支持，助推优秀作品和杰出人才走向戏剧节展演、竞赛及商业孵化项目。以学生社团为中心，向外延展各类戏剧工作坊、校际联合排演活动、戏剧艺术疗愈等专业实践，带动戏剧文化与青年创作进一步深度融合。同时，重视、保护原创，给予青年作者自由的创作空间、宽广的展示平台、全方位的条件支持，积极肯定并调动创作热情。围绕青年原创剧作，打造全面、丰富的创作成果，力争获得国家艺术基金、教育部优秀成果、各大戏剧节展大奖等重量级奖项，持续创造优质戏剧校园展演生态，确保每一部学生原创戏剧都能走向舞台、抵达观众。

第四，民族传统文化价值传承。北师大戏剧教育高度重视具有中国特色的美学体系构建，注重新时代下优秀传统文化的发展创新，着力培养学生文化自信下的创造力与审美力，在教学和创作中，自觉承担"讲述中国故事""弘扬中华美学精神"的文化使命与创作目标，贯彻落实习近平总书记强调的"传播当代中国价值观念、体现中华文化精神、反映中国人审美追求"的创作要旨，弘扬民族文化与社会主义核心价值，增强戏剧创作的民族凝聚力与时代感召力，推出思想性、艺术性、观赏性有机统一的优秀作品；长期致力于丰富和创新本民族优秀文化传统，推出《新茶馆》《兰若寺》《往事歌谣》《护国胡同》等一批带有北师大文化印记、立足经典传承与创新的优秀剧目，将时代精神汇入经典名作，将民族精神烙印于核心主题，将非遗文化融入美学创意，以优质剧目的传播和影响，提升民族凝聚力与时代感召力。

二、名师风范

正如黄会林先生所言："中国话剧之滥觞，始于校园戏剧之中"[1]，师大的百年戏剧美育历程见证和参与了现代中国话剧的萌芽、发展、崛起与兴盛，也铭刻了一个多世纪以来许多现代文化中国的巨人身影。

焦菊隐（1905—1975），戏剧家和翻译家，北京人民艺术剧院的创建人和奠基人，从青年时代就从事进步的戏剧活动。1924年，焦菊

---

[1] 黄会林、邵武：《校园戏剧与中国话剧的不解之缘——纪念中国话剧九十周年感言》，《黄会林绍武文集·戏剧研究卷》，北京师范大学出版社2009年版，第310页。

隐被保送进入燕京大学，与当时正在美国学习戏剧的熊佛西通信讨论戏剧观念，并开始翻译国外的优秀剧作。1928年，在毕业前夕，焦菊隐和熊佛西组织了多幕话剧《蟋蟀》（熊佛西编剧）的演出，因讽刺军阀尸位素餐被通缉。1931年参加筹办北平戏曲专科学校，担任第一届校长，在校期间致力于中国戏曲研究及教学改革，为京剧界培养了一大批有卓越成就的表演艺术家。1935年至1938年留学法国，曾获巴黎大学文学博士学位，1938年回到祖国，从事戏剧教学和导演工作。1935年秋，焦菊隐赴法国留学，广泛接触西方的文学艺术，观摩欧洲各种戏剧流派演出。1942年初在国立戏剧专科学校任话剧科教授兼主任，在国内第一个把莎士比亚名著《哈姆雷特》搬上舞台。1947年底，他创办了北平艺术馆，导演了话剧《上海屋檐下》（夏衍编剧）、京剧《桃花扇》（欧阳予倩编剧）。1950年为北京人民艺术剧院导演老舍的话剧《龙须沟》，以完美的舞台艺术形象、鲜明的人物性格、浓郁的生活气息和地方色彩，展示出"京派"现实主义舞台艺术的魅力。1952年6月，北京人民艺术剧院改组成为专业话剧院，焦菊隐任第一副院长兼总导演和艺术委员会主任；1956年之后，他先后导演了《虎符》《智取威虎山》《蔡文姬》《三块钱国币》《星火燎原》《胆剑篇》《武则天》《关汉卿》等名剧。在这些剧目的排演中，焦菊隐把斯坦尼斯拉夫斯基体系的思想与中国戏曲艺术的美学原则融汇于自己的导演创造之中，逐步形成了自己的导演学派。焦菊隐强调以导演为核心的共同创造思想，主张演出集体必须在深入生活的基础上对剧本进行"二度创造"，表演创作中不能忽视"心象"孕育过程，并以深入开掘和鲜明体现人物性格形象为创作目标。焦菊隐重视话剧民族化理论，通过将传统诗学和戏曲美学融入现代话剧理论，提出了话剧民族化的若干美学原则，如欣赏者与创造者共同创造，由形似而达到神似，以少胜多，以动带静等等，创立话剧的"现代的民族形式"。

焦菊隐先生在北师大留下了重要的足迹。抗日战争结束后，国立西北师范学院回到北平，后接收为北京师范大学，复校复大，改称北平师范大学。1946年，焦菊隐来到北平师范大学任教，任英语系教授，后兼任英语系主任。焦菊隐先生深受学生欢迎，他不仅知识渊博，讲课生动，还坚持支持学生的民主爱国运动。1948年，北师大发生特务打砸外语系的"四九血案"，焦先生不顾个人安危，走在游行队伍前列抗议当局逮捕学生，表现了大无畏的革命精神，直到新中国成立后的院系调整，焦菊隐先生一直在北师大任教。

新中国成立后的北师大吸引了更多戏剧大家前来传道授业，戏剧专业建设因此得以丰富和壮大。洪深（1894—1955），字浅哉，号伯骏，剧作家、导演艺术家和文艺理论家，中国电影、话剧的开拓者，抗战文艺先锋战士，是现代戏剧和电影的重要奠基人。1919年考入哈佛大学戏剧训练班，成为中国第一个专习戏剧的留学生，1930年加入中国左翼作家联盟，以光明剧社名义加入左翼剧团联盟，一生创作与翻译话剧剧本五十五部，导演《少奶奶的扇子》《李秀成之死》《法西斯细菌》《草莽英雄》《鸡鸣早看天》等大小剧目四十多个，导演手法多样，富于创造性，为中国的话剧事业做出了重大贡献，代表作为《农村三部曲》（《五奎桥》《香稻米》《青龙潭》）。他还著有大量理论批评著作，介绍西方话剧知识的理论著作有《电影戏剧表演术》《电影戏剧的编剧方法》《戏剧导演的初步知识》等，内容包括编剧理论、导演、表演、发声学、朗诵学、灯光布景、舞台美术、世界戏剧史、中国话剧运动史以及剧作评论等各个领域，不仅提供了大量有价值的资料，而且包蕴着作者的真知灼见，是我国现代戏剧理论的重要组成部分。洪深是集编剧、导演、表演于一身的影剧界罕见的全才，同时又具有民族主义气节和独立艺术主张，他强调戏剧为人民，表现时代精神，提倡现实主义创作原则，并能从中国社会生活和民族心理习惯出发，从戏剧创作实践出发，不断发展和充实自己的理论论述。1950年至1952年，洪深担任北师大戏剧系主任。作为时任文化部对外文化事务联络局副局长，以他为代表的一批艺术名家进驻北师大，不仅提高了彼时北师大在京城艺术教育和文化活动中的地位，也促进了校内艺术学科的调整与分化。

1949年，音乐系扩大为音乐戏剧系，内分音乐、戏剧两个专业。1950年，在时任音乐系主任贺绿汀[①]的建议下，音乐系和戏剧系合并，成立音乐戏剧系。教学内容改革方面，1950年9月聘请苏联专家来校工作，介绍苏联教育理论和教育经验，1951年各系开始拟定课程设置计划，重点建设七个教学研究室，作为教学和科学研究的基本组织。1952年院系调整后，音乐戏剧系之戏剧专业并入了人民艺术剧院，图画专业和音乐系都从师大分出，在这两个系的基础上另建北京艺术师范学院（后改为北京艺术学院）[②]。显而易见，以戏剧学科为代表的北师大艺术学科对中国高等艺术教育和社会艺术教育的贡献巨大，北师大艺术学科是北京人民艺术剧院、中国音乐学院等重要艺术院团和高校发展的思想奠基与人才宝库。

绍武先生于1933年生于山西左权，1940年随母参加八路军129师，1948年在太原前线正式入伍，1952年入北京师范大学附中，1955年保送至北京师范大学中文系，1958年提前毕业留校，先后在政教系、经济系、艺术系、艺术与传媒学院任教。出版有《黄会林绍武文集（戏剧

---

① 贺绿汀（1903—1999），原名贺安卿，又名贺抱真、贺揩等，湖南邵阳市邵东市人，中国著名音乐家、教育家，1926年加入中国共产党，1931年考入上海国立音乐专科学校，主要音乐作品有《天涯歌女》《四季歌》《游击队之歌》《嘉陵江上》《牧童短笛》等，管弦乐《森吉德玛》《晚会》等。著有《贺绿汀音乐论文选集》。
② 北京艺术学院于1964年解散，美术系整体并入北京师范学院（今首都师范大学），成立北京师范学院美术系；音乐独立建院，成立中国音乐学院；戏剧系并入北京戏曲学校。

研究卷）》，收录了黄会林、绍武自1978年至2008年的学术研究论著和文学艺术创作。全书共分十二卷，第一卷至第六卷包括话剧、电影、电视、文学、艺术等领域的学术研究性文字；第七卷至第十二卷则为电影、话剧、长短篇小说、报告文学、电视剧及电视专题片等作品。绍武先生和黄会林先生的电影创作《梅岭星火》经夏衍先生修改定稿，1982年由珠江电影制片厂摄制完成并上映。其话剧创作《故都春晓》（与黄会林合作）以三大战役为背景，讲述北平和平解放，由中央实验话剧院、北京人民艺术剧院、中国评剧院先后搬上舞台，享誉全国。在六十余载杏坛生涯中，绍武提携后学，兢兢业业，作为老师，培养了无数优秀的学生；作为学者，为国家提供了战略级别文化创新理论。

图41　黄会林（后排左三）、绍武（后排左四）与《梅岭星火》剧组在夏衍家

1949年后，国家抽调焦菊隐等人作为主干，创办北京人民艺术剧院，焦菊隐受命任北京人艺总导演十几年，打造出具有鲜明中国特色的当代中国戏剧体系。黄会林重建艺术系，接续的正是这一文脉剧魂。

而黄会林能把此一文脉剧魂接得上、接得好，那也不是偶然的。[①]黄会林先生，1934年出生，北京师范大学资深教授，中国高校第一位电影学博士生导师，北京师范大学艺术与传媒学院首任院长，出版《黄会林绍武文集》（十卷），第一部中国话剧史研究专著《中国现代话剧文学史略》，由夏衍作序，曹禺题签，是中国话剧史理论研究的重要开山著作之一。正是在这篇序中，夏衍提出要从新文艺的角度来审视中国现代话剧发展的重要观点；出版第一部全面、系统研究夏衍的《夏衍传》（与绍武合著），撰写大量关于中国剧坛大戏剧家曹禺、夏衍、田汉、洪深、老舍、于伶、吴祖光等人的研究性文字，填补戏剧研究领域的空白，标志着中国话剧史学科的建立。同时，她对戏剧创作保持极大热情，与绍武先生共同创作了许多戏剧剧本，并得到夏衍先生的指导，在国家级院团成功上演，成为文坛佳话。目前，黄先生仍笔耕不辍，发表文化领域著作、文章约620万字，与绍武合作创作电影、电视、话剧、小说、报告文学等约320万字，编辑或主编出版书籍1540余万字，共约2480万字。

黄先生出身书香世家，新中国成立前就读于上海培铭中学，后入北京师大附中。1950年，以青春热血报效国家，参加中国人民志愿军，渡过鸭绿江参加抗美援朝，回国后保送至北京师范大学中文系学习，1958年提前毕业留中文系任教。1992年，北师大艺术系被批准成立，学校邀请时任中文系教授的黄会林担任系主任，58岁的黄会林毅然挑起创立艺术系的重担。经过一年的艰辛筹备，一个完整的教学机构初建完成，艺术系开始招收本科生。2002年，北师大建立艺术与传媒学院，校领导又一次找到了黄会林，请她担任院长，已经68岁的黄会林

---

① 祝晓风：《黄会林用世界的影视语言，成中国的影视语法》，《光明日报》，2020年10月9日。

毅然出山，重当大任。2005年，在黄会林的努力下，北师大艺术与传媒学院获得了艺术学一级学科博士授予权，在全国高校中是第一个。

黄会林先生曾这样描述她在中文系开设《现代戏剧研究》课程的盛况：选修这门课程的学生已有220人之多。鉴于同学们对戏剧艺术特别喜爱，我们决定就此进行一些教学改革尝试，从实践入手，把学生从教室引到舞台上去。首先是组织剧本创作。学生一下就交来六十余份习作，证明了他们的激情与潜力。经过十余次兴致极高的剧本讨论，选定了6部投入排练。演出当天，正是学校的期末考试周，又正在高温酷暑之际，室内气温达36度以上，作"剧场"的大教室却座无虚席，连走道上都站满了人。不少没得到票的同学，还在"剧场"外面喊"冤"，其效果真是出乎意料，在校内外反应均十分强烈。①

黄会林认为，艺术系仅仅有教学没有实践是远远不够的，在黄先生的倡导下，新时期，北师大戏剧建设呈现出艺术探索、学术研究与学生教育多元发展并进的样貌。基于戏剧学科建设和现实的需求，黄先生和绍武先生创办了北国剧社。北国剧社是新时期的第一个高校学生剧团，也是第一个被写入中国戏剧史的当代学生剧社，在成立早期就成为首都大学生艺术团中的佼佼者，排演了众多经典艺术剧目。1986年1月10日晚，"北国剧社"成立大会召开，北京众多戏剧组织、戏剧团体、戏剧院校的专家和新闻界人士，如吴雪、刘厚生、吴祖光、黄宗江等，在黄先生的感召下汇聚一堂，共同庆祝北国剧社的诞生，曹禺先生虽未能到场，却亲笔题写贺词"大道本无我，青春长与君"，吴祖光先生也亲自带来了手书的贺词"点燃世界，美化生活"。在1986年4月的首届中国莎士比亚戏剧节中，北国剧社的两幕剧《第十二夜》和《雅典的泰门》引发全场关注，声名远扬，北国剧社由此起步。

---

① 黄会林：《戏剧艺术家与北国剧社》，《中国戏剧》，1998年第3期，第25页。

新时期的戏剧理论研究也有了新的进展，北师大涌现出一批戏剧理论学者。

陈惇，1934年生，1956年毕业于北京师范大学中文系，北京师范大学文学院教授，长期从事西方古典文学的教学和研究，对莎士比亚、莫里哀等作家有深入研究，著有《莫里哀和他的喜剧》，主编《西方文学史》《欧洲文学史》等全国通用教材，致力于中西跨文化交流与传播。

邹红，北京师范大学文学院教授，1982年毕业于北京师范大学中文系，中国话剧理论与历史研究会常务理事、中国田汉研究会理事。著有《二十世纪中国戏剧精选》《七彩的舞台》《焦菊隐戏剧理论研究》《作家导演评论——多维视野中的北京人艺研究》《曹禺剧作散论》《百年中国戏剧史（1900—2000）》等；主编《曹禺研究1979—2009》《海外学者谈曹禺》《北京小剧场戏剧研究》等教材、研究专集多部。

张健，1987年在北师大中文系获硕士学位后留校，1993年于南京大学中文系获博士学位后，进入北师大中文系博士后科研流动站，北京师范大学文学院教授，曾任北京师范大学文学院院长。从事中国现当代文学和戏剧艺术方面的研究与教学多年，代表性著述有《中国喜剧观念的现代生成》《中国现代喜剧史论》等。在史料钩沉、收集、甄别和整理的基础上，从宏观、中观、微观三个层面系统考察了中国现代喜剧在1927年至1939年的生态环境、思想背景、艺术类型、发展历史、运动规律、价值立场、总体风貌及其在中国喜剧史上的贡献和影响。

刘勇，文学博士，北京师范大学文学院教授、博士生导师，教育部特聘长江学者，《中国现代文学研究丛刊》副主编，中国郭沫若研究会、老舍研究会理事，长期从事中国现当代文学及文化的研究和教学，发表学术论文百余篇，先后担任日本京都外国语大学客座教授、新加坡新跃大学课程教授、香港浸会大学课程教授和香港大学访问学者，发表《老舍及京味文学的中国形象元素》《郭沫若研究述评》《曹禺研

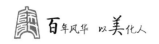

究述评》等，主编《曹禺评说七十年》。

尹鸿，1989年于北京师范大学获文学博士学位，1989—1999年先后任北京师范大学中文系、艺术系讲师、副教授、教授、副系主任，校教学委员会委员。现为清华大学新闻与传播学院教授，博士生导师，澳门科技大学电影学院院长，先后担任中央宣传部精神文明建设"五个一工程奖"、中国电影华表奖、中国电影金鸡奖、中国电视剧"飞天奖"、中国电视文艺"星光奖"等重要奖项评委，获国务院有突出贡献专家特殊津贴，戏剧专著有《悲剧意识与悲剧艺术》。

莫言，当代作家。1991年在北京师范大学、鲁迅文学院合办的创作研究生班毕业，现为北京师范大学教授，国际写作中心主任。1985年发表成名作中篇小说《透明的红萝卜》，1986年发表中篇小说《红高粱》在文坛引起轰动，1987年《红高粱》被张艺谋改编为同名电影，莫言担任编剧。1992年，第一部英译本中短篇小说集《爆炸》（ *Explosions and Other Stories* ）在美国出版。2000年，凭借长篇小说《酒国》法文版获得法国儒尔·巴泰庸外国文学奖；同年，长篇小说《红高粱》入选《亚洲周刊》评选的"20世纪中文小说100强"（第18位）。2001年，小说《红高粱》成为唯一入选 *World Literature Today* 评选的75年（1927—2001）40部世界顶尖文学名著的中文小说。2012年，莫言成为首位中国籍诺贝尔文学奖获得者。他创作的话剧剧本有《我们的荆轲》（金狮奖编剧奖）、《霸王别姬》（合作）、戏曲剧本《锦衣》，并参与其同名小说改编歌剧剧本《檀香刑》的创作。

王宜文，北京师范大学艺术与传媒学院教授，博士生导师，北京师范大学影像认知研创中心主任，在国内最早引用认知神经科学的方法研究电影接受效果。现任教育部中华优秀传统文化中国话剧传承基地负责人，该基地是教育部批准设立的同系列基地中唯一的话剧类项目，搭建中国电影集团与北师大共建人才培养（教学）实践基地，策划组织北师大珠海校区首届山谷艺术节。作为曾经主管学科发展的学院副院长（2012—2021），王宜文着力传承北师大积淀深厚的戏剧传统，将戏剧教育作为学科基础，构建教学、科研、创演及国际交流一体化的戏剧教育体系，通过扎实的学科布局和教研实践，使戏剧学科成为北师大和国内的优势学科，在教学之外，他还开拓了戏剧教育和人才培养的新领域——戏剧治疗。

田卉群，北京师范大学教授，博士生导师。现任教育部中华优秀传统文化中国话剧传承基地联合负责人，北师大校园戏剧研究中心主任，曾任影视传媒系系主任（2013—2018）。任教以来，在戏剧影视创意类课程的规划与设计、教学组织与创演实践、产学研一体化尝试、国内外戏剧教育与学术交流等方面持续做出贡献。她主持了一系列有影响的戏剧教育实践活动，实现了与法国蒙彼利埃国际戏剧节的合作，推动"戏剧教育进中小学"。田卉群致力于搭建北师大高端专业实践基地与学科发展平台，主要包括：国家电影局青年剧作扶持计划、北京青年影视创意基地、教育部中华优秀传统文化中国话剧传承基地、青年戏剧创作人才孵化工程等。各平台有效地促进和提升了戏剧影视创意人才的培养和美育教育的开展，为业界持续输送极富活力的青年创意人才，并成功孵化在读硕士研究生的原创剧本进入院线公映。

图 42　"2019 中法戏剧之春"论坛研讨会

三、培育英才

在教育部加强新时代高校美育工作的政策指导下，北师大戏剧学科传承历史积淀，积极拓展平台基地建设，构建兼及美育浸润和专业人才培养的戏剧影视创意教育模式创新实践。本节主要从英才平台建设和英才辈出两个方面进行介绍。

（一）英才平台建设

1.北国剧社

成立于1986年的北国剧社，被誉为新时期第一个高校学生戏剧团和第一个被写进中国戏剧史的当代学生业余演剧社团，这是一个有着辉煌传统且始终保持高水平的学生业余演剧社团。1992年，在北国剧社基础上组建了北京市大学生戏剧团，成为北京市大学生六大艺术分团之一。师大持久和深入地扶持以北国剧社为主体的戏剧社团孵化和原创戏剧作品，支持其参与戏剧节展演和竞赛以及原创剧本征集等多层次的戏剧创作活动，充分发挥学生的原创能量，调动师生创作热情。1990年，《春天的歌》获北京电视台首届业余戏剧小品电视大奖赛二等奖。1992年，北师大团委在北国剧社基础上组建了北京师范大学大学生戏剧团，成为北京市大学生六大艺术分团之一。1995年，《家人有约》获"兴集杯"北京市小品业余创作大赛一等奖；《周君恩来》获团中央"五个一工程奖"优秀话剧奖。1998年，《爱的牺牲》获中国人口文化促进奖。1999年，《三月桃》《风中的蒲公英》获北京市大学生艺术节戏剧小品大赛一等奖。

进入新世纪，北师大校园戏剧作品进一步涌现。2000年，《喜讯过后》获"中图杯"原创戏剧小品大赛二等奖。2005年，《关于外星人的一切》获全国第一届大学生艺术展演活动短剧小品专场一等奖；《没有终点的马拉松》获北京第一届大学生艺术展演活动短剧小品专

图 43　1986 年 1 月 10 日，北国剧社成立大会

图 44　曹禺先生为北国剧社题字，左一为黄会林先生

场一等奖。2006年，《枣树》获北京市第一届大学生戏剧节最佳剧目奖、最佳男演员奖、最佳女演员奖、最佳舞美奖、最佳服装奖、优秀导演奖、优秀组织奖。2007年，《从心开始》获北京市第二届大学生艺术展演（戏剧组）一等奖。2008年，《从心开始》获全国第二届大学生艺术展演（戏剧组）一等奖。2009年，《青春在路上》获北京市第二届大学生戏剧节最佳男演员奖、优秀女演员奖、优秀编剧奖。2010年，《我要的自由》获北京市第三届大学生艺术展演（戏剧组）一等奖；《小美浪人》获北京市第三届大学生艺术展演（戏剧组）一等奖。2011年，《最后的小丑》获北京市第三届大学生戏剧节最佳剧目奖、最佳编剧奖、最佳女演员奖、优秀服装奖、优秀组织奖。2013年，《母亲的秘密》《西部往事》获第四届北京大学生艺术展演（戏剧组）一等奖。2014年，《赤色花束》在南锣鼓巷戏剧节参与展演。2015年，《家》获北京市第五届大学生戏剧节最佳导演奖、优秀组织奖。2016年，《安道尔》赴北京理工大学进行交流演出；同年，《野生图书馆使用手册》入围南锣鼓巷戏剧节。2017年，《仲夏夜之梦》获北京市第六届大学生艺术节多幕剧银奖。

北国剧社目前以固定频率进行声音训练、表演训练、剧目排练以及一年三台原创大戏，一台集合短剧展演演出，调动学生排演热情，锻炼戏剧创作的能力。同时，剧社不定期邀请业内学者人士与学生进行交流，如中央戏剧学院姜涛教授、国内新锐导演王翀等。

2. 教育部中华优秀传统文化中国话剧传承基地

北京师范大学是一所拥有优秀话剧文化传统的学校，是中国早期话剧教育和开创新中国话剧事业的重要源头学校，也是新时期最早卓有成效地开展校园话剧的学校。2016年获批成为中华优秀文化传承基地，借助这一发展契机，北师大在话剧教育、话剧创作、话剧文化传承等方面积极开展工作，取得了丰硕的成果。师大建立话剧文化传承基地，以审美和人文素养培养为核心，以创新能力培育为重点，普及话剧文化基础知识，传承创新话剧艺术，初步形成大中小学话剧教育相互衔接、课堂教学和课外实践相互结合、话剧研究与话剧创作相互促进的具有中国特色的话剧文化美育体系。

基地创造性地实施了"原创话剧工作坊"系列项目，整合业界资源，邀请国内外艺术家深度参与，以校园原创话剧工作坊的方式，扶持培养戏剧与影视学学科专业拔尖创新人才，鼓励原创话剧。

2015年12月26日，2013级专业硕士改编并本土化《窗台上的尸体》在北国剧社首演，受到师生欢迎，之后参与北师艺硕10周年优秀毕业作品展演。《护国胡同》获评2018年金刺猬全国大学生戏剧节优秀剧目。在基地持续的扶持与孵化下，该剧更名为《护国胡同之爨落》，参与了门头沟首届斋堂古村落百戏节。2018年9月至10月，央华戏剧和北京师范大学艺术与传媒学院联合制作原创戏剧《新茶馆》，续写了经典《茶馆》，旨在致敬经典戏剧，并获得国家艺术基金扶持。该戏邀请立陶宛知名导演拉姆尼执导，来自首都各高校的观影人数达3000余人。随后基地与保利、央华戏剧、戏剧东城、新京报等平台合力启动"保利·央华纪念曹禺诞辰110周年戏剧展演季"连台戏《雷雨》《雷雨·后》。此外，基地还孵化多媒体舞台剧《兰若寺》。其以蒲松龄《聊斋志异·聂小倩》为原型，将中国古典文学、现代戏剧形式与当代科技手段融合，历时3年，剧本策划与创作、舞美设计、视觉设计和主要演员多为北京师范大学毕业生和在校学生。原创多媒体话剧《兰若寺》的创作，将教学理论、教学成果转变为兼具创新与创意的优秀传统文化艺术作品，搭建艺术教育从理论走向实践的桥梁，充分展现了高校实践育人的成果，入选全国艺术专业学位研究生教育指导委员会（艺教指导〔2020〕19号）在2019年3月开展的"全国艺术硕士研究生优秀毕业成果"

暨"以美育人，以艺育才——全国艺术硕士培养院校教学成果云展演活动"。

基地为推动戏剧行业的发展，促进和提升戏剧创意人才的培养和美育教育的开展，选拔及培养青年戏剧人才后备力量，2019年与业内众多戏剧机构联合主办首届"戏剧未来力量——青年戏剧创作人才孵化工程"。2019年，法国蒙彼利埃演员之春戏剧节主席让·瓦雷拉、国际合作顾问菲利普·毛瑞兹及北京戏剧行业的专家围绕"戏剧艺术的交流和发展"及"如何培养戏剧人才与戏剧产业更好融合"等主题在北京师范大学举办了研讨会。2019年12月3日至6日，由保利、央华、新京报、北京师范大学、法国蒙彼利埃演员之春戏剧节共同发起的"世界好戏·中国观众论道周"在北京隆重举行，展开了为期4天共7场大型主题性活动。业内很多机构如央华戏剧等，都通过与话剧基地的合作，为师大优秀戏剧人才提供实践岗位，基地因此成为戏剧人才培养的重要摇篮。

由师大艺术与传媒学院发展扶持的北国剧社和教育部中华优秀戏剧传统文化传承培育基地在各大戏剧节与原创作品孵化方面均有优异的成绩。2017年，《月潮》获乌镇戏剧节青年竞演"特别关注奖"。2021年，《公主与殉情》《电子烟灰》获第八届乌镇戏剧节青年竞演单元最高奖项"小镇奖""最佳戏剧奖"。作为戏剧行业极具号召力的年度盛会，乌镇戏剧节对北师大学生作品给予的肯定和支持，再一次证明了综合性高校戏剧教育体系培养的成效。除北师大本部校区外，2020年12月，北师大珠海校区"山谷艺术节"上《仲夏夜之梦》顺利演出，以戏剧之美，为学校"一体两翼"办学格局和两地融合贡献了力量。

2019年，由北京师范大学原创出品、北京师范大学艺术与传媒学院制作并演出的音乐剧《往事歌谣》正式公演。该剧目讲述了王洛宾投身西部边疆、献身音乐艺术的热血往事，塑造了以王洛宾为

图 45　相关剧作海报

代表的一批爱国艺术家的人物群像。《往事歌谣》是北京师范大学艺术与传媒学院倾力打造的综合性艺术实践平台、公共艺术和美育的重要创意成果。该剧集结艺术与传媒学院的优势创作力量，创新美育"思政课"，旨在打造北师大艺术与传媒学院传承延展的文化名片，打造具有京师人文气质和神韵的学校文化名片，打造民族优秀传统文化传承的国家与民族文化名片。2021年7月，该剧获2020年度国家艺术基金资助。

图 46 《新茶馆》剧照

图 47 《护国胡同》剧照

图 48 《兰若寺》剧照

3.北京师范大学校园戏剧研究中心

北师大的戏剧教育、教学工作目前已经辐射到全国部分中小学校，在校际层面普及推广戏剧文化，同时加强中小学戏剧师资培训，辐射带动中小学基础戏剧教育发展。北师大以北京师范大学校园戏剧研究中心为主力，联合"全国美育联盟"（包括中国人民大学、清华大学、四川大学、南京大学等 140 余所大学和机构），开展高校校际、高校与社会的话剧展演、剧本大赛、学术会议等，搭建传承优秀话剧文化的合作共享平台。

2015年，北师大基础教育合作办学平台制订了"创意戏剧活力校园"行动计划，借此契机，"北师大儿童国际戏剧节"应运而生。该活动由北京师范大学主办，北京师范大学基础教育合作办学平台、北京师范大学校园戏剧研究中心、京师戏剧学校承办。活动通过对学校戏剧教育的理念构建、文化浸润，逐步推进到各个学校的特色发展。儿童戏剧及戏剧教育在北师大基础教育合作办学平台的地图上并蒂开花，融合了国际化视野和中国传统文化元素，注重国际儿童教育与儿童文化、儿童剧创作的交流，在帮助儿童认识本民族文化的同时借鉴融入西方的表达形式，增强民族文化自信心、自豪感。2018年12月，

校园戏剧研究中心助力催生北京师范大学教育集团戏剧教育团队成果《小学戏剧教育实用教程（1—6年级）》发布。由该团队牵头组织的"U-Drama"戏剧教育联盟体系以及"U-Drama School"戏剧学校联盟正式建立，"U-Drama School"集结国内外顶尖戏剧教育专家和团队，打造独具特色的浸润式学习课堂，旨在传播和分享最前沿的戏剧教育理念，从更加专业、更加权威、更具影响力的角度，推进戏剧教育的普及化，探索戏剧教育在美育工作中的全新视角。

图 49　北京师范大学校园戏剧研究中心专家授牌仪式

4.北京师范大学国际写作中心

北京师范大学国际写作中心成立于2012年，由著名作家、诺贝尔文学奖得主、北师大教授莫言先生担任主席、主任。2019年，国际写作中心（珠海）在珠海校区揭牌成立。北京师范大学历来重视文学教育，北师大国际写作中心弘扬这一传统，借鉴国内外成功范例，建立一套成熟而灵活的体制机制，将学术研究、文学创作、国际交流、作家培养等功能融为一体，推进中外文学与文化的互动，培养广大学生对文学创作的兴趣，活跃校园文学氛围。由北京师范大学国际写作中心影视戏剧工作坊发起的"中国当代文学'新经典'校园戏剧工程"首作——北京师范大学版话剧《我们的荆轲》于2021年完成首轮演出。该剧改编自莫言剧本《我们的荆轲》，主创均为北京师范大学、中央戏剧学院、中国戏曲学院、北京语言大学、英国皇家中央演讲与戏剧学院等海内外高校学生。

图 50　话剧《我们的荆轲》首演

（二）英才辈出

桃李不言，下自成蹊。北师大一代代戏剧英杰层出不穷，各领风骚。

李健吾先生（1906—1982），笔名刘西渭，近代著名作家、戏剧家、翻译家，曾为北师大附中的学子，他自幼酷爱戏剧，学生时期即参加话剧演出，曾任清华大学清华戏剧社社长，1923年开始发表剧本《出走之前》，先后共创作、改编近五十部剧作，有反映城市下层人民生活艰辛的《翠子的将来》《母亲的梦》（又名《赌与战争》），也有充满对国家命运忧虑、大声疾呼抗日的《信号》（原名《火线之外》）、《老王和他的同志们》（原名《火线之内》）；有反映革命斗争，歌颂革命者，揭露封建军阀，寄希望于共产党的《这不过是春天》、《十三年》（原名《一个没有登记的同志》），也有带有浪漫主义特征和受法国戏剧影响的反映农村生活的《村长之家》《梁允达》等。

自20世纪30年代中期起，李健吾以刘西渭的笔名发表文学评论和戏剧评论。戏剧评论方面，著有《戏剧新天》《李健吾戏剧评论选》等，他从1925年就发表译作，以小说、剧本为多，间有理论。改编或翻译的剧本有托尔斯泰、契诃夫等人的戏剧集以及巴尔扎克、司汤达、缪塞等人的作品和论著。其中莫里哀喜剧二十七部，是国内最完整的译本，另有高尔基戏剧集七册、《契诃夫独幕剧》一册、《托尔斯泰戏剧集》七册、《屠格涅夫戏剧集》四册等，译文文笔流畅，通俗易懂，雅俗共赏，具有极高的文学价值。

李健吾于1921年至1925年在北师大附中学习。在校期间，他与同学蹇先艾[①]、朱大枏[②]等组织文学团体曦社，创办文学刊物《爝火》，后改随《国风日报》发行副刊《爝火旬刊》，开始小说和剧本创作。李健吾在这个阶段发表了童话《萤火虫》，小说《母亲》，剧本《私生子》《编后余谈》和《出门之前》等。1924年3月，李健吾完成了他的第一个比较成熟的剧本《工人》，并在王统照主编的《晨报·文学旬刊》上发表。该剧是一个独幕剧。剧本描写了铁路工人在军阀的反动统治下无路可走，奋起罢工的情形。同年11月，李健吾在《文学旬刊》上发

---

① 蹇先艾（1906—1994），现代作家、诗人。短篇小说集有《朝雾》《一位英雄》《酒家》《还乡集》等，散文集有《城下集》《离散集》《乡谈集》等，约350万字。新诗近70首。曾就读于北京师范大学附中，与李健吾为校友。对蹇先艾的散文最早进行评论的是后来成为著名戏剧家、评论家的李健吾，他认为"在我们今日富有地方色彩的作家里面，他是最值得称道的之一"。其文学创作很早就产生过国际影响，早在1929年，他的小说《初秋之夜》就已被苏联文学界译成俄文，选进了以鲁迅小说为首的《当代中国短篇小说集》，由莫斯科青年近卫军出版社出版。

② 朱大枏（1907—1930），现代作家。1921年以第一名考入北京师范大学附中，中学还未毕业，便以同等学力考进北京交通大学。1926年参加《晨报·诗镌》的编辑工作，"三·一八"惨案之后积极投入学生运动，还与志同道合者创办了一所平民学校和一个文学半月刊《荒岛》，1930年秋病逝。朱自清比较喜欢他的诗，在《新文学大系·诗集》中选了他7首诗，郁达夫编选的《新文学大系·散文二集》也选了他3篇散文。曾与王余杞、翟永坤出版过一本诗文合集《灾梨集》。

表了小说《中条山的传说》，这篇小说后来被鲁迅先生选入《中国新文学大系·小说二集》。在校期间，李健吾还积极开展活动，分别请徐志摩和鲁迅来学校讲演。抗日战争期间，李健吾在上海从事进步戏剧运动，是上海剧艺社以及若干剧团的中坚；抗战胜利后，应郑振铎之约，与其合编《文艺复兴》杂志，并参与筹建上海实验戏剧学校（后改名上海戏剧专科学校），任戏剧文学系主任。1954年起任职于北京大学文学研究所等，为中国戏剧家协会理事等。李健吾的戏剧活动版图勾勒出一段粗线条的现代戏剧革命史，也勾勒出从北师大附中到上海戏剧学院再到北京大学的戏剧文化地理版图，北师大附中的经历成为李先生以文学和戏剧批评研究为终身事业的重要起点。

熊佛西（1900—1965），戏剧教育家，剧作家。原名福禧，谱名金润，字化侬，创作27部多幕剧和16部独幕剧，出版7种戏剧集，著有《写剧原理》《戏剧大众化的实验》等理论专著。1924年赴美国哈佛大学研究戏剧和文学，获硕士学位。他一贯主张"教育民主""学术自由"，坚持"戏剧教学不能拘束于课堂，必须通过舞台实践"，他提倡聘用教师必须是"有真才实学，而不问其来自何处，有何思想倾向"。1921年，熊佛西与沈雁冰、欧阳予倩等13人组织民众戏剧社，合办《戏剧》月刊，宣告"当看戏是消遣"的时代已经过去，戏剧在现代生活中"是推动社会前进的一个轮子，又是搜寻社会病根的X光镜"。1926年回国，先后任北京国立艺术专科学校戏剧系主任、燕京大学教授、北京大学艺术学院戏剧系主任。1931年九一八事变后，举国上下群情激愤，熊佛西深感不能关起门来办学，话剧远离大众、只局限于知识分子和城市平民之中是没有发展前途的，因此应晏阳初平民教育会的邀请，于1932年1月率领部分师生奔赴河北定县农村开展戏剧大众化的实验，在农村开办戏剧学习班，建立农村剧团，培训农村演员。1932年前后，在河北定县主持中华平民教育促进会的农村戏剧实验，举办戏剧学习班，成立了十几个农民剧团。他深入农村后，敏锐地感到教育的方式有两种，一种是学校式的，一种是社会式的。社会要进步、要发展，非重视社会式的教育不可，而戏剧又是进行社会教育的最好方式，它能在娱乐中给人以教育。为了充分发挥戏剧社会教育作用，在内容上，他创作了一批"农民剧本"；在形式上根据农民看戏剧的习惯创建了农村露天剧场，创造了一套演出方法，很有效地通过戏剧给农民以新的思想文化教育。

1934年12月4日，在北师大学生生活指导委员会的决议中，记载了准许学生组办国剧研究社等决议，12月7日，北师大的新剧研究社成立，熊佛西先生担任指导员，有学生曾生动记录他在北师大初次见到熊先生并听他在新剧研究社成立之际的演讲："他（熊佛西）说：师大是中国话剧的策源地。他与师大有密切的关系与历史。因在最先他们会在这里演过剧。……师大话剧社的光荣，也就可以想见。"[①]1935年，北师大的国剧研究社排练《汾河弯》《法门寺》《斩龙袍》《南大门》《骂店》等传统戏曲剧目，定期公演，也在熊佛西亲自执导下排练并公演《月亮上升》《伪君子》等现代话剧，当时天津最有名的报纸《益世报》曾数次刊登了剧社的公演信息和演员状况，[②]北师大的演出盛况可见一斑。

1937年，七七事变后，华北沦陷，实验基地又被摧毁，熊佛西只

---

① 向诚：《师大话剧社与熊佛西》，《大学新闻（北平）》，1935年3月19日，第3卷第3期。
② 摘自《师大话剧社定期　首次公演〈月亮上升〉与〈伪君子〉》："昨招待新闻界报告"：话剧专家熊佛西领导之师范大学新剧研究社，成立已五个月，参加男女演员数十名，曾作数度预演，成绩颇佳，该社定本月十六日起，在协和礼堂作处女公演，计连续举行三日……导演熊佛西，演员林慰君、桑耀曙等，均出席……本社成立……乃是站在同一之话剧运动之目标上，谋新剧之发展，以恢复我民族之伟大精神，次由导演熊佛西起立发言，劝勉各演员努力话剧运动，尽可贴金字标语，切不可开不兑现之支票，致误一般观众……载《益世报（天津版）》，1935年8月13日。

能痛心地离开定县，率师生员工在长沙成立抗战剧团，巡回演出，宣传抗战。虽然在战乱中颠沛流离，他仍不忘戏剧教育。抗战期间，在动乱中创办了四川省戏剧教育实验学校，形势的急剧变化催生了他的新理念："戏剧在战时是锋利的战争武器，在平时是有力的教育工具。""这个学校不是一个传统的学校。它是适应抗战需要的一个新兴社会教育的机构。"熊佛西将学生的戏剧教育和社会活动积极结合，担负宣传抗战的责任。他们组织剧团在城里公演，激发民气；到农村巡演，唤醒民众；到部队去演出，鼓舞士气，充分发挥了戏剧的战斗武器作用。

上海解放后，熊佛西满怀豪情地写下了"从头学起，从头做起"八个大字，以新的思想、新的举措来创办新的戏剧教育。他历任上海戏剧专科学校校长、中央戏剧学院华东分院院长、上海戏剧学院院长。熊佛西给上海戏剧学院的定位是："培养人才的目标首先应该注重人格的陶铸，使每个戏剧青年都有健全的人格，是一个堂堂正正的'人'——爱民族、爱国家、辨是非、有志操的'人'，然后他才有可能成为一个伟大的艺术家。"1965年10月26日，熊佛西病逝。1985年12月2日，熊佛西铜像在上海戏剧学院校园揭幕。

1922年2月24日至26日，在首届女高师国文专修科学生毕业前夕，女学生们曾在革命导师亦是师大老师李大钊先生的指导下，自编自演了话剧《叶启瑞》《归去》《孔雀东南飞》《爱情与金钱》等剧目，据史料记载，当时连续三天在教育部大礼堂公演，轰动一时，鲁迅先生也曾来观看，话剧售票演出的收入成为资助学生毕业前夕出国游学的经费，一时传为佳话。其中剧本《叶启瑞》是现代文学史上的著名女作家庐隐（1899—1934）主导创作的。

庐隐，原名黄英，亦称黄庐隐，福建闽侯人。1922年毕业于北京女子高等师范学校国文部，曾两度在北师大附中任教。"五四"时期享有盛名的现实主义作家，主要作品有：《海滨故人》《象牙戒指》《灵海潮汐》《女人的心》《火焰》等。剧本《叶启瑞》内容新锐，具有女权思想，批判当时为追求恋爱自由而戕害原配妻子的自私男性。

女作家、戏曲史家冯沅君（1900—1974）将乐府诗《孔雀东南飞》改编为话剧，并扮演焦母，宣传反封建思想。冯沅君，原名冯恭兰，笔名淦女士、沅君、易安、大琦、吴仪等。民国六年（1917），考入北京女子高等师范学校文科专修班。出版短篇小说集《卷葹》《春痕》《劫灰》等。文学研究论著有《宋词概论》《张玉田年谱》《冯沅君古典文学论文集》《中国历代诗歌选》等，戏曲研究专著有《古优解》《古剧四考》《金院本补说》《孤本元明杂剧抄本题记》等。

著名学者程俊英[①]（1901—1993）在冯沅君的《孔雀东南飞》中扮演刘兰芝。戏剧活动家陈大悲[②]（1887—1944）先生就此次北师大师生的演出与创作写过剧评[③]。

作家石评梅（1902—1928），1919年从太原女师毕业，考入北京女子高等师范学校，终年不满27岁，创作生涯仅仅六年，在散文和诗歌创作方面卓有成就，在她去世后，其作品曾由庐隐、陆晶清等友人于1929年编辑成《涛语》（散文集）、《偶然草》（小说、散文集）两个集子，分别由盛京书店（后又改由北新书局）和文化书局出版。熊佛

---

① 程俊英，福建福州人，从福建考入北京女子师范学校国文专修科（后改名北京女子高等师范学校国文部），1922年毕业，成为中国第一批女大学生，编写、注释《论语》《诗经》等著作，著有《中国大教育家》《诗经漫话》《诗经译注》《诗经注析》《论语集释》等。

② 陈大悲，中国现代戏剧先驱。原名陈听奕，笔名蜗公、大悲，浙江杭州人。中国话剧最早的职业演员、导演，北京人艺剧专创办者，编著《爱美的戏剧》《戏剧ABC》《表演术》等，小说《红花瓶》《人之初》等，电影剧本《到上海去》《王熙凤大闹宁国府》《关云长忠义千秋》等，剧本《英雄与美人》《浪子回头》《虎去狼来》《父亲的儿子》《幽兰女士》等。

③ 陈大悲：《看了二十五晚〈孔雀东南飞〉以后附白》，《晨报·副镌》，1922年3月3日。

西还在燕京大学就读时，写了话剧《这是谁之罪》，邀李健吾饰剧中的女主角，戏幕拉开，演了一阵，观众反应相当冷淡，临到李健吾出场，按照剧情的发展，他哭开了。哭是他的拿手好戏，观众随着他动人的表演，与剧中人物同喜同悲，完全被剧情所吸引。戏已结束，观众还沉浸其中，旋即才爆发出热烈的掌声。李健吾没有想到，在这满堂喝彩声中，还有一位特殊的人——当时任师大附小教师的邓颖超。石萍梅亦曾为同窗级友会演出创作剧本《这是谁的罪》，并于1922年4月1日至4日在《晨报副刊》上连载发表，引发讨论。

厉震林，1990年入北京师范大学艺术系，攻读文学硕士学位，亦是上海戏剧学院历史上培养的第一位博士，目前为上海戏剧学院学术委员会副主任、电影学院院长，博士生导师。长期致力于表导演文化和美学，出版有《戏剧人格：一种文化人类学的学术写作》、《集体有意识与集体无意识——中国戏剧电影电视文化行为的精神结构分析》、《论原始戏剧与前卫戏剧》、《中国伶人家族文化研究》、《中国实验话剧导演人格研究（1987—2004）》、《表演的味道》，独幕话剧《都市晨曲》等，参与制作大型现代越剧《玉卿嫂》等。

王可然，艺术与传媒学院杰出校友、央华戏剧创始人，法国蒙彼利埃演员之春戏剧节主席，于2021年获得法兰西艺术与文学骑士勋章。2008年，制作了众多明星出演的舞台剧《陪我看电视》。2012年，制作话剧《十三角关系》以及《暗恋桃花源》（回归经典版），并全国巡演。2013年，投资千万规划、制作了8小时剧场史诗《如梦之梦》。2015年，策划并制作了中国精品舞台剧《冬之旅》，该剧由曹禺之女万方担任编剧，中国台湾导演赖声川执导。2017年，参与创作、制作了由俄罗斯著名导演尤里·叶烈明执导的《情书》；同年制作了话剧《新原野》。2018年制作话剧《北京人》。2019年制作了由法国鬼才导演大卫·莱斯高（David Lescot）担任导演、法国音乐戏剧中文版《庞氏骗

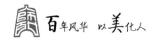

局》等。

牟森，独立戏剧制作人、导演、编导，电视策划人，毕业于北京师范大学中文系，现任中国美术学院教授、跨媒体艺术学院媒介展演系主任。中国第一个独立剧团"蛙实验剧团"创始人和"戏剧车间"创始人。舞台作品有《关于〈彼岸〉的汉语语法讨论》《与艾滋有关》《零档案》《红鲱鱼》《一句顶一万句》等。近年来，致力于"重构"中国近代史"进程"和"变迁"的叙事工程，在空间方向和时间方向同时开展新创作品类"巨构"和"剧集"。

四、课程体系

经过三十年的教学实践和学科积淀，北京师范大学戏剧课程体系已初具规模。戏剧理论教学与戏剧实践演绎相得益彰，在师大的园子里蓬勃发展。目前，本科生层面，开设《戏剧史与经典作品读解》《剧本基础写作》《即兴戏剧与创造性艺术疗愈/即兴艺术与疗愈戏剧》《剧场创作与实践》等课程，力图在历史、理论、表演、创作等多方面夯实学生的戏剧基础；研究生层面，开设《剧本创意与写作》《编剧高级实践》等课程，旨在增强学生对戏剧的感知，深度参与戏剧创作与实践，源源不断地为戏剧行业输送人才。

在此基础上，北京师范大学戏剧教学进一步融会贯通，致力于打造：第一，"三位一体"建设综合美育课程体系。进入21世纪，校园美育蓬勃发展，戏剧艺术在北师大校园里精彩盛放，新时代的跨学科研学理念在北师大得到践行。一方面，专业课汲取百年北师大丰厚的人文积淀，注重人文素养在人才培养中的重要功能，注重创意人才的均衡发展。另一方面，通识课整合学院建制、共享学科资源，凭借综合性大学的通识教育优势，加强美育基础理论建设。此外，慕课作为教学工具，促进美育培养机制常态化发展，巩固推广惠及全体学生的美育实践活动，营造全社会共同参与美育发展的良好氛围。

第二，"三大环节"支撑专业人才培养链条。从理论培养到实践训练的全线式辅导链条，形成创意先导，艺术灌溉与人才输出相补充的良性生态。1.美育滋养·创意驱动：借助综合性高校的公共教育优势完成覆盖性的基础美育资源配置，通过教学团队实施多元化、高水平、有特色的课程设计。2.实践探索·能量激活：通过校园剧社的实践演练、各类戏剧节展演竞赛及影视剧本扶持计划等项目，形成充满活力的实践生态。3.作品孵化·行业对接：遴选优秀实践作品，提供优势平台进行传播与商业推广，促进美育培养与行业需求的双向交流，形成更开放专业的教育实践布局。

当前，戏剧教育的构想与实施应从课程教学、行业孵化、专业实践和价值传承三个方面入手，竭力促成高质量、可持续、有前景的艺术教育模式，不断巩固和推广创新性的艺术教育模式，力求为综合类院校艺术学科建设贡献行之有效的"师大方案"。三十年美育历程，几代学人上下求索，虽步履蹒跚但硕果累累，北师大戏剧美育将继承传统、兼收并蓄，上下求索继续发展，以戏剧之美创造人文之美，以戏剧美育浸润品格德馨。

拓璐　艺术与传媒学院影视传媒系讲师

史林　艺术与传媒学院影视传媒系讲师

第七章

建校以来的书法教育

北师大书法教育有着悠久的历史传统。在20世纪30年代辅仁大学时期，以陈垣先生、启功先生为代表的一些著名学者和书家就开展了书法教育，为北师大书法学科的成长和发展奠定了坚实的基础。特别是启功先生，在他七十年的教学生涯中，他在书法理论研究、创作实践和教学育人上取得了极大成就，也为北师大书法学科的进一步发展做出了巨大贡献。正是在启功先生关怀指导下，北师大书法专业于1999年正式成立，2000年开始招生。20余年来，培养了本科、硕士、博士生共计390余名。专业秉承启功先生的书法学美育思想，在加强"启功书法学"研究的基础之上，经过多年的发展和探索，逐步形成了自己的模式，在国内高校的书法教育中具有鲜明特色。在教学上根植传统，重视人文素养的提升，加强学生的学术研究能力，培养富于创造力的书法创作人才，同时积极服务于国家美育战略，立足中小学书法教育中的教学研究与师资培训，打造特色鲜明的书法教育模式。本科开设的专业课程包括学科基础课、专业选修课、实践与创新课、自由选修课，研究生开设的专业课程包括学位基础课和学位专业课，其课程体系具有完整性和科学性。专业还重视书法教育的国际化合作，多年来举办了多项国际交流活动，搭建了国际交流平台，拓展了国际影响力并赢得了良好的国际声誉。

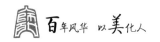

一、专业教育特色

书法学是北师大有重要影响力的学科之一，有着悠久的书法教育传统。早在辅仁大学（1952年后并入北京师范大学）时期，沈尹默先生就开设了书法课，并编有书法教材。20世纪60年代，启功先生为北师大学生讲授书法课。1977年恢复高考招生后，书法课成为全校的公共必修课，在中文系则定为本科生的必修课，先后由启功先生和秦永龙先生担任主讲。1985年，启功先生主编了大学书法教材《书法概论》与《书法教学参考资料》，两部教材出版后，在全国产生了广泛的影响。1987年受教育部委托，北京师范大学举办了全国书法教师第一期讲习班，由启功先生亲自主讲。这期讲习班培养了一批书法教师和创作骨干，这批骨干中有许多人成为当代书坛的重要力量。

在启功先生的关怀下，1999年，北师大艺术系（2002年成立艺术与传媒学院）正式创办美术学书法专业方向，专业主任为秦永龙教授。从2000年开始，在全国范围内招收书法专业本科生，这11位首届本科生中，有的已成长为高校书法专业的教授，有的则是北京中小学书法教育的高级骨干。2002年，北师大书法专业招收首届硕士研究生。2004年，邓宝剑、李洪智、虞晓勇进入艺术与传媒学院艺术学博士后流动站，成为北师大第一批艺术学（书法）博士后。2007年，书法专业在艺术学一级学科招收博士研究生，由此北师大书法学科形成了从本科生到博士研究生各层次完备的人才培养体系。2007年，北师大艺术与传媒学院正式成立书法系，第一任系主任为秦永龙教授，在书法专业的创建与发展中，倪文东教授也付出了很多心力。全系现有在岗教师4名，分别为邓宝剑教授、李洪智教授、虞晓勇教授和查律副教授。

基于北师大深厚的人文根基和强大的教育学科背景，北师大书法系致力于培养德才兼备、文化素质高、专业能力强、富于探索精神的书法教育、书学研究和书法创作人才。在教学过程中，专业教师注重提升学生的道德素养、审美趣味、思考能力和创造能力。学生除了学习书法领域的各类课程外，还接受汉字学、文艺美学、古典诗词欣赏、文献学等科目的学术训练。在书法教学中，力求书艺与书学并重，互为推动。学生既受到严格的书法技法训练，深入传统，广开眼界，鼓励出新；又须系统学习书法史论等专业知识，力求具备扎实的书学研究能力。为了适应学校发展与学生就业的需求，书法系还通过书法教学法、教育实习等课程与实践环节，培养与提升学生能教与会教的能力。

经过二十年的探索与发展，北师大书法专业逐步形成了鲜明的特色，并赢得了广泛的社会声誉。

第一，加强"启功书法学"研究。启功先生是享誉海内外的国学大师、书画家、古典文献学家、文物鉴定家。先生之所以在书法上取得卓越的成就，源自书外求书，以文养书，深厚的人文底蕴是"启功书法学"的精髓。"启功书法学"是北师大书法专业的研究重点之一，也是着力打造的一个学术品牌。弘扬"启功书法学"的意义不仅在于理论学术的研讨，更要致力于通过老一辈书法巨匠的实践与真知，为书法艺术的传承与发展明确方向。从2003年开始，北师大书法系先后举办了四届"启功书法学国际研讨会"。来自海内外的书法教育工作者、文博专家、文字学家就启功先生的书学思想、书艺成就和书法教育思想展开了深入研讨。为了进一步发展启功先生的学术精神，深入研究先生的书学与书艺成就，更好地团结海内外有共同学术兴趣的研究者，2008年，北师大艺术与传媒学院正式成立了"启功中国书法研究中心"。中心成立后，多次就"启功书法学"以及当代书法发展的有关论题展开研讨，并在2012年举办了"启功《论书绝句百首》当代书家邀请展"。"启功书法学"研究是北师大书法专业的一大特色，这种优势在国内外也是独一无二的。当今，社会大众正面临着书法美育缺

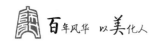

失的窘境，展赛的功利性也使许多书法爱好者对于书法本体的认识模糊不清，研究"启功书法学"恰恰可以给我们提供有效的方法，为我们指明方向。

第二，培养植根传统、富于创造力的书法创作人才。北师大书法专业教学非常重视对传统书风的继承。在各体技法的教学中，突出三个要点，即选取经典名作、解读经典名作、掌握经典名作的书写技巧。在取法上，并不用狭隘的"传统"观念限定学生，而是教会学生以广阔的审美心胸对书法史中的各类材料加以定位，包容多样的风格，培育自身的审美兴趣。书法的魅力更在于艺术创造力的激发。在当代，书法艺术的价值亟须进行多维度的深入发掘。如何加强书法创作规律研究，提炼传统笔墨的精髓，反映时代的审美与精神面貌，这是一项颇具现实意义的课题。在课堂教学中，专业教师时常运用灵活多变的形式与讲解，启发学生的思路，培育其探索精神，激发其艺术创造力。在二十多年的发展中，书法专业学子在创作方面取得了较好的成绩，得到了业界的认可。首届硕士生傅如明精于小楷，成果丰硕，先后入选首届、第二届"中国书法'兰亭奖'作品展"，全国第七、第九届书法篆刻展，全国第二届青年展等重要展赛，并在第三届"中国书法'兰亭奖'作品展"中获提名奖。2003级硕士研究生赵际芳擅长魏碑与隶书，在"全国第五届妇女书法作品展"中获得优秀奖。2002级本科生霍文才专攻篆书与篆刻，在读期间连续入选"全国第八届书法篆刻展""全国首届青年书法篆刻展""全国首届大字书法展"和"西泠印社第五届篆刻艺术评展"。2019级博士生袁文甲擅长草书，作品于2021年入选"伟业：庆祝中国共产党成立100周年书法大展"。此外，书法系本科生作品还连年摘获由北京市教委主办的"北京市大学生书法大赛"特等奖与一等奖。

第三，重视人文素养的培育，提高学生的学术研究能力。人文学科是北师大的优势学科，在教育部公布的北师大双一流学科中，"教育学""中国语言文学""中国史"均与书法学研究有着密切的关系。北师大书法专业非常重视人文底蕴的培育，在日常的教学科目和学术交流中，人文素质的养成被放到了重要的位置。本科生开设有汉字学、文艺美学、古典诗词鉴赏等选修课程，硕士生则增加了文献阅读的分量。在学术交流中，还邀请了林岫、丛文俊、黄惇、徐超、侯开嘉、任平等文史专家为学生讲授做学问的路径与方法。通过这些训练，学生的理论素养与学术能力得到了较好的提升。例如，2015级博士生杨频的博士论文被评为北京师范大学优秀博士学位论文，其《图像学视角与书法史学研究的"文献图像化"问题》一文还获得了"第九届全国书法学讨论会"一等奖。此外，还有多名学生的论文发表于《中国书法》《文艺研究》等专业学术期刊。"书外功"对于学书有着重要的影响，它需要一个长时间的浸润沉淀过程。不少人曾对文化素养在书法学习中的作用提出过异议，认为书法就是技术与才性的表现，所谓文化素养无非就是核对文本、挑剔错字。这是一种浅见，书法学具有很强的人文特征，教育的过程需要技巧训练与人文素养之间的深入融合，但从根本上看，人文素养的陶染无疑是支撑书法学长足发展的基石。

第四，积极服务于国家美育战略，打造特色鲜明的书法教育。加强中小学书法美育工作，高素养的师资和高质量的专业教材是重要的保障条件。自2005年开始，北师大书法专业连续举办了七届"书法硕士研究生课程班"，针对中小学书法教学中的具体问题，开展系统性授课，培养了大量的中小学书法师资。2013年以来，中小学书法教育在全国如火如荼地普及开来，为了更好地服务社会，本专业全体教师组成团队，参与到中小学书法教材的建设中来。2014年12月，由秦永龙教授任主编、查律博士任执行主编、书法专业全体教师参与的《书法练习指导》（该套教材包括1至9年级，教育部审定通过3至6年级，共8册），在北师大出版社正式出版发行。针对不同地区、不同层级的情况，该套教材又做了多次修订。该套教材在全国同类教材中市场份额名列前茅，其较高的专业水准也赢得了教育界专家和广大基层书法教师的好评。2021年7月，该套教材荣获全国教材建设奖一等奖（教育部教材局）。为了适应学校发展与学生就业的需求，北师大书法系还通过书法教学法、教育实习等课程与实践环节，将培养学生能教、会教作为一项重要的教学任务。在教学过程中，学生明确了科学、扎实与实用的书教理念。连年以来，北师大书法专业毕业生踏实的作风，也获得了中小学教育用人单位和社会的普遍认可。

第五，强调书法教育的国际化合作。2017年，北京师范大学第十三次党代会提出了建设"综合性、研究型、教师教育领先的中国特色世界一流大学"的办学定位，针对这一要求，北师大书法系也进行了相应的"走出去"发展思路调整，将增强国际交流、拓展专业的国际影响力作为努力目标。在国际文化交流中，配合国家文化发展战略，中国书法具有"展形象"的重要使命任务。北师大书法系积极参与国际书法展事的交流，举办国际书法研讨会。"现代国际临书展"是由日本现代书作家协会主办，每年1月定期举行的国际书艺交流会。书法系师生自2013年首次参加该展，此后连续多年参加此项国际交流活动，与来自日本、韩国、新加坡及马来西亚等多个国家的书家进行了书艺交流，成功展示了北师大书法专业师生的技艺水平。2018年7月，北师大艺术与传媒学院与美国书法教育学会等组织共同主办了"第十一届汉字书法教育国际研讨会"（2002年，北师大书法专业曾主办了"第三届汉字书法教育国际研讨会"），来自中国、美国、日本等国家的130余位书法教育专家积极参与，就汉字书法在海内外的传承与发展问题做了深入的研讨，会议推出了一批高质量的论文。2019年8

月，由东京学艺大学、北京师范大学、首尔教育大学共同主办的"第
一届中日韩书法教育交流展暨东亚书法教育国际会议"在日本东京成
功召开，产生了很好的学术共鸣。这些国际活动为北师大书法专业的
发展搭建了国际交流平台，拓展了专业发展的国际视野。

二、名师风范

北京师范大学有着悠久的书法教育传统，早在辅仁大学时期，陈
垣先生和启功先生就在校内开设书法课，并对书法教育进行深入研究，
取得了丰硕的成果。

陈垣（1880—1971），字援庵，杰出的历史学家、宗教史学家、
教育家。曾任国立北京大学、北平师范大学、辅仁大学教授，1926年
至1952年任辅仁大学校长，1952年至1971年任北京师范大学校长。
曾任中国科学院历史研究所第二所所长，全国人民代表大会常务委员
会委员。

陈垣先生在元史、宗教史和历史文献学方面皆有精深的研究，著
有《元西域人华化考》《校勘学释例》《史讳举例》及《通鉴胡注表微》
等。陈垣在史学界享有极高的声望，他与陈寅恪并称"南北二陈"，二
陈又与吕思勉、钱穆并称"史学四大家"。

陈垣学问渊博，学养深厚，虽不以书法名世，而其书作清新隽
秀，展现出一代学人的风采。同时，从史学家、教育家的身份、视野
出发，他对书法有着独到的见解。在1942年的辅仁大学教育科学研究
会上，陈垣先生作了题为"艺舟双楫与人海"的讲话，其中他讲道：
"俗语说得好，字乃文之衣冠，又说先敬罗衣后敬人，可知一文到手，
字先入眼，字好是最要紧的。"可见他重视书法的程度。从他的学生
启功和柴德赓等人的回忆文章中，也能了解到他多次强调书法的习练，
认为字写得不好有损文人、教师的形象，因此对学生功课的要求极为

谨严，不许潦草塞责。陈垣反对碑学风潮，反对用毛锥去模拟刀刃的效果，重视墨迹的学习。在给后辈的信札中，他强调学书要取法正宗和规矩易识，取法"平正通达"无"特别形状"的书体，学书过程中要"百回看""百回空拟""百回摹""空写百余遍"，循序渐进，由"专精"走向"博观"。在书法品评上，秉持雅正的审美观，推崇劲健、美观、端正、匀称的书法作品。这些书学观点都对启功产生了深刻的影响。

启功（1912—2005），字元白，也作元伯，自号坚净翁，斋号坚净居。教授、博士生导师，当代著名书法家、教育家、古典文献学家、文物鉴定家、画家、诗人。曾任中国人民政治协商会议全国委员会常务委员，国家文物鉴定委员会主任委员，中央文史馆研究馆馆长，中国书法家协会主席、名誉主席，九三学社中央委员会顾问，西泠印社社长等。

启功先生自幼受到良好的教育，跟随多位文化艺术名家学习。1933年起在辅仁大学附中工作，教授国文，之后去美术系担任助教，1938年起在辅仁大学教授国文，同时教授书法课程。20世纪五六十年代，为北师大学生讲授书法课。1977年恢复高考招生后，书法课成为全校的公共必修课，中文系则将书法定为本科生必修课。1982年之前，书法课程都由启功先生担任主讲。1987年，受教育部委托，北京师范大学举办了"全国书法教师第一期讲习班"，启功先生亲自主讲，培养了一批书法教师和创作骨干，这批骨干中，有很多人成为当代书坛的重要力量。

启功在文化艺术诸多领域卓有建树，特别是他的书法艺术，在根植传统、博采众长的基础上进行创新，自成一派，世称"启体"。其书法风格俊秀清雅，气象正大，雅俗共赏，广为大众喜爱，书作遍布海内外，影响深远。在书法理论研究上，启功先生也有极为卓越的建树，这一方面的著作有《古代字体论稿》《启功丛稿》《论书绝句》《论书札记》等，其丰富的学术内涵和价值已广为学界所认可，成为书法史论的经典之作。1985年，启功先生主编了大学书法教材《书法概论》与《书法教学参考资料》，两部教材出版后在全国产生了广泛的影响。

北京师范大学书法专业的成立和发展同样离不开启功先生的支持和关怀。在专业筹备之初，启功先生就在专业课程、培养方向等方面给予了细致指导。专业招生之后，启功先生更是不顾年事已高，不辞辛劳，多次亲临书法专业学生们的书法展，参加学生们发起的"北师大新年书法活动周"，为学生们进行书法讲座，有时还在家中为专业学生们讲授书法，鼓励大家取法经典，努力练字。

专业的发展离不开师资队伍的建设。1999年起，秦永龙教授筹备专业的成立，为专业主任和学术带头人。在专业成立之初，倪文东教授加入专业队伍中。2006年，邓宝剑、虞晓勇、李洪智三位博士后在本院出站后留系工作，大大增强了专业的师资力量。2011年，查律老师也加入专业队伍中。在专业二十一年的发展历程中，各位教师为专业的建设付出了巨大努力并取得了丰硕成果，为社会培养了大量专业人才，为北师大创获了诸多荣誉。以下为各位教师的具体介绍：

秦永龙，字长云，别号准半斗。教授、博士生导师，中国书法家协会第五届书法教育委员会委员、北京书法家协会艺术顾问。书法师承启功先生，擅长楷、行、草，在古代汉语、汉语文字学和书法学领域有着精深的研究。著有《西周金文选注》、《书法常识》（与启功先生合著）、《书法精品》、《楷书指要》、《汉字书法通解·行草》、《书法》等，参编高校教材有《古代汉语》《古代汉语通论》《书法概论》《书法教程》等。2007年，为激励北师大书法系学生继承发扬启功先生的学术精神和人格品行，秦永龙教授出资设立"坚净奖学金"（名称源自启功先生的书斋名——"坚净居"），奖励品学兼优的书法系学子。

倪文东，教授、博士生导师，中国书法家协会第七届理事、长城书画研究院院长，京师印社社长。从事书法教学、创作和研究工作30余年，出版有《20世纪中国书画家印款辞典》《中国篆刻大字典》《书法创作导论》《书法概论》等著述与大型工具书。发表论文30余篇，其中有论文获全国第六届书学理论讨论会二等奖。书法教学成果三次获得省部级优秀教学成果二等奖，2014年被评为北京师范大学教学名师。曾任教育部艺术学理论教学指导委员、首届"中国书法兰亭奖"（教育奖）评委。

邓宝剑，教授、博士生导师，中国书法家协会第八届理事、学术委员会委员，（全国）教育书画协会基础书法教育分会会长和高等书法教育分会副会长，北京师范大学启功书院院长。致力于文艺美学与书法史论研究，著有《玄理与书道——一种对魏晋南北朝书法与书论的解读》《经典碑帖临摹教程·九成宫醴泉铭》《经典碑帖临摹教程·玄秘塔碑》《北京师范大学书法专业教师作品集·邓宝剑卷》，在《哲学研究》《中国书法》《书法研究》等期刊发表学术文章数十篇。书法长于楷、行、草，作品多次参加国内外展览，被人民大会堂、中央档案馆等机构收藏。

虞晓勇，教授、博士生导师，中国书法家协会会员、北京市文联理事，北京市书法家协会副主席，北师大书法教育研究中心主任，首都优秀中青年文艺人才库首批入选人员。为北京市第七、八、九次文代会代表，第七次全国书代会代表，获北京市中青年德艺双馨文艺工作者称号。理论研究专攻书法史论，著有《虞世南》《隋代书法史》和《书法美学导论》，发表学术论文40余篇。曾获第六届北京市文联文艺评论奖二等奖、第九届全国书学讨论会三等奖等。书法创作以隶书与魏碑见长，入选中国书协主办的"首届正书展""六届全国展""六、八届中青展""三届新人展""第一届中国书协会员优秀作品展""全国名家工程大展""中日友好自作诗书交流"等展览。

　　李洪智，教授、博士研究生导师。中国书法家协会会员、中国文字学会会员。致力于书法学、汉字形体学等方面的研究。书法擅楷、行、草诸体。是教育部人文社会科学研究项目"启功先生书法学研究"的骨干成员之一。主持2012年度国家社科基金项目"草书字体研究"。2020年获得北京师范大学"大成国学奖教金"。在《中国书法》《书法丛刊》等期刊上发表学术论文五十余篇。出版有《北京师范大学书法专业教师作品集·李洪智卷》《汉代草书研究》《墨痕（甲午）——李洪智书法作品集》。在北京、山东、波士顿等地举办个人书法展六次，作品参与国内外重大展览百余次。多次赴美国、日本、韩国、马来西亚等国家参加书法艺术的国际交流活动。

三、培育英才

　　在北师大书法专业二十余年的发展历程中，书法系培养了本科生200余人，硕士生130余人，博士生20余人。这些毕业生在学校打下了良好的专业基础，毕业后顺利就业走上社会，在相关专业岗位上辛勤耕耘，并取得了许多令人可喜的成绩。

　　在工作方面，这些学生中有的任职于国内知名高校，担任学科带头人和研究骨干，为高等书法教育事业的繁荣发展贡献着自己的力量。比如，2003级硕士研究生、2006级博士研究生孙学峰，现为首都师范大学中国书法文化研究院教授，书法专业硕士生导师。2003级硕士研究生程仲霖，现为中国劳动关系学院文化传播学院戏剧与影视学系副教授。2000级本科生、2004级硕士研究生张冰，现为中央财经大学文化与传媒学院艺术系副主任、教授，同时还担任中国书法家协会理事。2004级硕士研究生暴学伟，现为山东师范大学美术学院副教授，硕士生导师，山东省书法家协会学术委员会委员。2000级本科生、2004级硕士研究生、2007级博士研究生于乐，现为北京师范大学启功书院副院长。2005级硕士研究生、2008级博士研究生高运刚，现为四川师范大学美术学院书法学院书法系主任。2004级本科生梅跃辉，现为北京工业大学艺术设计学院副教授。2007级本科生乔宇，现为上海师范大学美术学院中国书画系教师。2015级博士研究生范功，现任教于四川美术学院，担任书法教研室主任，硕士研究生导师。2018级博士研究生李贵明，现为西北师范大学书法文化研究院书法系主任。2006级硕士研究生课程班学员王振波，现为北京青年政治学院副教授。2010级硕士研究生石澍生，现为西北师范大学美术学院书法系副教授。2013级硕士研究生郑振天，现就职于青岛黄海学院艺术学院。2014级硕士研究生刘昕，现为首都师范大学美术学院讲师。2015级硕士研究生杨贺，现就职于太原师范学院书法系。2016级硕士研究生程思敏，现就职于上饶师范学院美术与设计学院。2017级硕士研究生姚凯，现就职于山西省长治学院美术系。

随着传统文化的回归，美育被提升到国家文化战略的重要位置，而中小学美育的普及是其中重要的、基础性的组成部分。中小学美育的提升有赖于师资数量与质量的提升，在这一方面，许多北师大书法专业的青年学子毕业后走向全国各地中小学书法教学岗位，投身于中小学书法基础课程的教学，凭借扎实的学科知识和丰富的教学经验传播书法文化，普及书法知识，为书法学科在新时代的繁荣发展贡献着自己的力量，得到了学校和师生的广泛赞誉。比如，2004级本科生公春江，现为中国教育学会书法教育专业委员会理事、教育部审定北师大版《书法》教材全国培训专家组成员、广东省中小学书法教育研究中心副秘书长、广东省书法特色教学与创作实验基地主持人、中山市优秀教师、中山市骨干教师。2009级硕士研究生董立昌，现为中国人民大学附属小学书法教研组组长。2004级本科生、2009级硕士研究生罗绍文，现为北京师范大学实验小学书法教师、北京师范大学出版社书法教育课程兼职培训专家。2004级本科生、2010级硕士研究生王长远，现就职于北京市第五中学分校。2010级硕士研究生陶承英，现为北京师范大学实验小学书法教师。2007级本科生、2011级硕士研究生、2019级博士研究生马春灯，硕士毕业后就职于北京师范大学大连普兰店区附属学校，从事中小学书法教育工作近五年，工作努力，成绩优异，多年被评为优秀教师，并荣获2014—2015年度大连市普兰店区"骨干教师"称号。2018级硕士研究生刘畅，现为深圳市龙华区行知学校书法教师。2014级本科生、2018级硕士研究生杜雨桐，曾就职于北京第一实验学校，目前任职于北京十一学校国际部。2013级本科生、2018级硕士研究生高旻，现就职于深圳市南山外国语（集团）科华学校。此外，还有很多专业学生任教于全国各地中小学从事基础书法教育，用他们在北师大的所学耕耘在书法教育的一线。

北师大书法系的学子中有的工作在与书法相关的出版社、杂志社和报社，策划选题，引进著述，为专业优秀研究成果的出版和发表贡献力量。如2003级硕士研究生赵际芳，现任《中国书法》杂志副主编。2004级硕士研究生、2012级博士研究生周劲松，现为中国文联出版社美术分社总监、编审，中国编辑学会会员。2003级本科生、2009级硕士研究生、2020级博士研究生刘光，现为中国书画杂志社编辑部副主任，《中国书画》书画院秘书长。2009级本科生、2013级硕士研究生李钊，现为北京师范大学出版集团书法编辑，北京书法家协会会员、北京朝阳区书法家协会理事；编辑出版中小学书法教材及相关图书30余种，编辑出版的书法教材荣获首届中华人民共和国教育部全国优秀教材奖一等奖。2010级本科生、2014级硕士研究生范荟，现工作于人民美术出版社，担任《书法教育》杂志副主编。

此外，还有许多从事其他文化艺术相关工作的专业学生，他们在各自的岗位上均能发挥专业所长，取得了令人骄傲的成绩。如2004级本科生王维，现为北京文津阁拍卖董事、总经理，北京书法家协会理事。2006级本科生、2010级硕士研究生、2013级博士研究生陈思，现就职于首都博物馆民族考古研究部，任副研究员，主要从事古代石刻及北京史研究。2007级本科生、2011级硕士研究生、2016级博士研究生霍超，现为中国艺术研究院艺文馆特藏与研究部副主任。2013级硕士研究生赵梓汝，现就职于故宫博物院，书画部馆员。2017级硕士研究生刘婷婷，现就职于北京北大方正电子有限公司，字体设计师。

在北师大书法专业二十余年的发展中，学生在书法艺术创作方面取得了优异的成绩。较为突出的有：2002级硕士研究生、2010级博士研究生傅汝明，精于小楷，创作成果丰硕，先后入选首届、第二届"中国书法'兰亭奖'作品展"，全国第七、九届书法篆刻展，全国第二届青年展等重要展赛，并在第三届"中国书法'兰亭奖'作品展"中获提名奖。2004级硕士研究生暴学伟，擅长楷书，作品获教育部主办的"2011中华诵"全国规范字大赛高校组一等奖，入选由中国书法家协会和中央电视台联合举办的首届"杏花村汾酒集团杯"全国电视书法大赛，中国书协首届楷书展。2018级博士研究生袁文甲，中国书法家协会会员，清华大学博士后，其作品在2014年、2016年两次获得文化部国家艺术基金资助，入展第四届中国书法"兰亭奖"佳作奖、第四届中国书坛兰亭书法双年展·兰亭雅集42人展、全国第十二届书法篆刻展、全国第四届青年书法篆刻展、第十一届中国艺术节等国家、省级展览近三十次。2018级博士研究生李贵明，精于大篆、草书，作品先后入选湖南书法20年精品展暨全国名家邀请展，全国首届手卷书法展，浙江省第五、六、七届全浙书法大展，浙江省第二、三届篆刻大展等。2018级硕士研究生张文郡，现为中国书法家协会会员、中国甲骨文书法艺术研究会会员、湖南省书法家协会会员、长沙市书法家协会理事兼副秘书长、长沙市篆书委员会委员，曾先后在全国及地方性书法展览大赛中入展获奖，包括"全国第二届书法临帖作品展""全国第三届篆书作品展"以及"全国首届研究生书法作品展"。2002级本科生霍文才，专攻篆书与篆刻，在读期间连续入选"全国第八届书法篆刻展""全国首届青年书法篆刻展""全国首届大字书法展"和"西泠印社第五届篆刻艺术评展"。2004级本科生梅跃辉，作品获全国第三届青年书法篆刻展优秀奖、全国"魏晋风度"新锐书法作品展优秀奖、首届中国书法院奖提名奖等，并多次入选中国书法家协会主办的全国书法篆刻展。2007级本科生乔宇，作品参加"全国第三届青年书法篆刻展""全国第七届楹联展""全国第七届新人新作展"等。此外，2014—2019年，书法系本科生连年摘获由北京市教委主办的"北京市大学生书法大赛"特等奖与一等奖。在与日、韩等国多次联办的交流书展中，学生的作品也得到了国际友人的好评，为北师大赢得了荣誉。

在学术研究方面，北师大书法专业学子也有佳绩。如2000级本科生、2004级硕士研究生张冰，主要研究领域为书法史及当代书法，出版《王献之历史影响之流变研究》等多部著作，其中的《从雅好秘玩到流动的博物馆：中国古代书法鉴藏与交易》荣获2018年度"中国好书""2018中国书法风云榜学术著作奖"等多个奖项。2003级硕士研究生、2006级博士研究生孙学峰主要研究领域涉及书法、汉语言文字学等，论文《清代汉学思潮与阮元书学的形成》引起了学界的关注。2003级硕士研究生、2012级博士研究生杨频的论文《图像学视角与书法史学研究的"文献图像化"问题》获得了"第九届全国书学讨论会"一等奖。2003级硕士研究生程仲霖，著有《晚清金石文化研究》。2005级本科生、2009级硕士研究生法苏恬，著有《中国书法文化丛书：章法》《笔墨纸砚》等。2010级硕士研究生石澍生，出版专著《3—8世纪吐鲁番出土文献书法研究》。2007级本科生、2011级硕士研究生、

2019级博士研究生马春灯，关注基础书法教育研究，曾参与北京师范大学出版社《书法练习指导教师教学用书》的编撰工作。2014级硕士研究生刘昕，研究领域为书法文献与书法史，主编历代名家尺牍精粹《八大山人尺牍》，参与编写《当代书法评价体系建设》和《中国书法全集·15·三国两晋南北朝砖瓦陶文简牍卷》等图书。

还有许多学生的论文发表于《中国书法》《文艺研究》《书法》《书法研究》等专业学术期刊，并参加国内知名学术论坛，收获了良好的口碑。例如：2007级本科生、2011级硕士研究生、2016级博士研究生霍超，专注于清代书法研究，所撰《梁同书的书法及其书论述略》《略论传统帖学体系下梁同书的榜书取法》分别发表于《中国书法》《书法》杂志。2016级硕士研究生、2019级博士研究生周正，所撰《刘颢墓志考释》《福应宜家，芳传贞珉——唐〈韦信初墓志〉考释》分别发表于在《书法研究》《书法丛刊》杂志。

此外，北师大书法系还培养了来自韩国的留学生洪在范、张永善和来自日本的留学生荒金沽，他们学成归国后，继续从事专业的教学和研究，为汉字书法文化的国际传播做出了贡献。

光阴荏苒，北师大书法专业走过了21年的历程。这21年也见证了中国高等书法教育的飞速发展。从最初的十余所高校开设书法专业，到今天一百多所，这种高速增长背后的动力，是国家对于传统文化的重视与自信。在民族复兴、文化强国的国家战略中，传统的书法艺术必然会迎来新的发展和繁荣，而北师大的书法学子们也必将会为此辛勤耕耘，贡献出自己的智慧和力量。

四、课程体系

自1963年浙江美术学院创办书法篆刻科以来，中国高等书法教育已经走过了五十多个年头，并形成了相当大的规模。至2021年，国内招收书法本科生的高校有近150所，招收书法硕士研究生的高校有近120所，招收书法博士研究生的高校有22所。从院校类别来看，包含了综合型、艺术类、师范类、理工科等各种类型，每个院校的书法学科也根据自身的传统、学术资源、学生就业需求等因素，制定了相应的课程体系。北师大是一所以教师教育、教育科学和文理基础学科为主要特色的百年学府，人文学科更是本校的优势学科，书法系4位在岗教师均具有中文教育背景。为了加强课程体系建设，书法系定期召开教学讨论会，教师们针对教学大纲及教学中出现的问题，仔细研讨，形成共识。通过多年的探讨，北师大书法专业本硕课程形成了自身的特色，即以中国传统人文素养为底蕴，强调创作与理论兼善，激发学生的艺术创造力与学术发掘力，同时培养学生学会与能教相结合的能力。

北师大书法专业的本科课程分为通识教育课程和专业教育课程，其中专业教育课程又包括学科基础课、专业选修课、实践与创新课及自由选修课，毕业总学分为135学分。在本科培养中，这四类专业课程各有侧重，由此构建较为全面的知识框架，具备较好的书法临创技能，为硕士生阶段的独立研究、深度创作打下扎实的基础。

学科基础课旨在讲授书法专业本科生应该掌握的基础专业知识与书法技能，涵盖书法概论、书法史、楷书基础、楷书创作、篆书基础、篆书创作、行书基础、行书创作、隶书基础、隶书创作、草书基础、草书创作和篆刻学多门课程。书法概论属于书法专业的常识性课程，为大一学生讲授书法学的基本概念、书法学习与研究的门径、书法史论中的重要作者与作品、书法的工具与材料等内容，重在开眼界，明理路，让学生透彻了解书法的文化属性，激发学生专业学习的热情。书法史是学科基础课的核心课程之一，讲授中国书法的发展脉络，涉及代表性书家、书迹、书法流派、书法教育、书法文化等内容。清晰地把握书法史中的知识点，无论对于学术研究，还是书法创作都具有重要的意义。在授课中，教师还向学生介绍目前学界研究的动向，剖析最新的观点，讲解撰写学术论文的方法，为学生开展自主学习打好基础。篆、隶、楷、行、草及篆刻是书法专业本科的核心课程，学生的专业能力如何得以体现？首先就应体现在临摹与创作能力上。但作为书法专业的本科生，不仅需要系统学习各种书体及篆刻的书写（刻）技巧，更要对文字形体原理、书体发展史与风格流派，有一个学术性的整体认知。这种专业素养无论对于学生的就业，还是个人的艺术发展都是必须具备的。依据书法学习的渐进规律，以及书体之间的相互关系，篆、隶、楷、行、草书及篆刻课程分别安排于本科四年的不同时段。大一阶段开设有楷书与篆书课程。篆书是五体之首，习篆不仅可以通字理，了解汉字的构型方式，也能从用笔上为其他诸体学习打下扎实的基础。楷书则是今字体（楷、行、草）书写技法的基础，在中小学书法教育中，楷书教学具有重要的位置。北师大书法学科承担着中小学书法美育的重任，在大一设置楷书课程，其意义不言而喻。大二开设有隶书与行书课程。从书体发展的角度而言，篆、隶之间的关系极为密切。在艺术趣味上，如果不通篆书，隶书学习也不能深入，因此先篆后隶的学习步骤是科学的。在五体之中，行书实用性最强，行书的学习也最能够反映学书者的笔性水平。学界经常讨论书法基本功的内涵问题，有人片面地认为，楷书就是书法基本功，其实并不尽然。所谓书法基本功即指，要提升书法的艺术性，在技法层面必须具备的基本能力与素养，比如造型能力、笔性能力、力感表现能力等。这是一个全方位的技法素养训练，单靠楷书（尤其仅仅拘于唐楷）学习，是远远不够的。行书训练对于提升学书者的书写性有着重要的作用，而书写性恰恰是书法创作的核心要素。草书与篆刻课程是在大三开设的。在五体之中，草书最富于艺术表现力，也最能发掘学生的艺术创造天赋。任课教师一方面把牢草法关，让学生做到准确背诵草书符号，熟记经典草法细节，同时又能够用草书创作打开学生的审美心胸，让他们敢于创作大尺幅作品。这种扎根临摹，临创紧密结合的教学模式，受到了学生的欢迎，也为他们在大四阶段完成毕业创作打下很好的基础。与五体一样，篆刻课程的讲授注重学术性与实操性相结合。在理论方面，学生须系统学习印学史，教师详细介绍战国玺印分域、汉印、隋唐官印、新材料、工具书以及相关研究著述，以此拓展学生的学术视野。在实践方面，则以汉印为核心，秦印、隋唐官印为拓展，进行了大量临摹与仿作。同时还会系统讲授边款刻制以及拓印技法。

目前开设专业选修课、实践与创新课以及自由选修课三大类。专业选修课包括古代书论选读、书法教学法、汉字学、中国美术史、中国画基础、古典诗词鉴赏、毕业创作与展示、专业考察等课程。扎实的文献阅读能力是书法专业学生的基本素养，古代书论选读即针对此目标而开设。该课程择选了中国古代书学文献中的重要篇目，通过详析评点的方式，使学生深入理解经典篇目，明白书学发展的脉络，掌握书论中的重要范畴，进而提升书法理论素养。书法教学法从教学目标、教材、教学过程等方面出发，讲授书法教学的基本理论和方法。教学内容包括与书法教学法相关的概念界定、书法教学法的任务、书法教学的历史与意义、当前书法教学研究存在的问题等。该课程开设在本科生修完绝大多数专业课之后，可为后续教育实习模块打好基础。书法是汉字造型艺术，学习书法应对汉字的基本知识有所了解，汉字学旨在讲授汉字与汉字学的基本概念和理论知识，明确汉字学和书法艺术之间的关系，并且对二者领域内的概念有所了解。书法学习绝非仅仅是练字，书内功夫书外得，只有对和书法相关的文化、艺术知识有所了掌握，学书者的综合素养才能得以提升，中国美术史、中国画基础与古典诗词鉴赏三门课程的设置即出于这种考虑。同时，中国画基础又为学生未来就业提供多元的技能支撑。为了使本科生能够很好地完成毕业展，书法系专门设置了毕业创作与展示课程，学生按照擅长的书体与风格分成若干组，由相关导师负责指导。专业考察课程旨在鼓励学生走出课堂，在展览馆、博物馆广泛地吸收艺术营养，开阔眼界，通过实地考察，验证所学的知识。实践与创新课包括专业实习、毕业论文与毕业创作等环节。北师大书法专业一直很重视师范性的培养，为了增强学生的教学经验，多年来书法系一直与北师大实验小学有着良好的合作。学生通过三年半的学习，已经储备了较为丰富的专业知识，专业实习环节即通过三周的课堂实习检验所学，并为学生在中小学就业提供一定的经验保障。大四春季学期的毕业论文与毕业创作环节，则是集中考查了本科生学术研究能力与书法创作水平。

北师大书法专业的硕士生分为书法学（学硕）和书法创作（专硕）两个方向，课程包括公共必修课、学位基础课和学位专业课三大类，学硕与专硕的毕业总学分别为35学分和50学分。学硕与专硕共上的课程有书法史、古代书论研究、书法学、汉字学专题、篆隶临摹与创作、楷行草临摹与创作、篆刻临摹与创作、书法技法研究等。与本科生不同，硕士生的书法史、古代书论研究和汉字学专题更侧重于方法论的指导，强调学生对于专业知识应有一个系统性的把握，同时积极关注学术前沿的动向。书法学课程则为学生讲授书法的学科原理，引导学生进行学术思考与探讨，鼓励学生发表学术成果。如果说本科生的书法技法课注重对传统经典作品的精熟临摹，打下扎实的基础，并由此进行初步创作的话，那么硕士研究生阶段的五体与篆刻临摹与创作则更强调深入解读传统经典，明确自己的创作方向，初步形成自己的风格。此外，基于不同专业方向的培养目标，学硕还增设了史论与方法论课程，如艺术史论、艺术理论和艺术研究方法论，专硕更偏向于技法及创作的反复训练，增设有书法创作与艺术创作实践。

　　通过以上阐述可见，北师大书法专业的课程体系具有完整性与科学性，它既承续了北师大的学术传统，又充分考虑了当今书法学科发展的需要，由此形成了自身的特色。2021年12月10日，国务院学位委员会发布了《关于对〈博士、硕士学位授予和人才培养学科专业目录〉及其管理办法征求意见的函》，其中"美术与书法"被列为一级学科。这次学科目录调整对于高等书法教育是一次历史性的飞跃，它将对书法的传承与发展产生深远的影响。北师大书法专业将在课程体系上做出相应的调整，积极服务于国家美育教育方针的整体要求。

　　　　　　　　　　　　　　　　　虞晓勇　艺术与传媒学院教授
　　　　　　　　　　　　　　　　　于　乐　艺术与传媒学院讲师

第八章

建校以来的影视教育

北京师范大学影视艺术教育有着悠久的历史传统。自1992年创设影视教育专业以来，北师大影视教育学科已走过30年的发展历程。多年来，学科落实立德树人根本任务，坚持人文性、综合性、复合性"三性"并重的育人理念，以培养拔尖创新影视传媒人才为"一个中心"，发挥综合性大学和综合性艺术学科的"两项优势"，强化教学、科研与实践的"三个抓手"，在人才培养、科学研究、社会服务、文化传承创新等方面取得了突出成效，现今已成为我国影视传媒教育的高地与重镇。

追溯中国影视教育发展史，北京师范大学与我国近代影像教化实践之间有着千丝万缕的联系，其历史悠久，传统深厚。早在1868年，美国传教士丁韪良（William Alexander Parsons Martin，1827—1916）担任京师同文馆总教习期间，就编著完成了同文馆和登州文会馆共用的中文教科书《格物入门》共七卷，其中卷三《火学》中，即有"双眼看画镜""摄影灯""映画幕"等图示。据考证，"映画"二字的出现是中文教科书中的首例，《格物入门》也成为电影学前史中最早正式刻版印刷的教科书，参与推动了中国早期电影教育事业的发展。[①]随着京师同文馆于1902年并入京师大学堂，这种前史性的渊源便一并汇入北

---

① 孙健三：《电影光学：电影学和电视学的基石与灵魂》，《北京电影学院学报》，2012年第5期，第88页。

京师范大学的校史基因。20世纪30年代，由时任教育部专员郭有守和陈翰笙发起的"电化教育"（电影教育与播音教育）运动中，近90位学者、官员及电影人组成了近代首个电化教育学术组织——中国教育电影协会，彼时国立北平师范大学的校长及学术骨干等亦参与其中[①]。中华人民共和国成立前后，在戏剧和电影界备受尊崇的两位泰斗——焦菊隐、洪深先后在北京师范大学英语系和艺术系任教，将其丰富的电影及戏剧经验教授给在校师生。

在影视专业正式设立以前，北京师范大学影视教育实践就已经伴随中国近现代影像历史的发展而开始了。1987年，北京师范大学中文系成立了影视戏剧教研室。1992年，由国家教委批准，北京师范大学正式创建影视教育专业，办公教学地点位于辅仁校区的化学药品仓库小院。初创时期的影视专业由艺术系主任黄会林和4位教师、6位在读硕士研究生组成，面对简陋的环境与几乎空白的专业建制，师生们从无到有、从宏观到微观地进行了多维探索，围绕发展布局、章程制定、课程设立、教材编写等做了大量夯实基础的建设工作。这一阶段，学科的基本目标得以确立，即将学科建成培养中国影视传媒教育人才、影视传媒研究人才和影视传媒创作制作人才的重要基地。[②]

创建初期，除了自身内部面临的简陋环境与艰苦条件之外，北师大影视学科还面临着两重颇具挑战的外部形势：一是以北京电影学院和北京广播学院（2004年更名为中国传媒大学）为代表的专业艺术院校，已基本摸索出影视技艺专业人才的培养模式，北京师范大学影视学作为综合性高校的艺术专业，亟须确认自身在影视传媒教育领域的

---

① 孙健三：《中国早期电化教育探源（上）》，《中国教育信息化》，2013年第5期，第6页。

② 黄会林、明日：《现代影视高等教育及学科建设理念探究》，《现代传播（中国传媒大学学报）》，2006年第5期，第130页。

位置与特色；二是西方电影理论于20世纪90年代中期在我国得到大量译介和引进，并在短时间内占据了压倒性的学术地位，在西方理论话语十分活跃的语境下，年轻的北京师范大学影视教育需承担在艺术教育中坚守中华文化底色、弘扬优秀传统文化的学术任务。

　　面对挑战，北京师范大学影视专业综合考量内外形势，挖掘自身特点，自觉承担学术使命，于发展初期便确立了此后一以贯之的教育传统。首先，在专业定位和人才培养方向上，充分挖掘并利用综合性高校特有的人文资源优势，博采众家之长，着重培养头脑型、复合型的影视传媒复合型人才。其次，在学术和科研立场上，以影视美学民族化为教学科研底色，持续推动在全球化语境中提升中华优秀传统文化的影响力与传播力。秉持这一学科传统，1993年4月，经教育部、北京市委、广电部等部门联合批准，北师大影视学科创办了首届北京大学生电影节，在"青春激情、学术品位、文化意识"的品牌口号引领下，坚持"大学生办、大学生看、大学生评"。如今，北京大学生电影节已成为北京师范大学乃至中国电影界的一张具有重要品牌影响力的文化名片，培养、挖掘了一批在国内外崭露头角的优秀影视策划、创作和运营人才，如知名导演霍建起、宁浩、张杨、施润玖等都曾在此获得首个导演奖。同年，影视学科获批全国综合性大学首个"影视艺术与技术"硕士点。1994年秋，开始招收首届影视教育专业本科生。1995年经国务院学位委员会批准，建立了全国高校第一个电影学博士学位授权点，并拥有了影视学科全部覆盖的两个硕士学位点，被誉为"三年三大步"[①]。1998年获批全国高校第二个广播电视艺术学博士点。

　　北京师范大学影视学科在短时间内取得了多项重要的开创性成

---

① 杨卓凡：《从"家国情怀""中国影视民族化"到"第三极文化"——访北京师范大学资深教授黄会林》，《中国文艺评论》，2019年第7期，第121页。

果，究其根源，与专业教师对影视教育的深刻认识密切相关。既要锻造匠气，更要培育匠心，始终是北京师范大学影视学科在近30年的发展中未曾改变的主基调。2001年，由我国香港企业家田家炳捐赠的田家炳艺术书院正式落成，创新性地搭建了一个同时拥有影戏剧场、舞蹈练功房、书法练习室、钢琴教室、雕塑工作间和传统教室的综合性、开放式艺术空间。2002年，北京师范大学影视学科所在的艺术系由辅仁校区整体搬迁至本部校区的田家炳艺术楼，由多元艺术学科聚合而成的"艺术与传媒学院"正式创立，首任院长为影视学科的开创者黄会林教授。建院以来，北师大影视学科在多元化的学院建制中持续展开教育、科研与实践的探索，沿戏剧、电影、广播电视、数字媒体艺术等方向不断丰富自身的教育体系。在2004年和2008年两次教育部艺术学科排名中，北京师范大学艺术学综合排名均位列全国第四。2007年，由黄会林教授主持、学院多名教授参与的"中国艺术学科体系建设研究"获批教育部哲学社会科学重大课题攻关项目，历经数年研究探索，该项目推出了一批在影视传媒教育领域内具有影响力的课程、教材和著作，北京师范大学倡导的综合性学科建制思路在理论和教学实践的双重考察下得到了验证。2008年，北师大影视学专业被国家认定为高等学校特色专业。2009年，黄会林教授在"影视美学民族化"的基础上提出"第三极文化"理论，并由该理论出发，于2011年5月启动"看中国·外国青年影像计划"。北京大学生电影节、"看中国·外国青年影像计划"与推动中华优秀文化走出去的"汉字之美"全球创意大赛等原创品牌活动，是北京师范大学影视教育推动跨省与跨国协同、理论与实践深度互动的重要创举。在教学、科研和实践三大支柱支撑下，学科发展迅速，成果显著，在2013年教育部全国学科评估中，北京师范大学戏剧与影视学一级学科排名全国第二，电影学本科专业排名全国第一。在2017年教育部评估中，北京师范大学戏剧与影视学被评为"一流学科"，在全国高校学科评估排名中位列A+。2022年，经国务院批准，北师大戏剧与影视学入选第二轮"双一流"建设名单，新一轮建设正式启动。

一、专业教育特色

尝试总结北师大影视教育的学科发展特色，可大致归纳为坚持"一个中心"、发挥"两项优势"、强化"三个抓手"。

（一）坚持"一个中心"

坚持"一个中心"是指坚持立德树人，建设培养拔尖创新影视人才的人才培养中心，这是北师大影视艺术教育的核心要义。在北京师范大学第十三次党代会提出的"建设综合性、研究型、教师教育领先的中国特色世界一流大学"发展目标指引下，北师大影视学科积极响应习近平总书记对新时代"四有"好老师的要求，服务国家教育战略，坚守师范教育初心，围绕立德树人根本任务，探索形成人文性、综合性、复合性"三性"并重的新时代育人理念和全方位、立体化、交叉式的专业教育体系。经过三十年的育人实践，影视学科在人才培养上取得了突出成效。毕业生在影视传媒业界、学界及社会多领域崭露头角，学生作品在美国奥斯卡电影节、阿姆斯特丹国际纪录片电影节、韩国釜山国际儿童电影节、平遥国际摄影展、乌镇戏剧节、全球华语大学生影视奖、四川国际电视节、中国纪录片交流周等国内外权威节展上表现突出，并多次斩获各项大奖。

除持续培养、输送影视传媒复合型高端专业人才外，学科教师还深度参与到北京师范大学美育建设工作中，与其他艺术学科教师共同打造线上美育课程，推动高校美育教材建设和戏剧影视类通识教育核心课程建设，扩大并强化北师大影视学科的校内外辐射力。学科助力全国影视教育师资建设，教师们倾力参与编写中小学影视教材，开展中小学教师影视艺术素养培训，协助提升全国影视基础教育师资的专业素养。通过开设线上影视传媒课程、开展系列讲座，以美化人，将一流学科的教学科研成果惠及校内外莘莘学子。学科还助力开展"电影下乡——新时代大学生美育支教行"系列活动，鼓励在校大学生身体力行地参与基础教育，将影视艺术的种子播撒向全国贫困山区。

（二）发挥"两项优势"

发挥"两项优势"是指发挥综合性大学和综合性全艺术学科学院的优势。较之于专业性艺术院校，北京师范大学影视学科与多学科间的聚合、交叉与互动，是综合性大学艺术学科的特色。

一是综合性著名高等教育学府的优势。背靠人文历史悠久、学术传统深厚、学科合作条件优越的综合性大学，影视学科博采众长，从宏阔的人文视野和多元的学术格局中获取滋养，不断拓展艺术教育边界，丰富影视传媒人才培养的内在格局。艺术思维的创造性不能依靠单一的技能技巧训练加以提升。[1]与教育学、心理学、文学、历史、哲学等北师大优势学科群开展合作，有助于借助跨学科人才培养项目与平台夯实人才的文化素养基础，培育创造性拔尖人才。同时，这种跨学科合作与交叉，有助于影视传媒艺术教育获得更宽广的理论视野，开辟更多元的方法路径，形成更具特色的教学科研成果。

二是综合性艺术学科的优势。在聚合多样性的整体规划中，北师大影视专业教育始终注重在学院全艺术学科设置的环境下发展，重视引导学生在全艺术的视域下展开影视传媒的学习、思考与创作。注重

---

[1] 周星：《面向融媒体时代的影视传媒学科发展趋向》，《艺术教育》，2019年第9期，第16页。

发挥与其他艺术学科间的跨界融合优势，搭建戏剧与影视学科与音乐学、舞蹈学、美术学、书法学、艺术设计学等其他艺术学科交叉互动的平台。譬如，创办于1993年的"北京大学生电影节"是在原广播电影电视部、教育部和北京市政府及北京市广播电视局的批准与支持下，由北京师范大学主办、北京师范大学艺术与传媒学院承办的全国性电影节。至2022年已举办至第29届，是戏剧与影视学科牵头、学院其他艺术学科协同联动的学生实践平台。北京大学生电影节目前既包括国际青年学者论坛、电影大师班、系列学术研讨活动，也包括全国大学生原创影片大赛、青年剧本与创意大赛以及开幕式、闭幕式等多个实践性子项目。在多个学科与部门的密切配合下，北京大学生电影节平台的搭建充分彰显了综合类大学艺术学科的实力和旺盛生命力，为影视业界、学界培养、输送了大量管理人才、策划人才、创作人才、宣发人才和研究人才。在与影视传媒学界和业界紧密联动的组织、参与过程中，学生拓展了艺术人文视野，提升了学术素养与综合实践能力。

图 51　第 24 届北京大学生电影节开幕式

图 52　第 25 届北京大学生电影节闭幕式暨颁奖典礼

（三）强化"三个抓手"

强化"三个抓手"是指强化教学、科研、实践的三个重要抓手。在三十年的学科建设和教育实践中，北师大影视学科正是紧紧围绕这三大支柱，建立并强化产、学、研相互促进的立体化、复合型优势育人形态。

教学上，着力打造体系完备的影视传媒课程群落，并根据时代发展不断更新教学理念与方法，探索多样化的课程体系和教学模式。学科在影视史论、影视创作、影视批评、文化传播、媒介研究等多个领域持续深耕，已推出《中国电影艺术史》《电视学概论》《戏剧影视学导论》《中国电影经典影片鉴赏》《千古明月》等一批国家级示范精品课、视频公开课程和一流线上课程，形成《电影艺术概论》《电影理论基础》等十余部权威教材，并先后获得二十余项国家及省部级教学成果奖。

　　科研上，充分发挥一流学科和综合性知名学府的资源和人才优势，大力提倡、鼓励师生持续产出优质科研成果，以兼顾理论性、专业性和时代性的研究，驱动教学不断向前。截至2022年，学科共承担国家社科基金规划项目、全国艺术科学规划项目与教育部、国家广播电视总局、北京市等省部级课题近百项，横向课题等百余项，出版著作百余部。科研产出位居全国前列，论文数量、论文质量、著作数量、科研项目数量、到校经费数量等均常年保持增长态势。为助力科学研究，学科还牵头建设了一批前沿学术阵地，先后成立中国文化国际传播研究院、首都文化创新与文化传播工程研究院两大实体机构，设立纪录片中心、传媒发展研究中心、影像认知与发展研创中心、亚洲与华语电影研究中心等校级教学科研中心。上述机构共同组成了影视传媒高端智库，打造了学术和服务意识兼备、研究与实践双轨并进的影视传媒教育与研究矩阵。

　　实践上，强调以人文性、聚合性、交叉性的特色，打造耐得住审视、经得起考验的育人基地与实践品牌。学科获批教育部中华优秀传统文化中国话剧传承基地、国家文化和旅游研究基地两大综合实践育人基地。在品牌活动建设上，除享誉海内外的北京大学生电影节，"看中国·外国青年影像计划"至2021年已连续进行十年，共计有来自五大洲91个国家77所海外高校的804名外国青年完成了779部纪录短片，斩获了包括中美国际电影节年度最佳系列微电影等在内的120余项国际性奖项，创作的影片在五大洲28国展映，出版系列书籍10种。"汉字之美"大型赛事调动了中国大陆和港澳台，美国、韩国、法国、马来西亚等十个国家和地区的数千人参与。在上述育人基地与品牌活动的基础上，学科组织学生开展剧情片、纪录片、实验片、电视与网络视听节目、戏剧等多维度的实践演练，使大艺术视野下的影视传媒实践为更多学生走入行业、迈向社会打下坚实基础。

图 53　"看中国·外国青年影像计划"十周年展览开幕

图 54　"汉字之美"全球青年设计大赛

二、名师风范

北师大戏剧与影视学深受洪深、焦菊隐等老一辈杰出师者传统滋养，在学科创始人、资深教授黄会林的带领下完成了从无至有、逐年壮大的创设耕耘。在此后三十年的学科发展历程中，京师影视学人始终以立德树人为根本任务，秉持"学为人师、行为世范"的校训精神，深耕新时代的影视传媒教育事业。如今，学科已培养、积聚了一批在全国影视教育、研究、创作等领域享有盛誉的师资，在学界和业界均具备强劲影响力。同时，更涌现出一批既有深厚的学术积累，又有高尚师德风范的学科带头人，树立了一批新时代育人典范。

北京师范大学艺术与传媒学院影视传媒系现有正高级教师计20人，其中资深教授1人，"马工程"首席专家2人，教育部影视类教学指导委员会主任1人、秘书长1人，教育部新世纪优秀人才3人，国家一级学会副会长1人、副秘书长2人，省部级智库负责人、北京市"四个一批人才"多人。学科拥有多名外籍博士生导师、国家海外高层次人才引进计划学者、国家外专局资助高端外籍专家、京师特聘教授等优秀师资，并聘请黄建新、霍建起、高群书、邹静之、焦雄屏、赖声川、陈晓卿等戏剧与影视业界精英担任兼职教授。

北京师范大学戏剧与影视学科的创始人和奠基人是资深教授黄会林先生。黄会林教授是中国高校第一位电影学博士生导师，自1992年起享受国务院政府特殊津贴，曾获全国教育科学研究优秀成果奖、中国文联文艺评论奖、北京市"师德榜样"等多项重要荣誉，主持国家级、省部级重大、重点科研项目十余项。其研究和创作涉及文学、戏剧、影视、艺术教育等多个领域，成果累计近2500万字。对于北师大戏剧与影视学科发展、中国民族化影视美学理论建设、京师影视人才培育，黄会林教授及其历史贡献奠立了权威性的标杆与典范。学科发展方面，黄会林教授与团队在学科初创期的耕耘，为此后三十年学科长足发展打下了坚实基础，勾勒了框架蓝图。1992年，黄会林教授带领4位教师和6位在读硕士研究生，克服万难、从无到有地开辟、创建了北师大影视教育专业。2002年，艺术与传媒学院落成，黄会林教授出任首任院长，并大力开展以"中国艺术学科体系建设研究"为题的教育部哲学社会科学重大课题攻关项目，持续探索艺术教育在综合性大学中的建制问题。三十年来，黄先生于学科初创期提出的"一个目标、两个翅膀、三根支柱、四项特色"①的理念始终在影视传媒系的发展中得到贯彻、落实，为学科发展提供了原理支持，奠定了发展底色，更逐渐演化为当代综合性高校艺术学科建设中可推广、可借鉴的经典模式。在学理探索上，黄会林教授是影视美学民族化的重要倡导者、"第三极文化"理论的创立人，一生将家国情怀、民族理想深度融入影视学理耕耘之中。早在影视学科创立之初，黄会林教授就将"影视美学民族化"作为学科发展底色。在该理念指引下，影视传媒系师生于五年内陆续推出了"中国影视美学丛书"，在学界产生了较大影响。2009年，黄会林教授正式提出强调各国/地区文化多元共存、和而不同的"第三极文化"理论，充分体现了他对于民族、国家、时代的担当精神。2010年，黄会林教授创建中国文化国际传播研究院，将理论践行于中国文化国际传播实践，开启了"看中国·外国青年影像计划"项目，迄今已连续成功举办十一届。2015年，中国国家领导人在新加坡国立大学发表演讲时特别提及"看中国"活动，对其在中外友好合作事业中做出的贡献给予了充分肯定。在人才培养上，黄会林教授在其教育生涯中始终坚持知行合一、践行学术的大艺术教育理念，桃李满天下。其门下诞生出中国最早一批戏剧与影视学领域的重要学者，其众多弟子在国内各大高校履职、任教，很大程度上参与建构了

① 注："一个目标"是指培养影视教育、研究、创作等复合型人才的目标；"两个翅膀"是指影视传媒与传统艺术学科之间彼此借重、兼具专业化和综合化的发展模式；"三根支柱"是指教学、科研、实践协同发展的建设基础；"四项特色"是指整合建制、人才培养、理论研究、实践品牌这四大北师大影视教育的突出优势。详情参见：杨卓凡：《从"家国情怀""中国影视民族化"到"第三极文化"——访北京师范大学资深教授黄会林》，《中国文艺评论》，2019年第7期，第123页。

中国影视教育的基本师资格局。在育人实践中，黄会林教授深谙影视学较其他传统学科的特殊性，强调"如若缺失实践，影视就会成为无源之水、无本之木"[①]。1993年春，她率领数名青年教师创办了"北京大学生电影节"，为影视传媒学科搭建了重要的综合性实践育人平台。如今，已连续举办至第29届的大学生电影节持续为影视行业培养并输送了大量创作、策划、宣发和研究人才。近几年，黄会林教授曾在不同场合数次笑称自己为"85后"，这一充满童趣的自我指称背后，透视出先生在美学探索、艺术教育、学科建设等多个方面苍劲不老的职业生命力。黄会林教授奠立的理论基础、学科建制和众多杰出的实践品牌案例，是北师大戏剧与影视学科贯彻至今的珍贵财富。

周星教授是北师大影视学科的创始者之一，他将戏剧与影视学科综合性的传统与新时代的环境深度结合，率先开展了一系列具有引领性的教学和学术探索。教育实践方面，作为教育部高校戏剧与影视学类专业教学指导委员会主任，学校"四有好老师"奖章获得者、中国艺术教育研究中心主任，他坚持立德树人根本，引领艺术教育审美实践，获得北京市教学名师奖、北京市高等教育教学成果一等奖、宝钢全国优秀教师特等奖提名奖等重要教学奖励。他多年来致力于戏剧与影视学的专业教育与美育普及，打造出《中国电影经典影片鉴赏》《戏剧影视学导论》《中国电影艺术史》等国家级精品课程。紧跟时代变化与发展需求，于疫情期间开拓《中国电影经典影片鉴赏》等多门线上线下混合式课程、学院路共同体及沙河高校联盟混合式课程，并创办了"审美与向善"公益艺术审美系列线上学术讲座，覆盖全国百余所院校和机构，累计惠及百余万人次。作为教育部新文科建设小组成员，

---

① 黄会林、崔金丽：《一直"在路上"——黄会林教授访谈录》，《艺术学研究》，2019年第2期，第118页。

周星教授研发出"五位一体双轮驱动模式"大学生线上线下艺术审美立体接受路径与创新实践，主导开启了大学生艺术审美系列课程。学术研究方面，作为国务院政府特殊津贴专家、全国"高被引学者"，周星教授理论成果丰硕，多年笔耕不辍，为北师大戏剧与影视学"双一流"建设做出了重要贡献，在《中国社会科学》《文艺研究》等重要刊物上累计发表学术论文700余篇，30余次被《新华文摘》《高校文科学术文摘》《中国社会科学文摘》《人大复印资料》等权威学术刊物全文转载。担任"马工程"《中国电影史》重点教材和重大项目首席专家，承担国家级课题十余项。学科拓展方面，周星老师立足课程思政，注重戏剧与影视学科创新，不断改革适应时代变化和学生需求，率先在学科发展及教育探索中融入党史教育、红色教育，构建新时代艺术审美"课程思政"。依托国家一流课程《中国电影经典影片鉴赏》及多门线上课程，出版《青少年影视德育通识教程》，以此形成"经典影片鉴赏"课程系列矩阵。结合百年党史、课程思政与中华优秀传统文化，建设"影像艺术赏析虚拟仿真实验"，借助VR等技术探索全媒介时代新艺术审美教学路径，引领全国戏剧影视学科课程思政建设，形成了示范效应。

于丹教授是弘扬中华优秀传统文化、助力民族之美走向民间、走向全球的倡导者和践行者，她的教学科研涉及影视学、传播学、中华优秀传统文化等多个领域。教学与科研方面，她开设了《广电与新媒体概论》《传播学理论》以及《中国古典诗词鉴赏》等多门本科生及研究生课程，其中《电视学概论》获评国家级精品课程，面向全国开设的《意在象中——中国古典诗词鉴赏》慕课获评国家级线上一流课程。从教以来，于丹教授已出版近二十部专著，承担国家社科基金马克思主义理论研究和建设工程双重大项目、国务院参事室重点扶持项目、中宣部重点社科项目、教育部哲学社会科学研究项目、北京市委宣传部委托项目等重要科研项目五十余项。文化与社会影响力方面，于丹教授从多个维度对中华优秀传统文化的普及和对外传播做出了突出贡献。立足于《论语》《庄子》等古籍经典，进行了大量的普及解读与社会阐释工作，在中国古典文化与当代人的情感价值、伦理道德、生命感悟之间建立起了沟通的桥梁。著有《于丹〈论语〉心得》《于丹〈庄子〉心得》《于丹·游园惊梦——昆曲艺术审美之旅》《于丹〈论语〉感悟》《于丹 趣品人生》《于丹 重温最美古诗词》《人间有味是清欢》《于丹 字解人生》《有梦不觉人生寒》以及《此心光明万物生》等，其中《于丹〈论语〉心得》一书获得了世界知识产权组织的版权金奖，国内累计销量已达900余万册，多次再版，已被译为40余种文字在各国发行，仅外文版销量已近80余万册。她2015年发起、创立了"汉字之美"全球青年设计大赛，多年来该项国际品牌赛事启发人们了解汉字的深厚内涵与中华文化之间的密切关系，以汉字创意设计搭建起了一座全球青年文化沟通的桥梁。此外，于丹教授曾在中央电视台、北京电视台、凤凰卫视、各省级卫视，以及互联网平台创作、策划并参与了大量文化传播类视频节目，通过系列讲座普及、传播传统文化，以生命感悟激活了经典中的属于中华民族的精神基因。为推动跨文化交流，她多次应外交部、中联部、国务院侨办、文化部等政府部门邀请，前往美国、英国、法国、德国、日本、韩国、新加坡、马来西亚、巴西等国家开展了千余场传统文化讲座，有力促进了中华民族优秀文化的海外普及推广，引起了海外观众的强烈反响。

在学科发展史上，还有一批在各领域深具影响力的著名学者，在不同阶段为学科发展立下了汗马功劳，夯实、提升了北师大影视学的学科优势。

胡智锋教授于2016年至2020年任北京师范大学艺术与传媒学院院长，是影视传媒艺术服务社会、服务国家的领军人。他是中国传媒学术领域第一位教育部"长江学者"特聘教授，是中国广播电视艺术学学科创始人之一，中国电视美学的主要奠基人，中国电视传播艺术学、传媒艺术学的创建人，著名电视节目策划人，哈佛大学高级访问学者。现任北京电影学院党委副书记、副校长，国家一级学会中国高等院校影视学会学术委员会主任（2008—2021年任该学会会长），国务院学位委员会戏剧与影视学科评议组召集人，中国文联第十一届全国委员会委员，享受国务院政府特殊津贴。胡智锋教授取得了丰硕的学术成果与突出的教学科研成就，入选中组部首批"万人计划"哲学社会科学领军人才、全国宣传文化系统"四个一批"人才、"新世纪百千万人才工程"国家级人选、"新中国60年影响中国广播电视进程的60位人物"、全国"新闻出版行业领军人才"等多项重要荣誉。教学实践和学术研究方面，胡智锋教授以学理思辨引领学科发展和人才培养。他长期致力于传媒、艺术、文化研究，特别是影视艺术和传媒文化等领域的创作、生产、传播研究，以及公共文化服务、传媒与艺术教育、美育等领域的政策、理念、方法研究。从教以来，共主持国家级、省部级等重大、重点科研项目40余项，出版《立论中国影视》《电视传播艺术学》《影视文化论稿》《电视美学大纲》等学术专著及核心教材30余部，发表学术论文500余篇；已出版、发表各类学术成果1000万字。曾多次荣获教育部高等学校科学研究优秀成果奖、北京市哲学社会科学优秀成果奖等奖项。他参与了百余个电视频道、栏目、大型节目的策划和主创工作，担任中宣部"五个一工程"奖、中国新闻奖、中国电影金鸡奖、中国电视金鹰奖、中国电视文艺星光奖等多个国家级奖项的评委。

教授、博士生导师尹鸿曾任北师大艺术系（艺术与传媒学院前身）副主任，1999年调往清华大学工作。现为清华大学中国文艺评论基地主任，中国电影家协会副主席，中国文艺评论家协会副主席；兼任澳门科技大学特聘教授、电影学院院长。获国务院政府特殊津贴。多次担任中宣部"五个一工程"奖、中国电影金鸡奖、中国电影华表奖、中国电视剧飞天奖、中国电视文艺星光奖等重要奖项评委。著有《通变之途——新世纪以来的中国电影产业》《重构之路:新世纪以来的中国电影创作》《世纪转折时期的中国影视文化》《百年中国电影艺术史》等二十多部专著,发表影视理论评论文章六百多篇,多次获全国和省部级哲学社会科学奖励,并被评为全国广播影视十佳理论工作者和北京市十佳电影工作者等。

教授、博士生导师桂青山是影视编剧学、创作文化学、影视文化批评与媒体现状研究的资深专家,曾于1982年至2008年于北师大任教,其间担任艺术系(艺术与传媒学院前身)副主任。2008年由校本部调任珠海分校(现珠海校区),曾任珠海分校艺术与传播学院院长。兼任中国应用写作学会副会长、北京市写作学会副会长等。出版《影视剧本创作教程》《电影创作类型论》《中国当代文艺思潮研究》等著作十一部,发表学术论文两百余篇。创作影视剧本、电视专题片八十余部(集),在各期刊发表中短篇小说八十余篇(部),诗歌、散文、随笔等三百余篇。

教授、博士生导师李志田是影视制片、影视产业研究学者。于1982年起在北京师范大学任教,后调入艺术系(艺术与传媒学院前身)。著有《影视语言教程》《影视制片管理教程》《电影语言:理论与技术》《第三类时空:电影艺术欣赏》等著作多部,并创作有电视剧《星星·烛光·梦》《七年之痒》《猪八戒出游记》等影视作品,获中宣部"五个一工程"奖、北京市教学成果奖、北京市优秀教材奖等。

为充分发挥不同教师专业方向的特色与优势,凝聚相似专业方向教师的教学与科研力量,更好地培养具有专业竞争力的拔尖创新人才,

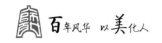

影视传媒系将现任教师划分入六个教研室：史论教研室、创作教研室、戏剧教研室、传媒教研室、批评教研室和产业教研室。

创作教研室团队包括张同道教授、樊启鹏教授、胡伟老师和喻溟老师。教授、博士生导师张同道是著名纪录片制作人与专家学者，北师大纪录片中心主任，兼任中国高等教育学会影视教育委员会会长。曾任"五个一工程"奖、中国金鸡电影节、金鹰电视节、上海白玉兰电视节、四川金熊猫电视节、广州国际纪录片节、加拿大世界电视节、卡塔尔半岛国际纪录片节等评委，国家电影局审片委员。出版《真实的风景》《多元共生的纪录时空》《电影眼看中国》《电影眼看世界》等专著多部。2010年主持发布中国第一部纪录片蓝皮书《中国纪录片发展研究报告》，至今已连续发布12年，被誉为行业指南。创作有纪录电影《小人国》《零零后》，电视纪录片《成长的秘密》《电影眼看中国》《贝家花园往事》《文学的故乡》《伊文思看中国》等，作品曾获国家广电总局、四川电视节、广州国际纪录片节、卡塔尔半岛国际纪录片节、美国波士顿国际电影节等中外影视节奖项20多个。教授、博士生导师樊启鹏是纪录片制作人和研究者，国家电影局电影审查委员会委员、中国高等院校影视学会纪录片专业委员会理事，主持、参与多项国家级、省部级课题十余项，著有《民间影像与个人书写——中国独立纪录片创作与传播》等多部作品，发表核心学术期刊论文三十余篇。参与制作《我不是笨小孩》《零零后》《文学的故乡》《小人国》《电影眼看中国》等多部纪录片，曾担任北京国际电影节、四川电视节等多项赛事评委。

戏剧教研室团队包括黄会林教授、王宜文教授、田卉群教授和拓璐老师。除资深教授黄会林外，该教研室的教授、博士生导师王宜文是外国电影史领域的著名学者，北师大影像认知与发展研创中心主任，教育部新世纪优秀人才、北京市宣传文化系统"四个一批"人才，兼任中国高校影视学会副会长、国务院第七届学科评议组（戏剧与影视学）成员。出版专著十余部，发表论文百余篇，主讲的《中国电影经典影片鉴赏》被评为国家一流本科课程，主讲的电影史论课程获国家级教学成果奖。在新文科建设背景下，王宜文教授在全国范围内率先开展电影和认知神经科学的跨学科研究，主持数项国家级、省部级交叉科研项目，建立了国内首个神经电影学研究团队并进行了系列实验研究，推动了戏剧与影视学科的跨学科发展。教授、博士生导师田卉群任北师大校园戏剧研究中心主任，是国内知名编剧，戏剧及影视文化创作批评专家，任北京市文学艺术奖评委、北京市电影审查中心专家审委、北京市文创基金评审专家等。担任《神探狄仁杰》《战神纪》等多部院线电影编剧，创作的剧本《司徒雷登》《灰色星球》等获得包括国家广电总局"夏衍杯"剧本奖在内的多项重要奖项。著有《探寻：中国电影的本土化与类型化之路》《电影创意思维研究》等多部专著，发表核心论文百余篇。

传媒教研室团队包括于丹教授、杨乘虎教授、张智华教授、王韵副教授、史林老师和彭侃老师。除二级教授于丹外，该教研室的教授、博士生导师杨乘虎是影视剧、纪录片、综艺节目研究与创作专家，现任艺术与传媒学院副院长、文化和旅游部研究基地——北师大国家公共文化发展研究中心执行主任。为教育部新世纪优秀人才、全国广播影视"十佳"理论人才，兼任国家文化和旅游公共服务专家委员会秘书长、中国高校影视学会副秘书长、国家广电总局网络视听节目评审专家等。曾在国家级影视制作机构从事影视创作、经营管理十余年，策划、创作了上百部影视作品。持续为国家广电总局、北京广播电视局、江苏广播电视局等政府机构提供政策咨询，为全国主要省级电视机构与网络平台的影视剧、纪录片、综艺节目生产提供创意策划与规划设计。近年来主持多项国家与省部级重点项目，出版学术著作多部，影视作品曾获中国纪录片系列片十优、四川电视节"金熊猫"奖等奖项。教授、博士生导师张智华是影视剧、网络视听节目、影视文化批评研究专家。现任北师大网络影视研究中心主任，兼任中国高校影视学会网络视听专业委员会副理事长、中国新闻史学会视听传播研究会副理事长、全球修辞学会视听传播学会副会长等。担任国家社科基金艺术学重大项目"中国网络电影、网络剧、网络节目研究"首席专家。主持并完成国家级、省部级项目多项。出版《电视剧叙事艺术研究》《多媒体时代中国电影批评及其价值取向》《中国网络电影、网络剧、网络节目初探》等专著18部、合著3部。在《中国社会科学》等核心期刊上发表论文近200篇。获得北京市社科优秀成果奖等6项。

史论教研室团队包括周星教授、史可扬教授、张燕教授、侯海涛副教授、任晟姝副教授和王娅姝老师。除二级教授周星老师外，该教研室的教授、博士生导师史可扬是影视美学研究专家，出版《影视美学教程》《新时期中国电影美学研究》《美学精神：影视的诗意探寻》《影视传播学》《影视文化学》《影视批评方法论》《中国电影批评现状与对策研究》《电视栏目和频道辨析》《经典影视文献引论》等著作十余部，在《文艺研究》《学术研究》等全国核心学术期刊发表论文百余篇，承担国家级、省部级课题多项。教授、博士生导师张燕任北师大亚洲与华语电影研究中心执行主任，兼任教育部高校戏剧与影视学类教学指导委员会秘书长、中国高校影视学会副秘书长、中国台港电影研究会香港电影委员会执行主任，全国广播电视和网络视听领军人才。主讲的课程《中国电影艺术史》获评国家精品课，获国家级、省部级多项教学成果奖。出版《在夹缝中求生存——香港左派电影研究》等多部专著，主编《亚洲电影蓝皮书》等图书十余本，发表论文百余篇，主持国家级、省部级课题多项。

批评教研室团队包括路春艳教授、陈晓云教授、宋维才教授和蔡晓芳副教授。教授、博士生导师路春艳是影视文化批评、电影与都市文化研究、类型电影研究专家，中国电影评论学会第八届理事会理事，入选北京市优秀人才培养资助计划，担任北京市新闻出版广电局专家审委，英国剑桥大学访问学者。出版《中国类型电影叙事策略及价值观研究》《互动与融合：中国电影文化研究（2000—2019）》等专著多部，在《当代电影》《北京社会科学》等核心期刊发表学术论文近百篇。主持并完成多项国家级、省部级研究课题。教授、博士生导师陈晓云是国内著名电影理论及文化研究学者，兼任教育部学位与研究生教育评估专家、中国人文社会科学期刊评价专家委员会艺术学·影视学学科委员、中国电影家协会理论评论委员会副会长。近年主要研究领域为明星研究、城市电影研究和电影理论研究，出版《作为文化的影像》《电影城市：中国电影与城市文化》《明星研究：理论与实践》《电影学导论》《电影理论基础》等多部著作，发表论文二百余篇，主持国家级、省部级科研课题多项。教授、博士生导师宋维才聚焦于电影产业、媒介管理领域，著有《中国电视法制节目：特质、创作与开发》《百年电影经典》等专著及多部教材，发表论文四十余篇，主持国家级、省部级科研课题多项。

产业教研室团队由陈刚副教授、尹一伊老师、史哲宇老师、王昕老师、武建勋老师等年富力强的中青年教师组成，聚焦影视产业相关研究和人才培养。

三、培育英才

北京师范大学影视教育自觉秉承时代精神与民族责任，始终坚持立德树人的根本任务。在数十年的育人历程中，北师大影视学科在综合性、人文性、复合型的培养目标下不断探索，以尖端优势课程为基础，以师资队伍建设为重点，以品牌式平台基地为特色，持续创新和优化人才培养模式，建立起交叉融通的拔尖创新人才培养体系。在新时代背景下，学科积极落实北京师范大学"双一流"建设方案，遵循学校综合性、研究型、教师教育领先的办学定位和特色优势，将培养理论与实践并重的拔尖创新人才视为学科使命，向影视学界、业界和社会各领域输送了大批优秀人才。从影视学科成长起来、走向各领域的研究型人才、创作型人才和管理型人才，共同构成了本学科最为珍贵的优秀毕业生矩阵，充分体现了北师大影视学的学科价值、社会担当与时代使命。

在研究型人才培养上，影视学科积极发挥自身优势，重视学理思辨，凸显综合类高校理论优长的专业特色，强化科研思维与训练在人才培育中的重要地位，培养出一批如今在国内各大高校、科研院所和相关机构从事理论研究和高校教学的优秀人才。例如，2006届博士毕业生沈卫星，原《光明日报》副总编辑、中国政法大学光明新闻传播学院院长，现为中国政法大学光明新闻传播学院教授、博士生导师。在我国文艺评论、新闻传播等领域有广泛影响力。出版《沈卫星文化评论集》《外国文物里的丝绸之路》《受众视野下的文化多样性研究》《邓小平文艺思想研究论集》《重读张伯苓》等专著。担任"五个一工程"奖、中国新闻奖、华表奖、飞天奖、星光奖、金鸡奖、鲁迅文学奖等评委。获中国新闻奖一等奖，享受国务院政府特殊津贴。2007届博士毕业生庚钟银，现任辽宁大学马可－穆勒电影艺术研究院院长，辽宁大学社会文化发展研究中心主任、戏剧与影视学科带头人，辽宁传媒学院影视学院院长等职，兼任教育部高等学校戏剧与影视学类专业教学指导委员会委员、中国高等教育学会影视教育专业委员会副理事长、中国高等院校影视学会纪录片专业委员会副理事长、辽宁省电影家协会主席、辽宁省美学学会副会长等职，曾任辽宁大学广播影视学院院长、辽宁省电视艺术家协会副主席、辽宁省戏剧家协会理事等职。曾获辽宁省教学成果一等奖、辽宁优秀文艺成果奖及全国性、国际性学术或创作类别等奖项。2007届博士毕业生左衡，研究员，国内知名影评人，现任中国电影资料馆（中国电影艺术研究中心）电影文化研究部主任、中国电影评论学会学术部主任，著有《影戏传奇》《艺术导论》《有的放矢做影评》等专著，主持和承担多项国家级、省部级课题。2009届博士毕业生刘涛，现任暨南大学新闻与传播学院党委书记兼副院长，教授、博士生导师，系"全国五一劳动奖章"获得者。凭借在视觉修辞研究和环境传播领域的突出表现，入选教育部青年长江学者、国家万人计划哲学社科领军人才。担任国家社科基金重大项目首席专家，教育部虚拟教研室、教育部课程思政教学团队负责人，获全国高校青年教师教学竞赛一等奖、全国高校教学创新大赛一等奖。著作《视觉修辞学》入选国家哲学社科成果文库。兼任专栏作者，作品四次获中国新闻奖。2011届博士毕业生张芸，教授，现任内蒙古师范大学新闻传播学院副院长，入选教育部、中宣部高等学校与新闻单位从业人员互聘人才，主要研究领域聚焦民族影视文化、区域特色影像表达等，曾获内蒙古自治区高等学校"教坛新秀"称号、内蒙古自治区哲社优秀成果二等奖等。专著《内蒙古电影60年艺术创作史》获内蒙古自治区艺术最高奖"萨日纳"奖。2018届博士毕业生谭政，现任《电影艺术》主编、国家电影局审片委员、中国文联电影艺术中心期刊编辑部副主任。主持国家社科艺术基金项目及联合主持海外科研项目各一项，曾担任上海国际电影节电影频道传媒关注单元评委等，获中国金鸡百花电影节"优秀学术论文奖"三等奖、中国高等院校影视学会"学会奖"一等奖等。独著或合著或联合主编《触探光影深处》《影视概论教程》《影视欣赏》《镜像之鉴——韩中电影叙事与受众比较研究》等作。2018届博士毕业生陈积银，西安交通大学新闻与新媒体学院教授、博士生导师，兼任陕西省智媒研究基地主任，中组部国家"万人计划"青年拔尖人才，中国数据新闻大赛品牌创始人，曾获第六届全国广播影视"十佳百优"理论人才称号。主持中宣部、中组部、教育部、科技部、文化部、国家广电总局等部委项目多项，发表论文四十余篇，多篇论文被新华文摘、高等学校社会科学文摘和人大复印资料转载。

在创作型人才培养上，北师大影视学科搭建品牌化的专业实践平台，为青年学子提供实践锻炼与艺术创作的广阔舞台。以北京大学生电影节、"看中国·外国青年影像计划"为代表的学科品牌，搭建了从影视创意、拍摄到发行、宣传等全方位的探索体系；教育部中国话剧传承基地、首都文化创新与文化传播工程高端智库、纪录片"产、学、研"拓展系列工程等，从影视创意、纪录片创作、戏剧编创与排演等多个渠道为影视专业学子提供了丰富的探索空间。作为综合大学中的艺术学科，北师大影视学科以自身的独特优势，培养出了诸多兼及专业性与人文性、统揽技术与匠心的影视艺术创作人才。例如，2006届本科毕业生胡伟，创作的短片《酥油灯》共受到全球三百余个国际电影节关注，包揽七十余个国际奖项，该片入围第87届奥斯卡最佳真人短片奖终评单元、2013年戛纳国际电影节影评人周竞赛单元，入围并提名法国凯撒奖。胡伟为美国电影艺术与科学学院委员，于2016—2019年间担任奥斯卡奖项评委，于2016年联袂法国著名电影人伊莎贝尔·于佩尔拍摄了中法合拍短片《人生若只如初见》。2009届本科毕业生管曦，导演的影片《曼陀罗》获美国导演工会大奖，导演的影片《梅朵与月光》在海外上映并获第10届北京国际电影节民族优秀影片奖、最佳摄影奖。作为摄影主创的影片 Looking at the Stars 获美国学生奥斯卡奖，如今作为专业电影人在好莱坞工作和生活。2009届本科毕业生李雅弢，创作的短片《活下去》入围奥斯卡最佳短片十强，同时荣获六十余奖项，包括全球最大短片节棕榈泉短片节最佳影片和金鸡百花优秀微电影。网剧作品《回廊亭》《动物管理局》，荣获金鸡百花网络影视飞鹭奖年度青年导演奖。2010届博士毕业生郎昆，曾任中央广播电视总台文艺节目中心主任。开创了我国广播电视发展史中的品牌栏目《综艺大观》，多次执导央视春节联欢晚会，以及近百台国家级大型晚会。曾获中国百佳电视艺术工作者、德艺双馨艺术家、文化名家暨"四个一批"人才等多项荣誉称号，多次获得国家"星光奖""金鹰奖"等广播电视领域内的专业奖项。2014届博士毕业生漆谦，现任解放军新闻传播中心广播电视部总编室主任，国内电视资深媒体人，记者、军事传播主编、大校。有长达二十余年的电视领域工作经历，擅长将理论研究与具体的实践问题深度结合。在电视传媒的实践和理论方面积累了较为丰厚的成果，曾获得第四届全国广播电视理论人才"百优理论人才"称号、全军金点子奖、三等功等国家和军队的二十余个重要奖项。

在管理型人才培养上，北师大影视学科将自身的"大艺术"观与综合高校的人文积淀、跨学科优势进行了深度融合，强调提升人才的宏观视野、人文素养与综合能力。它培养出的以理论为积淀、实操为抓手的影视传媒管理型人才，充分体现了综合性大学影视学科在管理型人才培养上的独特路径和发展动能。例如，2005届博士毕业生李春良，高级记者，原北京新闻出版广电局局长，北京广播电视台台长、党委书记，现任北京市政协常委、中广联合会副会长，中国电视家协会副主席等。曾任北京电视台记者、制片人、专题部副主任、新闻评论部主任，北京市有线广播电视台副总编辑。2006届博士毕业生刘汉文，国家广电总局发展研究中心电影研究所原所长，担任《国家"十二五"时期文化改革发展规划纲要》编制组成员，《国家"十三五"时期广播影视发展规划》编制组核心专家。2006届硕士毕业生陈洪伟，曾任万达影视副总经理，腾讯影业副总裁，业内著名电影制片人，曾担任电影《滚蛋吧！肿瘤君》《毒液》《十万个冷笑话》《爱情公寓》等监制、制片人。2007届博士毕业生樊登，为"樊登读书会"创始人、首席内容官，西安交通大学客座教授。曾任职于中央电视台，主持《实话实说》等电视栏目，出版《可复制的领导力》《樊登讲论语》等畅销书籍。2020年，他创办的"樊登读书会"总注册人数突破4000万，成为知识付费类互联网创业的成功代表。2009届博士毕业生蔡元，为联瑞影业创始人、总裁，国内知名电影出品人、制片人与发行人，创业以来打造出业内公认的优秀宣发团队及成熟独特的电影发行模式，担任电影《美人鱼》《捉妖记》《西游伏妖篇》《唐人街探案2》等的宣传发行方，成功缔造出众多票房口碑双赢的年度宣发案例。2010届博士毕业生杨晖，上海唯众传媒创始人、CEO，上海市政协委员，曾获2018年影响中国传媒年度领军人物、第十届全国德艺双馨电视艺术工作者、"全国三八红旗手"等称号。先后成功创办《波士堂》《开讲啦》《我是未来》《心动的信号》《青年中国说》等七十余档精品节目，在CCTV-1、CCTV-2、CCTV-8、湖南卫视、东方卫视、江苏卫视等二十多个国家级和省级卫星频道以及主流互联网平台播出。2016届博士毕业生吴嘉童，吴氏国际文化传媒总经理，致力于推动国际文化交流事业。因多年来在中奥文化交流中取得的成绩，于2021年中奥建交50周年之际，荣获奥地利科学和艺术荣誉十字勋章。该奖项是奥地利共和国为科学或艺术成就颁发的最高联邦奖项，吴嘉童是近年来已知在文化艺术界首位获此殊荣的中国人。他每年在世界各地组织数百场国际性文化艺术活动，以艺术为纽带增进了各国人民间的了解和友谊。

四、课程体系

经过三十年教学实践与人才培养，北京师范大学影视学科已打造出一套相对成熟的课程体系。在课程取向上，凸显综合类高校的优势特色，明确"学术性、应用性、国际性"三大原则性课程观；在课程结构上，针对本科生、硕士生和博士生不同阶段的人才发展要求，制定目标明确，学分比重合理的分层、分流式课程结构；在课程内容上，"重人文、厚基础"，将跨学科的交叉综合意识融入课程，激发学生们的创新思维；在课程实施方法上，以"大艺术"观为统领，通过课堂、平台、基地和实践项目协同的方式，打造综合性、复合型的课程景观，以新媒体和新思路开拓和探索影视传媒专业的课程空间。在此课程体系思想引领下，北师大影视学科的教学实践不断取得新突破，在全国同类学科中居于领先地位。

图 55　北京师范大学艺术与传媒学院第一届学院影视奖颁奖典礼

图 56　北京大学生电影节第一届青年剧本创意大赛颁奖典礼

　　其一，在课程取向上，作为综合性高校的艺术学科，影视学科自创办至今始终坚持"学术性、应用性、国际性"三大原则，强调对人文基础素养、影视传媒专业理论素养和实践素养的综合培植，夯实通识教育与专业课程教育两大模块，培养人文艺术素养丰厚、专业基础扎实、国际视野开阔的拔尖创新影视传媒人才。充分发掘综合性高校艺术学科的独特优势，借助多艺术门类及多元学科融合的平台资源，打造理论与实践并重的人才培养模式及课程矩阵。在深挖中华优秀传统文化价值基础上，拓展课程的国际化视野，以紧跟国际影视传媒专业发展前沿的眼光和格局服务于中国本土的影视文化传播。强化课程思政建设，坚持用思想价值引领影视传媒教育教学的全过程，以理论课程和影视与新媒体实践增强学生的家国情怀、激励学生的社会担当。

　　其二，在课程结构上，贯彻分层、分流式的课程设计思路，在综合性高校影视专业拔尖人才培养中，不仅分为本科、硕士、博士三个层次进行递进式的课程设计，而且在课程结构中注重将理论类课程与实践类课程相结合，将电影、广播电视与新媒体等不同专业方向课程相结合，在夯实学科基础的前提下，拓宽学生视野，满足不同学生的专业兴趣与发展需要。如在本科生阶段，北师大本科生校内通识课程为学生提供了包括文学、历史学、哲学、心理学、教育学、社会学、管理学、数学、物理学、化学等在内的各学科领域的公共课程资源。以文化理论类和实践类专业课程为中心，以戏剧、电影、广播电视与新媒体方向特色类课程和校级通识课程为两个支点，影视学科搭建起"学科基础·方向特色·跨界通识"的三层次影视类本科生课程体系。在专业课程设计上，在低年级阶段以跨学科的文化通识类、影视史论与理论、影视创作、媒介研究等优质课程为基础，在高年级阶段实施方向性课程分流，形成影视史论与批评、传媒艺术、影视与新媒体传播等多个跨二级学科的方向性课程矩阵。在硕士研究生阶段，明确学术型硕士与专业型硕士人才培养目标的区隔：戏剧与影视学学术型硕士凸显影视传媒学术研究型人才的培养导向，总修读学分为35学分，其中公共课最低修读9学分，学位基础课、学位专业课最低修读15学分，其他必修环节6学分。电影、广播电视专业型硕士强化影视传媒实践型人才的培养导向，课程总修读学分不少于50学分，最低学分分别为公共必修课8学分、专业必修课34学分、专业选修课8学分。在博士研究生阶段，以培养拔尖学术研究型人才为目标，围绕研究方法、学科前沿研讨课、科研活动三大模块进行课程设计，最低学分为20学分，其中公共必修课8学分、学位基础课6学分、其他必修环节6学分。

其三，在课程内容上，经过三十年的开拓，北师大影视学科现已建成贯通本、硕、博，涵盖戏剧、电影、广播电视与新媒体等多个专业方向的近百门专业基础及专业选修课程。本科生层次，设戏剧影视文学专业，其学科基础课强调"重人文、厚基础"，包括美学原理、古典诗词鉴赏、经典文学作品读解、艺术史与艺术经典、世界文化史、影视概论、中外电影史、经典影视片读解、戏剧史与经典作品读解等强基型理论类课程，和影视摄影与照明、影视导演、剧本写作、视听语言、影视剪辑、纪录片制作、视听节目策划、影视制片管理等实践类课程。同时，在必修课之外为本科生开设了电影、纪录片、广播电视与新媒体、戏剧四大模块的选修课程。硕士生层次，现设一个学术型硕士专业和两个专业型硕士专业。戏剧与影视学学术型硕士，以影视戏剧理论与批评方法、媒介研究方法及应用、影视史论、当代文艺思潮研究、媒介前沿研究等基础课打牢基础，学位专业课、专业方向课开设影视传播研究、传媒产业研究、影视创作研究等课程；电影、广播电视专业型硕士除马克思主义文艺理论、艺术原理、艺术创作方法研究等公共必修课外，加强实践类课程的比重，设置视听语言与剪辑、摄影与实践、剧本创作、纪录片制作、视听节目形态与策划、影视制片管理等课程。博士生层次，设立的研究方向包括：电影文化与传播研究、影视理论与批评研究、电影史研究、中国电影研究、电影美学研究、电影文化研究、电影创意研究、亚洲电影研究、纪录电影美学研究、影视产业研究、文化传播研究、传媒艺术研究、传媒文化研究、电视与新媒体艺术研究等。

以新文科的建设思路统领本、硕、博课程内容改革，特别注重研究生课程的广度与深度，将跨学科的交叉综合意识融入前沿课程，探索与文学、心理学、新闻传播学、管理学等协同创新，以跨学科学术讲座、带领学生广泛参与课题研究等形式，培养和发展学生的创新思维和创新能力。尝试与心理学、教育学、文学等北师大一流学科共创交叉学科课程平台，开展了影像认知、艺术治疗等前沿研究，并开发相关专业课程，以进一步培养面向未来的拔尖研究人才。

其四，在课程实施的方法上，北师大影视教育秉持自建院以来的"大艺术"观，明确培养综合性、复合型人才的基本方向，以课堂、平台、基地、项目协同的方式构建多元综合的课程实施方法。其中，课堂方法是核心手段，平台和基地式课程为支撑，项目式课程为补充和提升。传统课堂的学生数量有限，北师大影视学科充分利用新媒体，投资开发品牌课程慕课，使之服务于更广泛的艺术类和非艺术类师生。由周星教授领衔的《中国电影经典影片鉴赏》和由于丹教授领衔的《意在象中——中国古典诗词鉴赏》两门慕课课程，获评国家级一流课程。引入新媒介手段，更新现有教学方法，探索"互联网＋"和媒介融合时代下的虚拟课堂、VR课堂等教学新形态。如周星教授担任带头人的教育部首批虚拟教研室"影视艺术中的思政元素研究虚拟教研室"，通过腾讯会议、B站、快手等多个互联网平台的传播，促进了一流高校影视教研室的建设成果与实践经验和全国高校师生的交流共享。影视学科还积极探索"全流程"产、学、研结合的课程新模式，形成以专业平台基地为主阵地的实践课程形态。以教育部中国话剧传承基地、北京青年影视创意基地、北师大纪录片中心等实践平台为代表，衍生出青年话剧排演、原创影视作品孵化、纪录片创作等实践型、操演型的实践类课程新形态。如张同道教授领衔的北师大纪录片中心开展了根据纪录片创作规律而创设的"全案教学法"，该套方法突破了传统的讲授、学习、考核的课程流程，从艺术创作的规律与特性出发，由教师带领学生组成项目小组，完整经历从创意、拍摄、剪辑、宣发等全案流程。经过数年摸索与积累，纪录片创作课程教学成果显著，学生纪录片作品逐渐成为北师大实践教学的代表性成果。依托项目，响应学校"一体两翼"办学教育方针，将学科品牌活动"北京大学生电影节"开发为横跨京珠两地的专业项目类实践课程"电影节策划与运营"，以学科品牌和节展项目驱动教育综合实践，使学生在青年专业教师的带领下于行业化、社会化的环境中得到系统锻炼。除此之外，影视学科还与学院内部的音乐、舞蹈、美术、设计、书法等诸学科实现跨界融合，协同打造出原创多媒体舞台剧《兰若寺》《往事歌谣》等，学生的综合能力在艺术创作与项目运营中得到全方位历练和成长。

图57　纪录片《零零后》《文学的故乡》海报

图58　艺术与传媒学院大型原创歌舞剧《往事歌谣》

在三十年的教育实践历程中，北京师范大学影视学科上承北京师范大学知名学府历经一百二十年沉淀的百年传统，下接当今全球化和知识经济浪潮，立足本土，放眼全球，形成了人文滋养与专业能力并重、理论研究与实践创作并行、教学实践与科学研究相长的教育发展格局，并在人才培养、科学研究、师资建设、社会服务、文化传承创新等方面积累了诸多宝贵经验。作为全国一流学科与"A+"学科，北京师范大学影视学科在未来同样面临着科学技术突飞猛进、社会需求迭代更新、全球化竞争不断加剧等机遇和挑战。在新文科建设发展背景下，风华正茂的北师大影视学科需凝聚各方智慧，持续优化自身的教育体系，扎实推进影视传媒高等教育改革，为建设具有世界先进水平的一流大学和一流学科贡献自身的力量。

王　韵　艺术与传媒学院影视传媒系副教授

王娅姝　艺术与传媒学院影视传媒系师资博士后

第九章

建校以来的数字媒体艺术教育

北京师范大学艺术与传媒学院自2002年成立数字媒体系，数字媒体艺术专业历经20年发展，形成"数字网络（互联）时代的新型美育教育"这一独特的数字美育理念及其教学模式，注重数字媒介素养层面、数字艺术鉴赏层面、动游良性审美层面、网络教育引导层面四个维度的人才培养方向；建设未来影像与动画、交互设计与游戏、数字展演与非遗数字化传承、智能传播与创意计算四个课程模块体系，不仅为国内外培养了一大批理论素养高、实践能力强的高水平与国际化数字媒体人才，还成为百年师大美育最具前沿性、技术性，同时又兼具艺术与科技相融合的特色美育新形式，在学科交叉的未来发展方向上逐步完善和丰富"数字美育"新理念与新经验，成为百年师大美育中不可或缺的重要组成。

一、专业教育特色

　　21世纪以来，整个人类社会飞速进入了数字新媒体时代。传统艺术形式在新技术语境下面临着种种挑战和变革，数字媒体也充斥在人类日常生活与工作学习的方方面面。随着计算机、新媒体技术在21世纪的广泛应用，如今，没有任何一种艺术媒介与计算机技术的捆绑关系如此紧密，而计算机技术迅猛发展及其技术变革速度，几乎超越了人类历史上的任何发明[1]。

---

① Spalter, A. M. (1999). *The Computer in the Visual Arts*. Addison–Wesley Professional. p.3.

在这样的技术语境下，"数字艺术"（digital art）作为接续20世纪60年代录像新媒体艺术及其当代艺术的新型艺术形式，成为当代艺术领域的重要表现形态，也生发出数字艺术教育、数字媒体教学的新需求和新目标。

北京师范大学艺术与传媒学院的数字媒体艺术专业，作为我国最早建设数字媒体专业的人才培养阵地，自2002年成立以来，为国内外培养了一大批理论素养高、实践能力强的高水平与国际化数字媒体人才。

历经整整20年的发展，北师大数字媒体艺术专业人才培养与社会化公共服务的教育经验，逐渐形成了独特的"数字美育"理念与教学模式，成为百年师大美育发展历程中最具前沿性、技术性，同时又兼具艺术与科技相融合的特色美育新形式，践行2019年教育部启动的"新文科"建设思路，"推进哲学社会科学与新一轮科技革命和产业变革交叉融合，形成哲学社会科学的'中国学派'"[①]，在学科交叉的未来发展方向上逐步完善和丰富"数字美育"新理念与新经验，成为百年师大美育中不可或缺的重要组成部分。

（一）以历史悠久的"双一流""A+"和交叉学科为基石

北京师范大学艺术与传媒学院数字媒体系成立于2002年，是国内数字媒体艺术学科最早建立，专业建设历史悠久，始终走在数字媒体教育的前沿，并逐渐探索出独具特色和规模的"数字美育"教学新模式。

第一，在建设过程中，随着戏剧与影视学入选"双一流""A+"学科，数字媒体专业以"双一流"学科为依托，本科人才培养和学科建设逐步与国际一流学科看齐，成为创新领域学科群建设的重要支撑

---

① 吴岩：《新使命 大格局 新文科 大外语》，《外语教育研究前沿》，2019年第2期，第5页。

图 59　数字媒体系 VR 教学现场

与代表性学科，这是北师大"数字美育"学科特色的重要基础。

　　第二，跨专业、交叉学科的特色教学模式，离不开多领域的国内外领军人才，高水平的师资队伍建设是"数字美育"的关键。随着教学体系的不断完善与教学规模的不断壮大，数字媒体艺术专业人才培养逐渐组建了一支结构合理、实力雄厚、国际化的师资队伍。目前，北师大数字媒体系现任教师具有博士学位率达到100%、具有海外经历比率100%，师资团队中还包括国家最高等级人才计划的特聘学者、丹麦皇家科学院院士艾斯本·阿尔萨斯（Espen Aarseth）等，他们在课程建设、参加国际学术会议、高水平论文发表或论著出版等方面予以持续支持，为本科和研究生教学打下了坚实的基础。国际化、高水平的师资队伍是北师大"数字美育"的重要保障。

　　第三，实践创新人才作为"数字美育"的重要输出成果，离不开业界端口的资源对接。在人才培养过程中，加强校企联合，引入数字媒体业界专家，积极推动"产学研"一体化，即引入来自微软公司、腾讯公司、完美世界、追光动画等在计算机科技、互联网视频、游戏与动画产业领域的顶尖级公司的部门经理或技术研发专家，为未来数

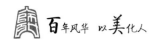

字媒体业界培养潜在的复合型创新人才。

（二）北师大数字媒体艺术教育的人才培养模式

第一，北师大数字媒体艺术专业的新型美育教育理念，以百年师大艺术专业的核心理念——"从游式"实践教学为基本理念，开设工作室制和实验室研究制的人才培养。本专业以"大鱼带小鱼"的"从游式"实践教学理念为核心，以工作室制和实验室研究制的教学模式为实践，让本科生和研究生在优良的学术环境中游学、逐步培育研究兴趣与创新精神。

第二，在"从游式"教学理念基础上，探索出跨校联合培养的新型美育教育新经验。本专业致力于探索开展跨校联合的人才培养新机制，以培养高水平的专业复合型人才。例如，2014年以来，由文化部、教育部直接领导，北京师范大学、北京电影学院、中国传媒大学三校组成专家组，开设了"三校联合动漫班"的定向人才培养，全称为"两部三校动漫高端人才联合培养实验班"，是中国高等教育历史上第一次跨校动漫艺术人才培养的实验班，整合多校数字媒体艺术的教育资源优势，为我国动漫理论与实践领域培养了一大批专业人才。

第三，北师大"数字美育"的课程特色，体现在模块化与动态化的特征。一是在模块化层面，数字媒体艺术专业课程具备较为完善的数字影音、游戏和动画三大模块，体现了工作室教学模式、开放合作模式、融入国际高端资源三大数字媒体艺术专业的教学特征，是本专业发展的特色优势，旨在建设三大课程模块，体现了三大数字媒体艺术专业教学特征。二是在动态化方面，专业教学旨在以数字媒体史论、新媒体艺术理论的基础上，辐射至创意平面设计、CG特效与动画技术、三维建模技术、虚拟仿真与交互设计、社交传媒、数据可视化等具体实践领域，构建理论、设计、视听、技术、内容创意的交叉学科动态教育链条，培养数字媒体综合实践人才。

第四，北师大"数字美育"旨在打造"全媒体创新型培养模式"，积极推进"四新"建设。在培养模式的教育理念架构设计方面，本专业致力于打造"全媒体创新型培养模式"。首先，"全媒体"的培养架构旨在全面启发学生深入探究当代新兴传播语境和媒体生态中多种媒介形态的特点及其应用可能，帮助学生掌握多种新兴媒体技术与工具，培养跨媒体叙事能力。其次，"创新型"人才培养模式，侧重于对学生的创新思维和创新能力的培养，使学生在具备数字媒体艺术、传播学、设计学等交叉理论知识的基础上，兼具较强的动手实践能力、思辨能力、创新能力。本专业围绕该培养模式，坚实推进"四新"建设，坚持培养符合新时代需要、承担新时代使命、拥有新时代思想、开启新征程的人才。

（三）"数字网络（互联）时代的新型美育教育"的四大维度

数字媒体艺术专业的人才培养以交叉学科的综合性专业定位，朝向数字人文的特色教学方向发展。北师大"数字美育"着眼于数字网络（互联）时代特征，打造新型美育教育，本科与研究生人才培养和未来发展定位为一个跨自然科学、社会科学和人文科学的综合性专业，集中体现"科学、艺术和人文"的理念，以培养一批艺术科学融合、有雄厚人文底蕴的中国数字艺术创作及研究的拔尖创新人才。

一是在数字媒介素养层面，本专业注重新时代语境下学生利用网络媒介获取信息、运用信息、理性对信息进行分析判断的能力。在此前提下，本专业注重培养学生对数据可视化、创意编码、信息设计等技术技能的运用与掌握，积极探索创意计算实践的创作方法、组织结构和生产流程，培养计算机和创意实践组合下的数字创意人才。

二是在数字艺术鉴赏层面，本专业注重培养学生如何基于计算机技术的开发及应用，在当代艺术理论和文化研究的逻辑下，对艺术家、

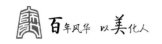

艺术作品、观众、社会文化四个维度展开关系进行诠释，评估分析其社会影响并能够做出必要的审美价值判断。主要以计算机艺术、互联网艺术、交互艺术等以计算机之于视觉艺术革命的影响下所诞生的一系列新兴艺术为研究对象，探索数字技术的美学应用的艺术哲学逻辑，通过分析技术与人类科学、政治经济、社会传播、历史及意识形态方面的关系，带领学生研究数字艺术创作中的数字伦理、数字劳工、数字文化等方面的议题，进而促进理论生产、反哺数字艺术实践创作。

三是在动游良性审美层面，本专业注重培养学生在动漫游戏等ACGN网络文化创意产业的良性审美，学习如何利用人机交互技术促进社会文化创新与科技进步。在此基础上，旨在良性引导学生研究各种类型的数字动画、网络新媒体动漫、网络交互游戏等艺术作品创作中的理念与风格，并通过跨学科的研究路径进行美学、文化、设计学、传播学、技术与产业等多元视角下的交互设计与游戏的跨学科研究，并在此过程中注重价值观的培养与提升。

四是网络教育引导层面，本专业注重培养学生学习面对网络新生文化事务，并理性分析网络社会的最新发展与变化，培养大数据、物联网、机器视觉分析、数据挖掘、深度学习等多种网络前沿科技能力。并以此进一步学习诸如"元宇宙"等互联网前沿科技最新发展态势，为这些前沿行业领域在跨学科理论研究、产品设计与研发、产品应用、商业应用模式探索等实践领域提供多方位、深层次的有力支持，以更好地促进中国数字媒体艺术行业的发展、推动数字社会的进步。

（四）以校园美育和社会美育为公共文化服务建设

在"数字网络（互联）时代的新型美育教育"的特色办学观念基础上，北师大数字媒体艺术专业在规模化、结构化、科学化发展的过程中，着眼于面向校园美育和社会美育的公共文化服务建设，以推动数字艺术的审美教育走出校园、回馈社会。

第一，本专业着眼于互联网时代的基本特征，精心打造《数字艺术赏析》慕课教学建设，在促进信息化时代教学技术改革创新的同时，更普遍地面向社会提高我国公民的媒介素养。

21世纪以来，随着互联网的迅猛发展，尤其是随着后疫情时代的到来，传统教学模式手段开始向以互联网技术为依托的开放式线上教学这一新兴教学手段和模式进行转变。

本专业"数字美育"的教学方法观念在此语境下积极进行改革创新，着眼于面向社会建设大型开放式网络课程，即"慕课"（MOOC，massive open online courses）这一新教学技术。2018年以来，本专业有着较为丰富的一线教学经历的教师集体录制了《数字艺术赏析》慕课，现已在大学MOOC网上线并面向全校与全社会正式开放，在动画研究、游戏研究、平面设计、数据可视化、虚拟影像与新媒体技术等方面面向广大学生群体和数字艺术爱好者传播数字艺术的相关知识。

慕课《数字艺术赏析》以数字艺术发展为脉络，通过对数字艺术诸多领域的分析、解读，完成对数字艺术的概览与鉴赏，是数字艺术相关专业学习的入门课程。通过学习可以使学习者对数字艺术有一个概括性的认识，从而启发学习者对数字艺术更多的探索、学习。该课程带领听众审视并探寻数字影音、动漫游戏、数字设计、交互媒体等文化创意产业相关领域的技术与艺术表现，既是面向数字媒体专业大学生的基础课程，也可以作为有志从事数字媒体艺术和产业实务的专业人士和爱好者的入门学习内容，为听众系统性地打开一幅数字新媒体艺术与技术双重维度的浩瀚知识地图，以慕课教学为基础的"数字美育"由此在公共教育中扮演了必不可少的专业知识推广、提升我国公民媒介素养的重要角色。

第二，本专业根据目前影游融合的学界与业界热点议题，"游戏的

人"游戏档案馆通过实体馆藏的辐射作用，为行业、学校和公共教育提供资源储备、智力支持与改变观念的游戏体验入口。

目前，游戏是当代社会最受关注、引发社会争议也最大的数字媒体。帮助人们正确认识、选择、甄别与使用游戏的游戏素养教育，也是数字美育应当重视的一项工作。游戏素养教育本身应涵盖多个层次，从学校教育、行业教育到公共教育。

2018年，"游戏的人"游戏档案落地于北京师范大学艺术与传媒学院，系目前国内唯一的游戏档案馆，其宗旨是"我们认为游戏是本世代的数字文化遗产，因而致力成为中国游戏的种子库，为过去记录，为当下创造，为未来保存中国游戏"。为达到这一目标，档案馆有三个主要行动方向：一是构建国内游戏的资源集散地，对作为"物件"（artifact）的游戏进行力所能及的保护与研究，并在游戏素养的学校、行业、公共教育方面成为一个窗口，为社会各界接触到中国曾有过的出色的游戏遗产而做出努力。二是为游戏行业保存创造力的火种，通过"游戏众生相"的访谈记录游戏人的历史，并通过游戏参考、专题咨询、访谈问政等服务，在保存游戏行业创造力火种的同时尽量激发新的创作。三是成为"游戏知识分子"的苗圃与聚集地，通过游戏相关的研讨、展览、创造活动，为游戏行业培育自己的知识分子，以及为引起传统知识分子对游戏的关注而创造条件。

游戏档案馆主要通过基础设施的建设与资料的整理，来为游戏美育和游戏素养奠基。目前，档案馆收藏了过去三十年的中国游戏杂志、游戏设定集、游戏研究著作、国产游戏及国内玩家可接触到的外国游戏（包括主机、掌机、桌面游戏、PC游戏等有实体的盒装游戏）、国内玩家可正常接触的游戏主机与游戏硬件、国内外游戏化作品，以及政府、行业内部研讨资料。除了"物的历史"之外，档案馆还记录了"人的历史"，通过"游戏众生相"的视频民族志项目，深入记录与游戏创作相关的创作者状况，目前已访谈开发者、国外游戏研究领军人物二十余位，并在积极开展播客、纪录片等面向社会辐射影响力的项目。

目前，档案馆也接待了许多游戏行业的资深开发者，索尼中国副总裁添田武人、中国游戏史上重要的先锋领路人边晓春以及《光遇》《风之旅人》《美妙人生》《中国式家长》《完美的一天》等游戏作品的制作人及核心创作团队都曾到访——为作品取材，并为档案馆的藏品添砖加瓦。亦有三十余位游戏行业的志愿者，在疫情之前到馆进行志愿服务。档案馆还接待了打工留守子弟的公益学校蒲公英中学的研学团，为孩子们提供了一个正确认识游戏的窗口。除此之外，档案馆还辅助硕士与本科的游戏研究近十次，独立游戏创作十余次，在游戏正向价值方面做出了显著的社会贡献，也是北师大"数字美育"特色教学与公共文化服务的突出成果。

第三，本专业积极推进虚拟仿真的教学改革建设，利用数字化、信息化等先进科技教学手段，打造虚拟仿真的教学服务平台，并进一步面向社会开放。

随着虚拟现实技术和人工智能的发展，信息技术对艺术传媒类学科的教学内容、教学形式、信息化管理等方面均产生了变革性影响，虚拟现实技术与影像的结合预示着影像新时代的开启，5G + VR更将对未来影像世界产生深刻影响。

图60　虚拟仿真教学改革截图画面

在此语境下，本专业积极研发全景叙事虚拟仿真项目，主要基于虚拟现实技术、信息技术、人工智能技术发展推动影视艺术创新的理念，在《视听语言》《数字影像创作》等专业必修课与基础课程中，开展经典观摩、视听分解、虚拟演练"三步一体"的实践性教学。虚拟仿真项目主要依托于北京师范大学艺术与传媒学院和国家级实验教学示范中心，有着突出的专业优势和领先的实践教学系统，并基于全景叙事特性和视听语言规则，设计出一套经典案例观摩练习和个性化创作相结合、专业教师评价与眼动测评方法相结合的全景叙事虚拟仿真教学系统。

该系统自建成后至今，不仅在影视核心课上取得良好成果，积累了丰富的教学数据，得到学生广泛好评。同时，参与举办六期全国高校VR创作工作坊，并接待了全国各地上百所兄弟院校的专家和师生，被媒体广泛关注和报道。与中国电影资料馆、微软研究院开展深入广泛的合作研究，进而打造了"三步一体"虚拟仿真教学特色、"主客观结合"的综合评价特色、"研学互促"的反哺特色，极大地提升学生的学习参与度、积极性、主动性与学习质量。培养面向未来影视专业人才的综合实践能力和创新创意能力，是本专业"数字美育"的突出建设成果。

二、名师风范

数字媒体系教学团队含2名国家最高等级引进的海外专家及11名国家外专项目引进专家。国际化高学历的跨学科师资团队构筑核心力量，专职教师博士学位率100%、长期海外留学访学经历100%，分别来自美、英、澳、港及境内名校，学科背景涵盖影视、传播、经管、计算机、设计、心理、美术、音乐等。有高峰有高原，人才梯队合理。丹麦皇家人文与科学院院士、游戏研究领域奠基人艾斯本·阿尔萨斯教授，全球知名文化研究学者冯应谦教授，均承担本科生教学任务。高级职称教师成果丰厚、影响力强，梯队年龄合理，学科背景多元互补。校内外合作构建跨学科产学研师资储备库。校内师资包括心理、经管、人工智能学院，校外与微软、Unreal、腾讯、完美等行业领军企业，开设丰富的专业选修，开展实践教学。现以艾斯本·阿尔萨斯、冯应谦、周雯三位教授为代表，具体介绍如下。

（一）游戏研究领域名师

数字媒体系名师之一艾斯本·阿尔萨斯教授，是国家最高等级的人才计划的特聘学者、丹麦皇家人文与科学院院士。艾斯本·阿尔萨斯教授致力于研究数字文艺（Digital Literature）、新旧媒介之间的关系，以及它们不断发展的文化功能，尤其是游戏研究。游戏是目前媒介生态圈最重要的现象，但相对于其他媒介，学术界对游戏的理解却是最不充分的。阿尔萨斯教授开拓性地采用了多元方法，既包括对于具体游戏的诠释学的分析，也包括对于游戏整体的物质性、结构性、传播性、精神性的本体论描述，对于玩家及其文化话语的研究，以及对于游戏与社会的关系的研究。

除了开展世界领先的研究之外，阿尔萨斯教授也在积极设计并开拓新的学术空间，使得年轻学者得以繁荣发展，包括创办期刊，创办学术机构，筹办国际学术会议，营造研究环境，提出新范式、新概念和新方法，为其他研究者奠定工作的基础。例如，承担的欧洲研究理事会的项目《理解游戏》（*Making Sense of Games*）——旨在创造一个游戏分析的平台，不仅为游戏研究者，也为教育、心理等其他学科的研究者提供分析工具，并方便中学教师、游戏设计师以及游戏批评家的应用。

在新媒介研究、电子文学和游戏研究三个领域的创建与发展中，阿尔萨斯教授均处于国际研究领域的中心地位：

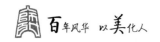

新媒介研究：早期成果"非线性理论与文学理论"（1994）被收入 MIT 出版社具有影响力的《新媒介读本》文集（2003）；从 1998年到 2009年，发起并组织了早期的新媒介系列会议"数字艺术与文化"（Digital Arts and Culture）。

电子文学：专著《赛博文本》（Cybertext）对游戏研究与电子文学研究都具有奠基性的影响。赛博文本的概念开启了整个电子文学研究领域，在此之前，相关领域内主要是对于超文本小说的研究；此后，研究拓展到更广泛的电子文学领域，例如，数字诗歌生成器以及群体性在线协作实验（MUDs）。因此，他被电子文学协会邀请，在其成立的首次国际会议上发表了主题演讲。

游戏研究：阿尔萨斯教授的论著被公认为推动了游戏研究作为一个独立学术领域的诞生。如琼斯的评价："部分由于艾斯本·阿尔萨斯的著作，游戏研究作为完整的学术领域出现了"；此外，阿尔萨斯教授还在 2001年创立了国际学术期刊《游戏研究》（Game Studies）；此后，通过一些更加专业化的项目来发展这个领域，包括开启三个不同主题：（1）哲学，（2）历史，（3）文学理论的游戏会议系列，进一步拓展了该领域的发展。

阿尔萨斯教授是欧洲研究理事会（ERC）高级基金（Advanced Grant）的得主（2016—2021），并被授予200万欧元的研究基金。此奖项面向整个欧盟地区，是该区域的顶尖奖项。据统计，在阿尔萨斯教授被授予资助期间，丹麦仅有三人获此殊荣。若以人文学科统计，整整十年间，仅他与另一名学者两人曾获此奖项。入职北师大后，阿尔萨斯教授于2019年4月获选为丹麦皇家科学院院士。

因为阿尔萨斯教授持续发表经典的、开拓性的重要论著，创建或发展了新的学术研究领域，获得了很强的国际学术影响力。谷歌学术上显示阿尔萨斯教授有 8800 次引用量。阿尔萨斯教授是哥本哈根信息技术大学、丹麦乃至整个斯堪的纳维亚的人文学者中论文被引次数最多的学者。其中大约96%的引用都是他本人独立撰写发表的论著。阿尔萨斯教授的论著在SCI/SSCI/A&HCI数据库中的被引用次数也超过了1400次。迄今为止，阿尔萨斯教授的研究已经被翻译为韩语（书）、法语、芬兰语、德语、波兰语（书）、立陶宛语、葡萄牙语（书）、意大利语、西班牙语、瑞典语和丹麦语。阿尔萨斯教授的著作被以下大学出版社出版：剑桥大学、普林斯顿大学、MIT、约翰霍普金斯大学、牛津大学、内布拉斯加大学、纽约大学及印第安纳大学。

阿尔萨斯教授被邀请在国际会议上做过116场演讲、50个主题报告，遍及五大洲。这些邀请常来自他自己的学术共同体之外，如2015年波兰游戏产业大会、2015年电子文学机构会议、2016年的叙事学大会等。阿尔萨斯教授常常接受大学关于游戏研究相关教学与研究项目的咨询，涉及大学包括挪威科技大学、康考迪亚大学、蒙特利尔大学、香港城市大学。近年来，他还是以下机构的学术申请推荐人，包括芬兰学院、荷兰研究委员会以及加拿大研究委员会；最近，阿尔萨斯教授还受邀承担香港城市大学与卑尔根大学教学项目的评审。他常常受邀评估其他国家的正教授人选，涉及布鲁内尔大学、韦斯屈莱大学、蒙特利尔大学和邦德大学。

阿尔萨斯教授创办的期刊《游戏研究》为全球公众提供了前沿的跨领域研究，该期刊在挪威和丹麦都属于最高的期刊等级，在其上发表论文是科研机构获得经费资助的评估依据之一。阿尔萨斯教授的在线语言学习平台Lingo十多年来在许多领域和国家中都得到了广泛应用。他通过在公众领域发声，成功地说服了挪威政府加大对于游戏研发的资金支持，创建了"电脑游戏研究中心"，这也是世界上第一个专门的大学游戏研究中心。在阿尔萨斯教授的领导下，它成为一个国际性的创新中心，开展跨学科的游戏研究，统合来自媒介研究、文学、

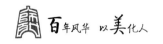

心理学、哲学、设计学、电脑科学与社会学等各个领域的研究者，吸引着来自全球的学生与访问学者。在他的领导下，电脑游戏研究中心已经成为国际承认的一流中心，自成立之初就为哥本哈根信息技术大学吸引了大量宝贵的国际报道。他本人在BBC、《明镜》周刊、纽约时报等专题采访和报道中多次出现，也为哥本哈根信息技术大学贡献了"声誉螺旋"。

阿尔萨斯教授在人才培养方面也是一位声誉卓著的教育家。他培养的博士生大多在世界各地的重要高校担任重要的研究职位，其中吉尔·瑞特伯格（Jill Walker Rettberg）被授予声望卓著的欧洲研究理事会巩固基金（Consolidator Grants）的200万欧元科研基金。此外，阿尔萨斯教授还帮助年轻的同事组织了多个游戏研究的国际会议，包括CEEGS 2015、游戏与文学理论大会（Games and Literary Theory）2015、游戏研究协会（DiGRA）2016年的年会等。

阿尔萨斯教授创办的期刊《游戏研究》，与各国编委都保持着良好关系。在金砖四国、欧洲各国均有其学术人脉。十多年来，阿尔萨斯教授组织和发起的学术会议，大到FDA（电子游戏基础大会）和DiGRA（数字游戏研究协会大会）系列，小到一些更加专业化的系列会议，诸如"电脑游戏哲学""游戏史""游戏与文学理论""电子游戏的顾虑"等，都跟全球游戏研究的学者保持着紧密联系。阿尔萨斯教授还跟丹麦皇家图书馆、柏林电脑游戏博物馆、纽约罗彻斯特大学的斯壮国家游玩博物馆、斯坦福大学图书馆、巴塞罗那RMIT大学、科隆游戏实验室开展了学术合作。

自1997年以来，阿尔萨斯教授不断地争取外部经费来资助团队研究。例如，在CALLMOO/Lingo项目（卑尔根，1997—2001）中开创性使用游戏技术。该项目证明了可以通过在线游戏的平台来学习外语，这一科技在挪威许多大学常年被用于对德语、法语、意大利语和西班牙语的学习，并与世界各大机构有所合作。阿尔萨斯教授还主导了"人文与电子媒介"（1998—2002）的项目，其经费全额资助培养了三名带薪的博士生。2002年到2003年，他参与了欧盟资助的MGAIN项目（67000欧元）。获颁欧洲研究理事会（ERC）的高级基金资助200万欧元用于"理解游戏"的项目（2016—2021）。该项目致力于创造一种游戏研究的研究范式，一套用于游戏分析的分析范式（概念、模型、理论），结合游戏本体论与古典诠释学方法诸如叙事学、符号学、接收与再现的相关理论，其中每个主题都分配一个博士生与一个博士后共同开展研究。

来到数字媒体系后，阿尔萨斯教授积极授课，通过国际会议与海外人才项目，将学生培养与数字媒体的科研队伍建设放到第一位，也使数字媒体美育的水准能与国际接轨。他开设的课程涵盖游戏本体论、游戏的道德评判、游戏与叙事，以及泛数字文化的种种现象。

以上是阿尔萨斯教授在数字美育领域做出的贡献，他将青春和汗水献给了新媒体艺术美育工作，爱护学生、教书育人，用实际行动为包括我国在内的全世界美育工作做出了重要贡献。

（二）数字艺术与文化研究领域名师

数字媒体系的数字艺术与文化研究领域名师冯应谦（Anthony Y.H. Fung）教授，是香港中文大学新闻与传播学院教授、北京师范大学艺术与传媒学院特聘教授，现为中文大学亚太研究所所长。在2011年至2017年间曾任中文大学新闻与传播学院院长。20世纪90年代冯应谦在美国明尼苏达大学新闻与大众传播学院获得学位博士，1997年回到香港从事教学和研究，2013年至2017年曾担任暨南大学新闻与传播学院珠江学者讲座教授、2016年开始担任北京师范大学特聘教授、2020年应邀到美国西北大学担任巴菲特全球事务研究所（Buffett Institute for

Global affairs）的全球巴菲特（Global Buffett）教授。

在学术方面，研究兴趣和领域包括流行文化与文化研究、文化产业与政策、传播政治经济学、性别与青少年研究和新媒体研究。他的研究尤其关心国内青少年和创意艺术数字文化，他分析国内青少年在数字媒体、流行音乐和游戏产业的参与和创新。研究的流行文化内容包括影视、动漫、流行音乐、游戏生产、文本和受众使用。他编著的教材成为全球不同大学的流行文化教科书。自2014开始，冯教授发起了国际团队研究亚洲游戏产业，探索如何制订更好的文化政策拓展国家和香港的创意产业，并出版了诸多与香港文化产业相关的专著。

流行音乐方面，他是亚际流行音乐（Inter-Asia Popular Music）学者网络的发起人，目前网络会员超过200个全球学者，为鼓励各地的音乐研究和培养年轻学者，网络每两年举办国际会议，组织国际学术出版，出版书籍包括《歌潮·汐韵：香港粤语流行曲的发展》（2009年，次文化出版）、《悠扬·忆记：香港音乐工业发展史》（2012年，次文化出版）和2020年出版的英文专著。

冯应谦教授在国际上发表的文章超过100篇，撰编的中英文书籍达10余本，担任国际期刊《全球传媒与中国》（*Global Media and China*）的总编辑和《文化研究国际期刊》（*International Journal of Cultural Studies*）的副主编。

在社会服务方面，他是香港特区政府民政事务局属下艺能发展资助计划的艺术科技的评审专家，该计划旨在强化香港的文化软件和提升本地艺术界的能力。他也是团结香港基金的研究委员，2020年基金发布艺术创新研究报告，他是研究报告的首席顾问之一。

冯应谦教授拥有国际化的教育背景，在世界一流大学取得了人文社科领域的专业学位。1992年，冯应谦教授毕业于香港中文大学，获社会科学学士学位，主修新闻传播。后就学于美国明尼苏达大学，先后获得新闻与大众传播硕士（1994年）及传播学博士（1998年）学位，同时辅修政治学博士。

　　冯应谦教授拥有的科研与执教经历非常丰富，学术贡献突出、成果和所获荣誉丰厚。毕业后，冯教授曾在香港城市大学、香港中文大学等学校任教，并在2011年至2017年担任中文大学新闻与传播学院院长，在2013年至2017年担任暨南大学"珠江学者"客座教授等职。目前，冯教授担任香港中文大学亚太研究所所长、新闻与传播学院教授，同时也是国内最高层次人才引进计划的学者。此外，冯应谦教授还是跨亚洲流行音乐研究（IAPMS）的创始人及执行委员会成员、国际传播协会等机构成员。

　　冯应谦教授在北京师范大学数字媒体艺术系任教，主要教授数字艺术研究和文化分析方面的课程，包括但不限于：1.文化产业研究，包括游戏、动漫、流行音乐，网络影视等方面的创意产业、数字新媒体艺术和文化政策研究，尤其关注亚洲地区模式和比较分析；2.全球传媒与传播及亚洲地区（特别是中国）的媒介发展；3.数字新媒体和网络社区等方面的流行文化研究；4.中国数字新媒体艺术创新研究，实际上包含了影视内容、动漫、音乐、网络文化创意产业、社交媒体发展等相关的研究层面，涵盖了以上多个研究领域。

　　冯应谦教授先后撰写及主编学术著作超过20本，另有250余篇国际学术论文及报告，先后在诸多SSCI期刊以及国际学术会议上发表，部分被翻译为日文、韩文和德文，其中很多跟本课题相关。

　　冯应谦教授作为国际文化研究学者，其研究领域是文化产业和流行文化，他有关流行文化的论述大都发表在国际文化研究和流行文化核心SSCI期刊上，国内的研究包括中国流行音乐、粉丝和歌曲文化、国内动漫《喜羊羊与灰太狼》的解读，电视剧（例如《一起来看流星雨》和《丑女无敌》的民俗志研究）、中国手机和网络游戏业的发展，

最近的著作特别在文化产业和政策上下力，借鉴其他国家文化政策的发展，就国家创意文化产业和文化聚群（cultural clusters，如科技园、创意园）提出正面意见。这体现出冯应谦对国内文化产业，包括不同地域的网络剧、游戏和社交网络有充分理解和认识，能够为改进国内数字新媒体艺术产业、提升其服务国家的能力提出建设性意见。

冯应谦教授最近的国际出版也为这个计划奠定了扎实基础。冯应谦教授在2013年编著的《亚洲流行文化》（*Asian Popular Culture*）是目前最新和最全阐述亚洲流行文化的互动关系的学术著作，书中还提及全球不同数字新媒体艺术对亚洲流行文化的影响（包括中国的价值）的不同模式。这部著作的影响已跨越亚洲学术领域，成为悉尼大学和纽约大学等的教科书。冯应谦教授2016年出版的《中国的青年文化》（*Youth Cultures in China*），就数字新媒体艺术的国内青少年受众进行了深入的论述；2018年出版的《文化政策与东亚竞争意识》（*Cultural Policy and East Asian Rivalry*）阐释了游戏作为一种数字新媒体艺术给公民带来的长远影响，也说明亚洲国家都积极以不同的文化政策提升新媒体艺术的水平并跟其他国家竞争，体现了冯应谦在新媒体艺术和文化政策的关系方面有足够的学术经验和知识积累。

冯应谦教授同时担任传播学和流行文化的主要期刊的编委会成员。冯应谦教授的国际学术网络，有助于研究团队到不同地区和国家进行实证研究、田野调查。此外，他还召集世界不同国家与地区的著名学者举行国际研讨会，为国家对流行文化的政策提出正面意见。

除了学术出版之外，作为香港中文大学亚太研究所所长，冯应谦教授与香港特区政府中央政策组展开合作，研究香港青少年文化，承担起和中国社会科学院合作从事研究并共同举办学术会议的使命。

作为国际高端引进人才，冯教授积极将自己多年来积累的研究和教学成果与我国国情和美育需求相结合，为我国的美育研究和建设添砖加瓦。

（三）数字影像与虚拟现实（VR）领域名师

数字媒体系的数字影像与虚拟现实（VR）领域名师周雯教授，是北京师范大学艺术与传媒学院教授、博士生导师，数字创意媒体研究中心执行主任、数字媒体系主任。周雯教授同时担任教育部高等学校动画、数字媒体专业教指委委员，中国高教学会影视教育专业委员会副理事长，中国高校影视学会动画与数字媒体艺术专业委员会副主任委员，中国剪辑学会短片短视频艺术委员会副主任委员，中国影视摄影师学会理事等。

2000年8月，周雯教授自北京电影学院摄影系硕士毕业后到北京师范大学艺术系（现为艺术与传媒学院）工作，至今21年。2003年9月在艺术与传媒学院影视传媒系攻读博士，2008年1月获得博士学位。2009年、2018年作为公派访问学者分别前往美国南加州大学电影学院、纽约视觉艺术学院访学一年。

教学方面，周雯教授承担影像创意与实践、虚拟现实影像叙事等本科、学硕、专硕和博士课程。同时，积极承担本科新生导师、本科论文及创作导师。周雯教授指导的博士生和硕士生也获得较好的创作和科研成果。2012年至2015年，教育部、文化部发起的北京师范大学、中国传媒大学、北京电影学院三校动漫高端人才联合培养实验班正式实施，周雯教授作为院长助理，积极协助学院进行学生招生、日常教学管理；作为导师组成员负责动漫班学生在北师大学习期间的专业课程协调，并承担相关专业课程。作为重要完成人的教学成果《跨校联合、校企协同，动漫高端人才培养模式的创新与实践》获2017年北京市高等教育教学成果奖一等奖、2018年国家高等教育教学成果奖二等奖。

2013年至今，周雯教授担任数字媒体系主任，坚持"科教互促、学科融合、面向未来的综合大学数字媒体艺术拔尖人才"的培养目标，借助学校全学科、学院全艺科优势，建设了层阶清晰的"模块化""跨学科"课程体系；推行工作室制和实验室研究制的教学模式，培育学生研究兴趣与创新精神；同时，重视理论与实践教学并重，科研成果与教学互补，积极建设实践性优质课程，周雯教授主持的虚拟仿真课程《VR全景叙事》获学校推荐（全校4门），现正竞评国家级一流虚拟仿真课程。

科研方面，周雯教授主要从事数字影像、虚拟现实影像、动画产业方面的研究，主持国家社科基金（一般项目）《动漫形象研究——艺术、消费与产业》《VR影像全景叙事机制及效果研究》，国家社科基金（重大项目）《中国数字新媒体艺术创新研究》子课题《数字新媒体影像研究》，教育部《美国动画形象研究及借鉴》等课题十余项。出版《中国当代动画形象研究——艺术、消费与产业》《中国动画产业与消费调查报告》等论著、教材六部。在《当代电影》《电影艺术》《现代传播》《北京电影学院学报》《中国广播电视学刊》等国内外学术期刊发表论文数十篇。

此外，周雯教授曾承担以下相关美育工作：

2003年担任第10届北京大学生电影节组委会副秘书长、2004—2006年担任第11、12、13届北京大学生电影节组委会秘书长，其间主导建立了大学生电影节的官方网站；开展了中国百校庆中国电影百年系列活动，为全国一百多所学校免费提供电影放映拷贝；并参与策划筹备闭幕颁奖盛典在电影频道（CCTV6）直播。此外，周雯教授还连续担任5届北京大学生电影节主竞赛单元、纪录片动画片单元评委会主席。

2007年至2009年担任传媒与艺术实验教学中心执行主任，其间积极协助中心主任完成实验中心日常管理，并积极组织中心申报工作，该中心被评为北京市级实验教学示范中心。2012年至2018年担任艺术与传媒学院院长助理，其间积极协助院长进行本科教学及招生的日常工作。

2011年至今担任数字媒体系主任，注重师资团队、学科建设和国际拓展等方面工作。师资建设方面，引进两名国家级"千人计划"专家、11名国家"外专"项目专家，建立100%博士、100%海外学习经历、学科交叉的教师梯队，并聘请微软研究院、腾讯研究院、网易、完美世界等头部机构专业高管作为专业硕士联合导师，构建产学一体的师资队伍。学科建设方面，建设游戏研究、虚拟现实影像、信息挖掘与可视化的学科重点，组织完成国家社科重大项目《数字新媒体艺术创新发展研究》（项目号：18ZD12）的成功申报，并促成北京市游戏研究中心落户本系。国际拓展方面，注重学生海外交流培训，建立与英国威斯敏斯特大学硕士双学位项目，与香港城市大学、香港中文大学本科交换生项目。拓展海外实践基地，与美国、英国、德国、法国、日本、澳大利亚、泰国等专业院校合作本科生小学期海外联合工作坊。

2017年至今担任北京师范大学数字创意媒体研究中心执行主任，主办"文化创意产业研究新视野""赛博文化与数字人文"等数字媒体研究年度国际会议，出版会议论文集，该会议在数字媒体学术领域具有较高知名度和影响力。

以上是周雯教授在数字艺术领域做出的卓著贡献，长期以来，她辛勤耕耘，致力教书育人，专心艺术创作。近年来，她积极倡导数字网络时代新型美育教育，呼吁在全社会和校园范围内提高数字媒介素养、普及数字艺术鉴赏、提升动游良性审美、加强网络教育引导，为我国美育工作，特别是数字美育做出了重要贡献。

三、培育英才

数字媒体系创办以来培养了大量数字艺术人才，其中代表英才有刘跃军、姜振宇、欧阳昌海等，具体情况介绍如下。

刘跃军，北京师范大学艺术与传媒学院数字媒体艺术专业博士，现为北京电影学院教授，是中国第一位数字动画专业方向博士、VR专家。担任北京电影学院动画学院游戏设计系主任、研究生导师，文化部沉浸式交互（VR）动漫重点实验室执行副主任，教育部影视动画创作工程研究中心执行副主任，中国高校虚拟现实VR/AR产学研联盟执行秘书长，中国高校虚拟现实VR/AR设计大赛金辰奖执行秘书长，中国虚拟现实VR/AR产业年度报告蓝皮书执行副主编，国家新闻出版广电总局政府奖特聘评委等。

刘跃军教授在数字艺术创作和产学研结合方面一直保持领跑状态，具体工作包括中央电视台新科动漫频道节目策划及制片人，北京电影学院数字三维动画与游戏研发中心负责人，烽火时代CG工作室总监、导演，教育部ITAT教育工程数字动画及游戏方向特聘研究员，《CG杂志》（*CG Magazine*）2005年度、2008年度专栏作家。

刘跃军教授的主要研究领域包括VR、AR、CG、游戏、影视特效等，在相关领域形成较多高质量学术成果，包括但不限于专著《动画角色品牌》（北京师范大学出版社）和《三维动画制作宝典》（电子工业出版社）；2005年进行北京高校动画片受众调研，完成了《2005北京高校动画片受众调查数据报告》《2005北京高校动画片受众调查分析报告》，并收入国家重点项目"影视受众研究丛书"；2008年至2009年主持并顺利完成北京电影学院科研项目《立体动画电影空间研究》；2009年至2010年主持并顺利完成北京电影学院科研项目《计算机数字造型研究》；发表高水平专业学术文章，如《论中国影视动画的产业化生存》发表于核心期刊《中国广播影视学刊》；

《数字三维艺术个性研究》发表于核心期刊《艺术广角》;《立体动画电影发展空间研究》发表于核心期刊《中国电影技术》;《后阿凡达时代的数字角色造型研究》发表于核心期刊《北京电影学院学报》;此外,在垂直行业媒介开设专栏,例如,2005年至2006年完成12篇三维动画理论研究文章,刊在《CG杂志》当年各期;2008年完成6篇三维动画创作相关文章,发表于《CG杂志》。

作为应用型专业教师,刘跃军具有较强的创作和实践能力,《烽火时代》《欢笑满屋》《姑苏繁华图》等个人作品曾先后获得国内外奖项,并指导学生获得国内外专业大赛肯定,所获奖项包括但不限于中国动画学会CCGF大赛学院组最佳动画短片奖、中国数字盛典专业组最佳三维动画短片奖、中国电影华表奖优秀动画片提名奖(担任三维立体导演)、汕头国际动画电影大赛最佳原创作品提名等;基于创作经验总结的文章《立体动画电影发展空间研究》获中国电影技术学会优秀论文一等奖。

刘跃军作为国内在三维动画和游戏领域的第一位博士,不但具有优秀的专业理论和创作实践能力,并将其转化成教学能力,为国家培养了一批批数字艺术人才。

姜振宇,2010年博士毕业于艺术与传媒学院数字媒体艺术专业,博士期间开始研究表情分析,成长为中国知名的微表情专家。他的专著《微反应:小动作背后隐藏着什么?》解释了微反应是每个人在遇到有效刺激的一刹那产生的瞬间反应,是个人内心想法的忠实呈现,是了解一个人内心真实想法的最准确线索。姜振宇经过5年研究,与8家司法科研机构合作,积累了10000条微反应测试数据,在国内开启了应激微反应研究的先河。全面分析了最常见的8种微反应类型(冻结反应、安慰反应、逃离反应、仰视反应、爱恨反应、领地反应、战斗反应和胜败反应),适用于恋爱交友、工作升职、团队管理、业务谈

判、面试访谈等人际关系各个领域。

姜振宇曾任教于中国政法大学18年，现为心理应激微反应科学研究院院长、教授，担任中国心理学会法律心理学专业委员会委员、中国刑事科学技术协会心理测试专业委员会会员，并被多家司法机构聘用为研究人员。2011年开始，陆续在江苏卫视参加高影响力的综艺节目，包括非常了得、四大名助、最强大脑和非诚勿扰等。目前，姜振宇作为风险投资人，创办金字塔实验风投基金；从基金的视角来观察每一位创业CEO的一言一行，判断他们的人格特征和心理素质。

欧阳昌海，男，北京师范大学艺术与传媒学院数字媒体艺术专业博士，现为中央财经大学文化与传媒学院副教授。教授课程包括但不限于：《创意图形》《世界设计史》《招贴设计》《广告创意》《动画设计》《广告摄影与摄像》《影像与动画研究》等。

欧阳昌海教授致力于广告创意、艺术设计、影视动画、游戏等数字艺术领域的实践和研究，在相关领域形成高质量学术成果如下：出版专著《玩家导向——游戏设计原理》（中国时代经济出版社）；编撰教材《图形创意》（中国青年出版社，省部级教材），入选中国高等院校"十二五"视觉传达精品课程规划教材。发表专业高水平论文包括但不限于：《动画片的喜剧化娱乐倾向》（发表于《中国广播电视学刊》），《商业动画浪潮中的艺术动画》（发表于《跨世纪》），《动画产业中的喜剧明星效应》《美国商业动画中戏谑语言的后现代表现》（发表于《开拓》），《借鉴与突破——动画片剧作的类型化解析》（发表于《艺术与设计·理论》），《数字艺术的人文表达》《美国动画剧作类型化风格探析》（文化传播论丛系列），《基于用户价值的网络游戏营销策略》与《在线教育游戏的参与动机考察》等。

欧阳昌海在研究基础上形成了一些具有启发价值的核心观点，包括：动画方面，他认为动画影视作品作为一种特殊的文化商品，在不同的民族、不同的历史时期都会呈现出不同的创作追求和艺术风貌，它与电影一样，在早期都作为消费文化为大众所接受。而喜剧动画是一种能体现民族风情、文化个性和审美情趣的影视类型，它成为一种吸引观众的主要手段，其娱乐效果不但获得了商业上的成功，而且开创了动画艺术的独特天地；游戏方面，他通过研究在线教育游戏参与动机的作用机制，以此促进在线教育游戏的设计，创造更加丰富的积极体验，进一步激发在线教育游戏中的学习动机。通过获取461份关于在线教育游戏参与动机的有效调查问卷，利用数据进行分析，结果表明：益智动机、探索动机、成长动机、创造动机、竞争动机、社交动机、扮演动机、管理动机、攻击动机、成就动机、想象动机、隔离动机，这12种主要的动机形式对在线教育游戏参与意向存在综合作用，从而为在线教育游戏更有效地激发学习动机提供依据。创意图形方面，他认为创意图形是通过图形表现广告主题的具有独创性的视觉艺术，是一种用形象和色彩来直观地传播信息、观念及交流思想的视觉语言，具有心领神会而难以言传的独特魅力，它能超越国界、排除语言障碍并进入各个领域与人们进行沟通和交流。

欧阳昌海作为数字媒体艺术专业毕业博士，体现了本专业的综合性和开放性，他在数字影像、新媒体设计、游戏、动画等多个领域均有涉猎，并形成具有个人特色的高水平研究成果，服务于个人教学和人才培养。

四、课程体系

数字艺术与传统艺术的区别在于前者的开放性，旨在通过计算机技术，将不同的媒介形式与创作风格融合成一种新的艺术表现形式，体现了计算机技术的无限的创造性与巨大潜力，并重新诠释艺术家和观众之间的关系，对于艺术品的文化意义、社会影响和商业价值提出新的评价[①]，这对于当代数字媒体人才培养、教育体系、学科建设等提出了新的挑战。

经历二十年的发展，北师大"数字网络（互联）时代的新型美育教育"的特色教学取得了一定的成果，确立了人才培养的四个发展方向，分别为未来影像与动画、交互设计与游戏、数字展演与非遗数字化传承、智能传播与创意计算，这不仅是北师大特色教育教学不可或缺的特色亮点，同时也构成了"数字网络（互联）时代的新型美育教育"独特的课程体系。

（一）未来影像与动画

未来影像与动画方向，主要以人工智能、虚拟现实（VR、AR、MR等）、5G传输等新兴数字技术语境下所催生的虚拟现实影像、动态图形与演示动画等智能媒体为基础的研究对象，采用高帧率、广色域、高亮度、低色偏、多模态、多曲面的新技术制式创作出来的数字艺术作品为主，带领学生积极探索未来影像与动画的技术理论与实践创新，并制作一系列的创新创意作品。

本方向课程包括本科生专业必修课《视听语言与实践》《数字动画基础》《视觉传达》等，以打好坚实的数字媒体基本素养课程；研究生专业必修课《CG动画与特效》《交互理论与实践》等，侧重于未来影像与动画制作的理论与实践；研究生专业选修课《虚拟现实全景叙事》《数字动画研究与创作》《数字美学》等，则面向更精深、更具体的专业研究领域，供学生们进行选修学习。

[①] Po-Hsien Lin. *A Dream of Digital Art: Beyond the Myth of Contemporary Computer Technology in Visual Arts*. *Visual Arts Research*, 2005, Vol. 31, No. 1, *Intersections of Technology with Art Education* (2005), p.11.

图 61　数字媒体系毕业生创作的《全国美食为热干面加油》系列卡通形象

在未来影像与动画培养方向下，多名学生在"原动力"中国高校动漫出版孵化计划、中国高校数字艺术设计大赛、中国国际大学生动画节、中国大学生新媒体创意大赛"原创故事"、"数据可视化互动呈现"等国家级奖项中取得多项优异成绩，成为北师大"数字美育"的重要人才培养成果。尤其是在疫情期间，2016级数字媒体艺术专业硕士生陈雨婷于2019年毕业后以独立动漫创作人身份创作了脍炙人口的《全国美食为武汉热干面加油》系列漫画和"野萌君"系列表情包，曾在2020年疫情期间鼓舞了武汉人民，极大地增强了全民抗疫的决心和凝聚力，作品入选2020年共青团中央、中央网信办举办的第五届"中国青年好网民"的优秀故事，彰显百年师大"数字美育"的核心理念。

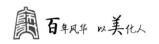

（二）交互设计与游戏

交互设计与游戏主要以数字游戏、互动装置艺术等互动艺术形态为研究对象，以人机交互技术应用下的互动艺术创作为主要培养目标，培养学生之于人机交互技术和创意设计理念的实践应用。在20年的"数字美育"发展过程中，在数字游戏方面开设了一系列结构合理的课程。

本方向课程包括本科生专业必修课《新媒体设计》《数字媒体产业研究》等，为学生筑基游戏与交互设计的基本技能与业界现状知识；研究生专业必修课包括《设计思维》等，以及前沿交叉课程《跨媒体融合设计》《机器学习与生成艺术》等，侧重于跨学科方法与技能的培养；研究生专业选修课包括《游戏设计与开发》《游戏化与产业工作坊》《空间设计》等，侧重于更具体的游戏研究、交互设计领域内容，供学生们进行选修学习。

经过多年的教学教育探索，本专业的《游戏研究与游戏化》课程旨在为学生奠定游戏研究的基础，并培养学生针对社会问题进行游戏化设计的能力。该课程由于开设时间早，理念先进，在当年得到了《文汇报》与《中国青年报》的报道，起到了较好的社会示范作用。研究生课程《游戏产业工作坊》则以培养学术基本功加游戏创作基本功为主要目标，参与课程的专业研究生既学习了学术写作，又在游戏创作上有了原型创作的能力。课程开设首年，学生的论文得到了发表；课程开设次年，课程作业《苏醒：褪色之轮》获得第八届中国大学生游戏设计、虚拟现实设计大赛金辰奖的游戏策划一等奖。与此同时，《交互界面设计》课程中引入了游戏赛道，并辅导学生将燕京八景做成了功能游戏，为本系数字美育的实践起到了良好的示范作用。本专业所开设课程中引入了游戏相关的教育内容，并培养了一批优秀的研究生，在游戏与传统文化、游戏本体论、玩家研究方面做出了有意义的探索。

（三）数字展演与非遗数字化传承

数字展演与非遗数字化传承，旨在以非物质文化遗产价值形态、发展规律为理论依据，以非物质文化遗产的数字化保护与管理、传承与利用为建设方向，探讨建设非遗数字化传承与保护专业方向的交叉学科体系与专业人才培养方案。

本方向课程包括本科生专业必修课《数字内容创意》《广告理论与实务》等，为学生打造数字展演的文化内容创意基础；研究生专业必修课包括《交互媒体与装置》《数字艺术理论与实践》等，专业选修课包括《文化文学前沿研究》《美学前沿研究》等，旨在服务数字展演与非遗数字化传承的公共文化服务实践，供学生们进行选修学习。

在培养特色上，本方向的课程主要在结合计算机技术、多媒体技术、智能技术和信息传播技术等数字化技术手段的基础上，围绕非遗数字化传承与保护的全域流程展开特色培养与研究设计，主要包括非遗数据采集及数据库建立、非遗数字化标准建设、非遗文化的数字展演与互动传播、非遗数字化专项研究与实施、非遗数字化博物馆等研

图62　2021年北京市社会科学基金决策咨询立项项目"北京非物质文化遗产的动漫化提升策略研究"的《漕船狐》动漫形象设计

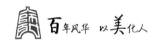

究内容。顺应非遗的地域文化特色与时代发展背景，积极探索将数字化技术转化成非遗自身的传承方式和生存方式。

在培养手段上，本方向借助三维扫描、动作捕捉、数据融合、三维建模等技术的研究学习，通过图文声像、AR、VR、游戏动漫、交互设计、全景展演等多媒体数字展演的呈现方式，配合实践教学的硬件设施及非遗数字化研究基地，激发非遗文化数字化传承与保护的生命力，理论研究与技术运用相结合，文化艺术创作与科学技术探索相融合，形成富有理论性与创新性、兼具前沿探索与实际应用的新型跨学科研究。

与此同时，本方向的课程还包含相当一部分的实践课程，主要以数字艺术展、艺术剧场和影院、美育研学基地等实地场馆为依托，带领学生体验文学、戏剧、舞蹈、音乐、雕塑、建筑等多门类艺术学科的数字化创意内容，增强学生对数字艺术的沉浸式体验及审美认知，达到从技术感受审美、从科技领略艺术的数字审美教育效果。在教育方面，北师大"数字美育"以专业化教学和社会文化公共服务为主，旨在投入数字艺术特色课程研发、虚拟仿真国家级"金课"申报、《数字艺术赏析》相关慕课建设等学院化和公共化教育领域。

（四）智能传播与创意计算

智能传播与创意计算，主要以工智能、大数据挖掘等新技术为依托，以数据可视化、创意编程等为研究对象，重点培养学生之于算法学习、智能媒体、编程应用等方面的能力，探索计算机创意实践方面的未来发展空间，培养人工运算技术与艺术创意思维相结合的创新人才。

本方向课程包括本科生专业必修课《社会化媒体传播》《数据新闻与可视化》等，为学生打造关于数字媒体内容可视化技术和创意的基础；研究生课程包括《科研方法工作坊》《用户体验设计》等，旨在以具体的计算传播学研究领域为基础，走向媒介社会的开发与应用，进行专业化人才培养。

图 63　数字媒体系举办的相关国际会议

基于智能传播的技术研究与创意计算广泛应用，该方向在传统的人文社科分析方法之上，结合计算社会科学中自然语言处理文本挖掘技术以及心理科学的眼动测试等方法，实现对新媒体艺术文本、产业、受众、文化的全方位分析。学院每年带领研究生举办一到两次高水平国际学术会议，让本科生也有机会了解国际学术前沿，并组织师生每年参加 Siggraph Asia、ICA 等相关专业领域最高水平国际会展或学术会议。

总之，随着 21 世纪数字时代的到来，数字美育越来越成为全球高校艺术教育的发展方向，尤其是在新冠疫情的影响下，关于何为数字

全球化时代的美育模型值得从教育教学经验和学理的双重维度进一步探索研究①。

北京师范大学艺术与传媒学院的数字网络（互联）时代的新型美育教育理念及其未来发展方向，以立德树人为根本教育理念，旨在上承百年师大特色美育传统，下启面向新时代的艺术与科技相融合的人工智能时代发展新需求和新观念，始终坚持以教学为中心，不断提高教学质量，开展教学技术改革，建立有特色、高水平的人才培养机制。历经二十年的数字媒体艺术专业教学历史，本专业逐渐发展出独具北师大特色的"数字美育"理念，确立人才培养的"数字美育"四大课程模块与人才培养方向，同时着眼于公共文化服务，进而探索出一条独具北师大特色的数字网络（互联）时代的新型教学模式。

陈亦水　北京师范大学艺术与传媒学院讲师
刘梦霏　北京师范大学艺术与传媒学院讲师

---

① 王一川：《数字全球化时代的美育模型》，《美育学刊》，2020年第5期，第5—10页。

后　记

美育是现代大学教育体制的必备成分。北京师范大学自诞生以来，走过了120年的光辉历程，美育始终与其相伴，须臾未曾分离。从1902年开辟鸿蒙时代的课程设置中便可见其端倪，无论是单独设立的"图画"，还是并设于体育中的体操（即现代舞蹈前身），以及1903年因应学堂乐歌运动而开设的音乐课，均体现了以美化人的宗旨理想与实现路径。这实质上也开启了中国近现代学校美育的序幕，为波澜壮阔的中国现代美育大潮的涌起奠定了基础。站立在北京师范大学建校百廿载的今天，回首来时之路，我们深感光荣与责任。荣耀属于过往，重担依然在肩。

本书正是在回顾过往、总结经验和启示未来的设想下，经过艺术与传媒学院同人群策群力地深入思索和接续研讨，拟定写作大纲和推进撰述的。为使读者了解我们的初衷，现将本书的结构与内容做一说明：

本书的编写原则是"总"与"分"结合。从"总"的层面看，编著者希望通过对北京师范大学120年美育所走过的道路、涌现出的美育杰出人才、闪现出的美育思想火花的回溯与汇聚，从而勾勒出学校美育历史的全景。这一设定很好地体现在本书的第一、二章的内容里。从"分"的层面看，编著者分别深入艺术学科的毛细血管，紧紧抓住艺术教育这一实现学校美育的主干渠道，从而分章描绘出一幅幅生动的美育图景。这一设想也分别体现在本书的第三章至第九章的内容里。"总"与"分"的相辅，使读者既从宏观上明其大貌，也从微观上知其细节，如此则更深化了对北京师范大学美育的认识。

不得不说，本书从策划到成书是一个艰辛的过程，也是一个集思广

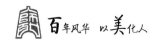

益、同心协力的过程。无论是初始思路的提出，还是任务分工的明确，以及写作进度的协调……无不凝聚了编著者及艺术与传媒学院师生们的辛劳与汗水。当书稿最终得以呈现的这一刻，多少人心中充满着喜悦与感慨。我们谨将本书作为一份礼物，敬献于北京师范大学百廿年华诞，也致敬这一路上辛勤耕耘的前辈！

——本书编委会